矿泉旅游名城 休闲养生之都——五大连池市区一角

抗联第三路军总指挥部所在地——大横山

干部群众在大横山缅怀抗联先烈

东北抗日联军后方根据地——朝阳山

东北抗联第三路军朝阳山纪念馆

党政干部培训学校

中共北满省委遗址

东北抗联第三路军总指挥部遗址

东北抗联博物馆五大连池分馆

学生参观革命老区长庚村纪念馆

龙镇——红灯记广场

山口湖大门

山口湖码头

团结镇矿泉水稻示范区

在纪念东北抗日联军第三路军成立80周年大会上，全国政协常委、十一届青海省政协副主席马志伟（抗日名将马占山将军长孙）致辞

北大荒五大连池矿泉水股份有限公司

五大连池市啤酒厂

龙镇生猪养殖基地的饲养间

龙镇开发村蔬菜大棚

五大连池市革命老区发展史

五大连池市老区建设促进会 编

黑龙江教育出版社

图书在版编目（CIP）数据

五大连池市革命老区发展史 / 汤原县老区建设促进
会编. -- 哈尔滨：黑龙江教育出版社，2021.5
ISBN 978-7-5709-2287-1

Ⅰ. ①五… Ⅱ. ①汤… Ⅲ. ①五大连池市－地方史
Ⅳ. ①K293.54

中国版本图书馆CIP数据核字(2021)第086985号

顾　　问　于万岭
丛书主编　杜吉明
副 主 编　白亚光　张利国　李树明　李　勃

五大连池市革命老区发展史
Wudalianchishi Geming Laoqu Fazhanshi

五大连池市老区建设促进会　编

责任编辑　高　璐
封面设计　朱建明
责任校对　杨　彬
出版发行　黑龙江教育出版社
地　　址　哈尔滨市道里区群力第六大道1305号
印　　刷　哈尔滨博奇印刷有限公司
开　　本　787毫米×1092毫米　1/16
印　　张　20.75
字　　数　250千
版　　次　2021年5月第1版
印　　次　2021年5月第1次印刷

书　　号　ISBN 978-7-5709-2287-1　　定　价　48.00元

黑龙江教育出版社网址：www.hljep.com.cn
如需订购图书，请与我社发行中心联系。联系电话：0451-82533097　82534665
如有印装质量问题，影响阅读，请与我公司联系调换。联系电话：0451-51789011
如发现盗版图书，请向我社举报。举报电话：0451-82533087

总　序

在举国欢庆新中国成立70周年前夕，中国老区建设促进会王健会长请我为《全国革命老区县发展史》丛书作序，作为一名在老区战斗过并得到老区人民生死相助的老兵，回首往事，心潮澎湃，感慨万千，深感义不容辞，欣然应允。

中国革命老区，是以毛泽东为代表的中国共产党人在领导人民推翻帝国主义、封建主义和官僚资本主义三座大山，争取民族独立和人民解放伟大斗争中建立的革命根据地，在这片红色的土地上，诞生了无数可歌可泣的革命英雄儿女，为后人树起了一座不朽的丰碑。她是新中国的摇篮，是党和军队的根。

在艰苦卓绝的战争年代，老区人民把自己的命运与中华民族的命运紧紧地联系在一起，与中国共产党和人民军队的命运紧紧地联系在一起，他们生死相依，患难与共。我曾亲历过战争年代，并得到过老区红哥红嫂的救助，切身感受到发生在身边的一幕幕撼天动地的革命故事，在那极其艰难的条件下，老区人民倾其所有、破家支前，不怕艰难困苦，不怕流血牺牲。"最后一碗米送去做军粮，最后一尺布送去做军装，最后一件老棉袄盖在担架上，最后一个亲骨肉送去上战场"，这是当时伟大的老区人民为建立新中国做出巨大牺牲的真实写照，它将永远镌刻在中国共产党、中国人民解放军、中华人民共和国的历史丰碑上。他们的光辉业绩永载史册，他们的革命精神必将影响一代又一代的革命新人，造就一代又一代的民族脊梁。

在社会主义革命和建设时期，革命老区和老区人民响应党的号召，面对落后的面貌、脆弱的经济、恶劣的生态环境，他们本色不变，精神不丢，自力更生，艰苦奋斗，干一行爱一行。始终坚持"革命理想高于天"，自觉做共产主义远大理想的坚定信仰者和忠实实践者，勇于向恶劣的自然环境和贫穷落后宣战，他们在各条战线上为国建功立业，用平凡的双手创造了一个又一个不平凡的奇迹，彰显了老区人的崇高精神和人格力量。

在改革开放的伟大进程中，老区人民解放思想，勇于创新，发奋图强，攻坚克难，老区的经济社会建设取得了辉煌成就。特别是在改变中国的面貌、中华民族的面貌、中国人民的面貌、中国共产党的面貌的伟大实践中发挥了至关重要的作用。老区人民既是改革开放的参与者，也是改革开放的推动者。

艰苦练意志，危难见精神。老区人民在近百年的革命战争、社会主义建设和改革开放的伟大实践中，孕育形成了伟大的老区精神：爱党信党、坚定不移的理想信念；舍生忘死、无私奉献的博大胸怀；不屈不挠、敢于胜利的英雄气概；自强不息、艰苦奋斗的顽强斗志；求真务实、开拓创新的科学态度；鱼水情深、生死相依的光荣传统。这是党和人民宝贵的精神财富、丰厚的政治资源，是凝心聚力、振奋民族精神的重要法宝，也是社会主义核心价值观的重要内容。

中国老区建设促进会怀着强烈的政治责任感和历史使命感，组织全国各地老促会人员克服困难，尽心竭力编纂《全国革命老区县发展史》丛书，记录老区的光辉历史和辉煌成就，传承红色基因，弘扬老区精神，是功在当代，利及千秋的一件大事。手捧这部丛书的部分书稿，读着书中的故事，倍感亲切，深感这部丛书具有资政、育人、存史的社会功能，有着重要的时代和历史价值。它是不忘初心、牢记使命的源头活水，是赞颂共产党、讴歌老区人民的一部精品力作，是弘扬老区精神、传承红色记忆的丰厚载体，是一项继承优秀传统文化、弘扬革命文化、发展社会主义先进文化，坚定"四个自信"的宏大文化工程。它必将成为一种文化品牌，为各界人士了解老区宣传老区支持老区提供一部有价值的研究史料。希望读者朋友们能从中了解并牢记这些为党和民族的利益不断奉献的老区人民，从中得到教益，汲取人生奋斗的精神动力。

新时代赋予新使命，新起点开启新征程。让我们更加紧密地团结在以习近平同志为核心的党中央周围，坚持以习近平新时代中国特色社会主义思想为指导，增强"四个意识"，坚定"四个自信"，做到"两个维护"，弘扬老区精神，铭记苦难辉煌。为实现"两个一百年"奋斗目标，实现中华民族伟大复兴的中国梦做出新的更大的贡献！

2019 年 4 月 11 日

编写说明

2017年6月，中国老区建设促进会组织全国各地老促会启动编纂《全国革命老区县发展史》丛书，按照"建立中国共产党、成立中华人民共和国、推进改革开放和中国特色社会主义事业"三大里程碑的历史脉络，系统书写革命老区百年历史，深入挖掘革命老区红色文化资源，这对于充实丰富中国革命史籍宝库、在新时代传承红色基因、弘扬革命精神、强固根本，对于激励人们在新的历史条件下夺取中国特色社会主义伟大胜利，实现中华民族伟大复兴的中国梦具有重要意义。

丛书编纂以习近平新时代中国特色社会主义思想为指导，以《中国共产党历史》《中国共产党的九十年》等重要文献为基本依据，以党的领导为核心，以老区人民为主体，以老区发展为主线，体现历史进程特征，突出时代发展特色，坚持辩证唯物主义和历史唯物主义相统一、历史真实性与内容可读性相统一的原则，书写革命老区从站起来、富起来到强起来的光辉革命史、不懈奋斗史、辉煌成就史，把老区人民的伟大贡献、伟大创造、伟大成就、伟大精神充分展示出来，形成一部具有厚重历史特征和鲜明时代特色的精品力作。这是一部培根铸魂、守正创新，既为历史立言，又为时代服务，字里行间流淌着红色血脉、催生着革命激情的传世之作。丛书的编纂出版将成为讴歌党讴歌人民讴歌时代、传播红色文化、为革命老区和老区人民树碑立传的重要载体。丛书按照编年体与纪事本末体相结合、以编年体为主的编写体例确定框架结构；运用时经事纬、点面结合的方式记述史实；坚持人事结合、以事带人的原则处理人与事的关系；采取夹叙夹议、叙论结合以叙为主的方法展开内容。做到史料与史论、历史与现实、政治与学术统一，文献性、学术性、知识性相兼容。

为编纂好《全国革命老区县发展史》丛书，打造红色文化品牌，中国老区建设促进会认真组织积极协调，提出政治立场鲜明、史料真实准确、思想论述深刻、历史维度厚重、时代特色突出、编写体例规范、篇目布局合理、审读把关严格、出版制作精良的编纂出版总要求，力求达到革命史籍精品的精神高度、思想深度、知识广度、语言力度，增强丛书的权威性和社会影响力。各省（区、市）、市（州、盟）、县（市、区、旗）老促会的同志，以强烈的使命感、责任感和紧迫感，勇于担当，积极作为，认真实施，组织由老促会成员、专家学者等参加的十余万人编纂队伍。编纂工作主体责任在县，省、市组织协调、有力指导、审读把关。各方面人员以高度负责的精神和科学严谨的态度，满腔热情地投入工作，为丛书编纂出版做出了重要贡献。丛书编纂工作还得到了党和国家有关部委、地方各级党委政府及有关部门的大力支持和积极参与，社会各界也给予了热情帮助。中共中央政治局原委员、中央军委原副主席、原国务委员兼国防部长迟浩田上将，对老区人民怀有深厚感情，对革命老区建设发展十分关注，欣然为《全国革命老区县发展史》丛书作总序。

　　丛书由总册和1 599 部分册（每个革命老区县编纂1部分册）组成，共1 600 册。鉴于丛书所记述的史实内容多、时间跨度长和编纂时间紧，不妥之处，敬请批评指正。

中国老区建设促进会

目 录

序　言

　　"欲知大道，必先为史"。 地处祖国北疆的五大连池市（原德都县），是一块有着光荣革命传统，洒满先烈热血的抗联革命老根据地，是黑龙江省人民政府批准的三类革命老区。抗日战争时期东北抗日联军在德都县建立了巩固的朝阳山抗日后方根据地。中共北满省委和抗联第三路军以朝阳山为依托领导和指挥了整个北满抗日斗争，使朝阳山成为东北抗日联军第三路军诞生地、东北抗日联军第三路军总指挥部所在地、中共北满省委驻地、北满抗联干部培训基地、北满抗联部队后方根据地、重大战事战斗地和北满抗联部队抗日斗争指挥中心。

　　为了贯彻落实习近平总书记关于"发扬红色资源优势，深入进行党史、军史、老区革命史优良传统教育，把红色基因代代传下去"的指示精神和中国老区建设促进会研究确定的组织全国1599个革命老区县（市、区、旗），编纂《全国革命老区县发展史》丛书的要求，五大连池市老区建设促进会编纂了《五大连池市革命老区发展史》。

　　编纂《五大连池市革命老区发展史》，坚持以习近平新时代中国特色社会主义思想为指导，以"不忘初心，牢记使命"的高度责任感，以辩证唯物主义和历史唯物主义为立足点，以反映五大连池市革命老区的革命斗争史与改革开放特别是党的十八大以后革命老区建设发展所取得的巨大成就为重点，充分体现五大连池人民艰苦奋斗、敢于斗争、不怕牺牲、乐于奉献、勇于创新、砥砺前行、夺取胜利的革命老区精神。

该书客观、真实地反映了"九一八"事变后，德都县人民的抗日斗争和东北抗日联军西征各部队到达德都县后，抗联将士为驱逐日本侵略者，在德都这块土地上前仆后继、英勇斗争的事迹。同时，比较翔实地记述了德都县解放后，特别是改革开放以来发生的巨大变化。史实完整，资料翔实，脉络清晰，可读性强，是一部认识老区、宣传老区，对广大党员干部、青少年进行革命传统教育的一部具有教育价值的史书；是展示五大连池市老区建设工作承前启后、继往开来的爱国主义教育的乡土教科书。对于帮助全市人民进一步了解、宣传五大连池，促进市域经济社会高质量发展具有积极意义；对加快老区建设和推进"矿泉旅游名城、休闲养生之都"建设具有借鉴和参考价值。

在此，希望市老区建设促进会在市委、市政府的领导下，以党的十九大精神为指引，深入学习贯彻习近平总书记关于新时代中国特色社会主义思想，不忘初心，牢记使命，砥砺奋进，继承抗联遗志，弘扬抗联精神，协调社会各界力量，抢救、搜集、保护和开发我市东北抗联宝贵的红色文化资源，为全面建成小康社会、为奋力开创全市振兴发展新局面而努力奋斗！

中共五大连池市委书记　王玉涛

2019年4月8日

第一章　老区概况

第一节　位置辖区

革命老区五大连池市位于黑龙江省北部，黑河市南部，小兴安岭与松嫩平原的过渡地带。地理坐标东起东经127°37′，西至125°42′；南起北纬48°16′，北至49°12′。东邻逊克县，西与克山县、讷河市毗连，南接北安市、克东县，北与孙吴县接壤，西北与嫩江县隔河（科洛河）相望。东西长142千米，南北宽104千米。耕地458万亩（统计口径280万亩，其中市属215万亩），草原220万亩，林地583万亩，水面19万亩。

截至2015年12月，五大连池市行政区划面积9 874平方千米，总人口37万人，有汉、满、回、蒙等28个民族。辖5镇（龙镇、和平镇、双泉镇、新发镇、团结镇）5乡（太平乡、建设乡、兴隆乡、朝阳乡、兴安乡）、1个管委会和1个街道办事处，105个行政村。区域内有五大连池风景名胜区、1个森工局、4个监狱（所）、8个国有农场、11个部队农场。

第二节　市域变迁

五大连池市的前身是原德都县，德都的历史同讷谟尔河水一样源远流长。1976年文物普查，境内发现10处新石器时代文物遗址，这证明了4000年前就有人类劳动、生息在这块土地上。商周时期德都属肃慎族居住地。秦汉时属乌桓地。三国时属北夫余地。隋唐时属黑水靺鞨部居住地。辽代为东京道室韦王府辖境，乌延突厥部居住地。金代属上京路、蒲与路辖区，女真完颜部居住地。元代初期属辽阳行省开元路辖区，中叶以后属水达达路蒲与路万户府，为斡赤斤分封地。明代为奴儿干都司纳木河卫兀的河所辖地。清代为布特哈总管衙门辖区的达斡尔索伦部诸打牲部落杂居地。1695年（清康熙三十四年），从黑龙江、精奇里江迁来的达斡尔人，被编为布特哈八旗，德都为正白旗部落居住地。1910年（清宣统二年），德都为讷河直隶厅属地。1915年（民国四年）~1928年（民国十七年），德都为克山县第三区。1929年（民国十八年），设立德都设治局，1933年升为县。1932~1938年，德都归伪黑龙江省管辖。1939年~1945年8月归伪北安省管辖。1945年8月德都解放，9月又归黑龙江省管辖，同年11月组成德都县人民民主政府。1956年3月，德都县隶属绥化地区专员公署。1958年8月，德都改为松花江专区管辖。1958年9月德都撤县，并入北安县，隶属嫩江专员公署。1963年6月29日，国务院批准，恢复德都县，隶属黑龙江省黑河地区行政公署，县人民委员会驻青山镇。1983年10月8日，原德都县所属五大连池镇被划为行政区域，成立原五大连池市。1996年原德都县与原五大连池市合并成立新五大连池市，原德都县撤销，原五大连池市区域成立五大连池风景区管理局，由五大连池市代管。2000年撤销管理局成立管委会，隶属黑河市。五大连池市委、市政府所在地青山街道办事处是全市政治、经济、文化中心。

第三节 老区分布

根据国家民政部、财政部1979年6月24日，关于划定革命老区的文件，民发〔1979〕30号文件精神，德都县与全省56个县一起被划定为革命老区，德都县（现五大连池市）被黑龙江省人民政府定为三类革命老区。当时，只有朝阳乡一个老区乡，有边河村、梁山村、红卫村、朝阳村、青峰村、金山村、双河村、沿河村、科洛村、红旗村、奋斗村、东风村老区村。

2001年7月6日，经五大连池市委、市政府决定，市机构编制委员会印发了《关于建立五大连池市老区建设促进会的通知》，并编发[2001]24号文件。通知指出："根据省老区工作会议的要求和黑河市'关于建立县级老区建设促进会'的精神，结合我市实际，为完善我市各级老促会组织建设、促进老区政治经济与发展，经市委、市政府同意，建立五大连池市老区建设促进会。"根据通知精神，2001年8月15日，五大连池市老区建设促进会正式成立。

2007年7月4日，根据黑龙江省民政厅关于下发《黑龙江省补划革命老区村名单》的通知，黑民发〔2007〕74号文件，龙镇村、开发村、东方红村，团结乡永远村、新升村，太平乡长庚村三个乡的6村确定为老区村。

2008年4月11日，黑河市老区建设促进会下发了关于黑河市老促会转发省老促会关于补划老区村后情况统计表的通知，黑市老促发［2008］6号文件。通知明确将团结乡的永生村、东升村，太平乡的振兴村确定为老区村。现在全市革命老区共有朝阳乡、龙镇、团结乡、太平乡4个乡镇，21个村，分别占全市乡镇、行政村的36%和17%。

2008年12月，在黑龙江人民出版社出版的《黑龙江革命老区》一书的附录"黑龙江革命老区总览"中，又具体明确了五大连池市革命老区乡镇为朝阳乡、龙镇、团结乡、太平乡4个乡镇，老区村为21个村。（参阅《黑龙江革命老区》"黑龙江革命老区总览"第607页。）

第四节　资源优势

五大连池市自然资源十分丰富，区域内有比较丰富和独特的农林、矿泉、旅游资源。

五大连池市是全国500个商品粮基地县之一、116个基本农田保护示范区之一、国家优质专用小麦原良种繁育基地、全省大豆振兴计划示范市、全国北方春大豆种子生产销售集散地和柞蚕生产基地。主要农作物有：小麦、大豆、玉米、谷子、水稻、马铃薯、甜菜、油菜、亚麻、线麻、白瓜子、烟叶等。

树木类有红松、落叶松、红皮云杉、冷杉杨、白桦、黑桦、榆、柳、柞、黄菠萝、水曲柳、山槐、椴、楸树等。用材林总蓄积量2 000万立方米，是重要的木材生产基地。野菜有蕨菜、金针菜（黄花菜）等。食用菌类有蘑菇、黑木耳、白木耳、猴头菇等。中草药有人参、党参、黄芪、桔梗、五味子、狼毒、地榆、铃兰、一轮贝母等100多种。珍贵中药有鹿茸、牛黄、鹿胎、鹿鞭、熊胆、狗肾、鸡内金等。主要野生动物有黑熊、马鹿、梅花鹿、野猪、狍子、狼、狐狸、犴（驼鹿）、猞猁、水貂、貉、水獭等。野禽有：飞龙、雁、野鸡、野鸭、沙半鸡等。

五大连池市境内有大小河流42条，湖、泉、泡、泽遍布，全市有水域面积19万亩，其中天然养殖面积13.2万亩，水产品产量超千吨。投资3.4亿元在讷谟尔河上游建设的集防洪、灌溉、供水、发电、养鱼、旅游等功能于一体的山口水利枢纽，是国家大（Ⅱ）型水利枢纽工程，库容近10亿立方米，水面84平方公里，有冷水鱼48种，主要鱼类有鲫鱼、鲂鱼、鲤鱼、整花、鲇鱼、狗鱼、细鳞鱼（哲罗）、白鱼、花鲢、白鲢、高白鲑等大众鱼40种，山口湖是珍贵鱼种高白鲑鱼在国内的第二个养殖基地。质优味美的"山口湖"牌水产品，年产量在520吨以上，打捞旺季日产超万公斤，网捕最大量达万斤，远销至长春、哈尔滨等大中城市。

五大连池天然矿泉是世界"三大冷泉"之一，有重碳酸和偏硅酸两种矿泉水，特别是偏硅酸矿泉水储量丰富，为矿泉白酒、啤酒、饮品、酱油、醋等系列产品开发提供了条件。1996年五大连池市被命名为"中国矿泉水之乡"，1999年将偏硅酸矿泉水引入市区作为市民生活饮用水，五大连池成为继法国维希之后世界第二、亚洲第一个矿泉城。

天然苏打水资源比较丰富，纯天然，品质高，分布广，是世界罕见的珍稀资源，具备规模开发的条件。五大连池市依托丰富的矿泉水、苏打水资源，以五大连池矿泉工业园区为平台，积极发展矿泉水及果汁饮料、矿泉白酒、矿泉酱油、矿泉醋、矿泉泥护肤品等项目，打造中国独具特色的矿泉系列产品研发生产基地。

五大连池矿泉泥储量丰富、稳定性好，总储量为10万吨，是不可再生资源。可利用五大连池矿泉泥资源开发生产高档护肤品、护发用品、手足保健用品等产品。经国家地质部门检测，矿泉泥含有钙、镁、钾等六十余种对人体有益元素、特殊矿物质等，五大连池矿泉泥是世界上少有的珍贵资源，对治疗各种皮肤病、脱发、风湿性关节炎有良好的疗效。五大连池矿泉护肤品曾多次获得国际国内大奖。五大连池矿泉水1986年被指定为国务院在中南海紫光阁接待外宾的特供饮品，并多次在国外获奖。1987年在省科委主持下通过了由国家8个部、委、科研所、大专院校参加的《五大连池天然矿泉水水质分析及评价》成果鉴定，1997年经国家商检局审查五大连池矿泉水符合出口食品卫生管理有关规定，准予出口，产品主要出口日本等国家。

五大连池矿泉水储量丰富，日自涌矿泉水量达5万吨。水温常年保持在2~4℃，内含钾、钠、锌等多种有益于人体健康的微量元素，具有较好的医疗保健作用。矿泉水正是以其无糖、低热和有益元素含量丰富成为人们首选饮品之一。市内已探知的矿产资源有铁、铜、沙金、黄铁、硫、火山砾、浮石、玄武岩、珍珠岩、花岗岩、河流沙、黏土、草炭等。金属矿藏均因矿体小、品位低而未予开采。沙石和草炭每年都有大量开采。

五大连池旅游资源丰富，境内五大连池风景名胜区是享誉海内外的世界地质公园、国家级重点风景名胜区、国家重点自然保护区。大沾河国家湿地森林公园是亚洲最大湿地。

山口湖是国家4A级旅游景区、国家级水利风景区、省级自然保护区、省级风景名胜区。建成于1995年，气魄雄伟，景色壮观，是黑龙江省第二大水库。湖光山色、水利枢纽、森林湿地、野生动植物博览、冰雪欣赏娱乐等景观是山口水库的特色。山口湖两岸群山巍峨叠翠，拥有良好的森林植被、野生植被、湿地植被资源。山口湖湖水清澈，湖面烟波浩渺，碧波万顷，是国家二级饮用水体。红松、紫椴等91科500余种植物，堪称野生动植物博物馆。冬季的山口湖，群山银装素裹、冰雕玉琢，苍松叠翠，白雪如云，结冰的湖面水平如镜。山口湖景区雪质好、雪期长，年积雪期150天，平均雪厚可达50厘米，是开展冰雪娱乐活动的理想之地。

大沽河起源于小兴安岭密林深处，是黑龙江逊别拉河的主要支流，全长250公里。大沽河流域原始森林茂密，自南向北蜿蜒曲折，两岸悬崖峭壁、山高林密，山河相伴相随，景色绮丽多姿。奇山怪石，佳景迭生，河面宽处约百米。有的河段流水如镜，有的河段卵石横卧、浪流翻滚，河水清澈见底，有三峡之动，漓江之静，非常适合开发漂流项目。沽河漂流以其独特秀丽的风光被专家、学者及海外探险者称为"塞北三峡"，中央电视台等多家新闻媒体曾对大沽河漂流做了专题报道，有"神州第一漂"的美誉。"大沽河漂流"与"南北沽河森林狩猎"已被列入国家重点旅游观光项目。

大沽河国家森林湿地公园是国家级的森林湿地保护区，是亚洲最大的无人迹湿地。原始的山地、山林、沟谷、湿地，是天然的大氧吧，森林浴的宝地。大沽河红松母树林参天遮日，保留着原始森林的自然风貌。在林海深处万顷碧波中，方圆数十公里的连环湖，九曲十回，泡泽相连，是大沽河湿地最有代表性的区域。连环湖最神奇之处在"转心湖"，转心湖有一个湖心岛，人称浮岛，面积约4万平方米，微风吹来，浮岛随风飘移，景色奇特优美。岛上是原始森林，遮天蔽日，生长着百年的落叶松和白桦树。湿地中还栖息着珍稀国家一级保护动物白头鹤，已被国际鸟类保护委员会列入《世界濒危鸟类红皮书》。大沽河森林湿地是国际罕见的珍贵资源，有着巨大的开发价值。市领导拟建设湿地生态保护区、湿地植物展示区及森林植物区等生态景观区，同时规划休闲高尔夫练习场、生态园林宾馆。

近年来，五大连池市按照建设"矿泉旅游名城、休闲养生之都"的发展战略，正在加速培育以旅游休闲养生、农林产品加工、矿泉系列产品开发及养老等新兴产业为重点的主导产业，倾力打造中国矿泉系列产品研发生产基地、国际旅游休闲养生基地和绿色食品生产基地。特别是德都机场通航、北五铁路加快推进、高标准规划滨水新城和矿泉工业园区等产业平台的搭建，个性化、差异化的产业构架逐步形成，全域旅游正在向纵深发展。

随着城市品牌效应的不断提升，五大连池市先后被评为"中国十大休闲城市""中国县域旅游品牌百强县""中国最具投资潜力中小城市20强""中国品牌旅游城市""中国全面小康生态文明市""积极发展低碳经济城市""国家级生态示范区""中国十佳文化旅游明星城市""2015中国十大民生决策"奖"中国最具投资潜力中小城市二十强""国家卫生城市"，这些极富价值增长潜力的知名品牌，为五大连池提升城市经济转型的核心竞争力提供了重要载体和有效平台。市域的区位优势、资源优势进一步凸显。新思想引领新时代，新使命开启新征程。面对新形势、新任务，推动发展的要素充分集聚，发展动能将加速释放，五大连池市已经进入了全面跨越提升、振兴发展的新阶段。

第二章　抗日烽火

第一节　日本侵略者在德都的侵略罪行

1931年9月18日深夜，一件关系中国命运、震动全国的大事在沈阳发生：原已根据不平等条约而驻扎在东北的日本关东军向中国东北军驻地北大营和沈阳城发动进攻。第二天，日本军队轻易地侵略占领了沈阳、长春等二十多座城市。四个多月内，辽宁、吉林、黑龙江三省全部沦陷，东北人民陷入水深火热的悲惨境地之中。

1932年6月，日本入侵德都。6月3日至6日，著名爱国将领马占山领导的抗日部队，在日本侵略军飞机轰炸江桥，抗战失利撤入德都县境内后，有9架日军飞机追击向德都县城投掷炸弹，市民死伤20余人。9月，德都县沦陷，从此，德都县人民直接遭受日本侵略者的压迫和欺凌。

1933年8月，日本宪兵制造了"龙门惨案"。双龙泉屯贾姓大地主家长工刘揎匠在汉奸"黄监督"（此人曾任德都设治局设治员，后被王鸿图告倒撤职）的唆使下，到克山县日本宪兵队告发王鸿图于1932年11月援助了著名抗日将领马占山一事，并向宪兵队递送了为马占山部队运送物资的长工名单。克山县日本宪兵队出动了200多名日军，包围了王鸿图家的大院，只许进不许出。日本宪兵先把王鸿图捆绑起来，然后按刘揎匠提供的名单，将孙胜福、石岱、王占芳、李长春、刘德、王老四、徐打头和周铁匠兄弟二人绑起来，用车拉到药泉山下的北庙屯关起来。王鸿图在县城当税务局长的弟弟王鸿儒，听说哥哥被日本宪兵抓走，急忙从德都县城赶到北庙屯与日本宪兵说理，到了北庙屯也被绑起来。日本宪兵把被抓来的人挨个进行严刑拷打审问后，第二天晚上，送到龙门山东北一个叫"福利公司"的废弃开荒点。

日本宪兵将抓来的12人，关到这里的一个大院套中的大空房里，接着便开始枪杀。屠杀后，由于天黑看不清，日本宪兵还怕有活着的人，又在这些倒下的人身上用刺刀乱捅一阵，把这些尸体堆在一起浇上汽油，进行焚尸。在被枪杀的人中有个叫汪有的长工没有死，被浓烈的汽油味熏醒了，他推开压在自己身上的难友，忍着剧烈的疼痛从院墙西北角的一处缺口处爬出院外。当他爬出院墙不远，看见还有个人也爬出来了，但没爬多远就被日本宪兵发现，拉了回去，紧接着听到两声枪响。汪有躲在院墙外的树丛中，看见日本宪兵点燃了尸体上的汽油，残忍地烧着了难友的尸体。日本宪兵撤走后，汪有连走带爬地摸黑向南走了一夜，第二天早晨走到欢欣岭（双龙泉屯北面的一个高岗）。遇见了屯里下地干活的人，他向乡亲们诉说了昨天发生的悲惨事件。乡亲们听说日本人没走，就把他藏在麦垛里，以后又转移到野外几个地方，一个月后汪有才死里逃生回到家，成为"龙门山惨案"的唯一幸存者和见证人。

1934年，日军大野部队（因日军守备队长大野而得名）200人侵占龙镇，驻扎在今龙镇农场场部处。

1935年，北（安）黑（河）铁路通车，龙镇建立了"铁路警护分团"（铁路警护部队总部设在哈尔滨。该分团下设"爱路村"和"自警村"）。铁路警护分团的主要任务是，协同日本宪兵队检查乘坐火车的旅客身份证、居住证和旅行签字以及旅客有无违禁行为，巡视和保护铁路沿线重要设施、通信线路和桥梁。龙镇铁路警护分团有3名日本人，6名中国人，分团长由日本人担任，分团内设日勤、外勤、隔日勤和特务勤。护路队头目多为为日本人效劳的人组成，村与村之间建立联防。护路队有队员60人，队长祖平南，由"龙镇铁路警护团"团长领导和教育、训练。"自警村"是由日本退伍军人及家属组成。龙镇"自警村"的主要任务是警卫保护铁路，弥补"龙镇铁路警护分团"人员的不足。

1936年，日军大野部队移防，日军岗野"讨伐队"（因队长岗野得名）320人进驻龙镇，驻扎在大野部队原址。日军在紫霞宫建立了修械所，有军工80人及各种机床，能修配各种武器。

1936年，日本侵略者开始在德都县境内建立开拓团，到1945年日本投降前共有21个开拓团，其中，日本开拓团19个（宝泉木曾、德命木曾、德安木曾、凤凰木曾、药泉黑姬、南阳伊那富、双龙木曾、龙门、格球山、苏家店开拓团、浓飞开拓团、花园开拓团、朝鲜人开拓团等。其团长分别是：青木清之助、森庄兵卫、细川付四郎、片岗德茂、大川、倚重、小松木活、二村英岩、日下部忠良、长英直尺、机漱一等）。朝鲜开拓团2个（忠庆、朝阳，其团长是西原成数、金泽东东）。县内实有日本、朝鲜开拓民679户，2 318人，开拓团占地达730平方公里，占当时全县总土地面积的12.75%。同时，还成立了伪县公署、警务科、警察署等各种专政机构。此外，还在龙镇建设了飞机场、铁路警护分团、山林警察队、宪兵队对抗日军民和民众进行血腥统治和镇压。

1937年，日军关东军航空军开始在龙镇修建军用飞机场。机场建成后，有各种军用飞机40架，驻有日本关东军守备队200人。

1938年，岗野部队营地移至龙镇东一公里处（群众称"东大营"）。是年，伪满洲国军十七团孙德玉部队130人进驻龙镇，驻扎在今龙镇电影院东面。

1939年，设立龙镇日本宪兵分遣队，隶属北安日本宪兵总队，队部设在今龙镇火车站附近。宪兵分遣队有队员10人。其中：日籍的有队长西山永一，准尉沼腾细吉营野秀男、高柿一郎，上士永太治德；朝鲜籍有翻译刘时得；中国籍有宪补陈殿男、孙传真、姜庆元。下设密侦18人，腿子6人。主要任务是：维护军容风纪、镇压中国人民的反满抗日活动和搜集情报。为对付苏联的情报工作，龙镇宪兵分遣队内部组织人员进一步扩大，人数增加到45人，内设战备系内称特务系、警务系等。

1939年，日本侵略军在机场修筑能容纳40余架飞机的飞机库和飞机修理厂，机场日军守备队增加到250人。1945年8月日本投降前，飞机和日军守备队被撤走。

1940年，伪"龙镇山林警察队"成立，官兵均是中国人，全队105人，警长王景宽，警队长10人。该队长在小兴安、三九六、辰清、朝阳山设置4个"山林警察分驻所"。主要任务是保护山林，抽收捐款，围剿东北抗日联军和胡匪。

1941年，日军在龙镇东5公里的紫霞宫建造了弹药库，由日军一个小队看守。1944年，龙镇日本宪兵分遣队改为派遣队，次年3月，龙镇日本宪兵派遣队撤销。1944年，伪满洲国军刘忠部队与孙玉德部队换防进驻龙镇。龙镇的日伪特务很多，除公开特务、便衣特务，还有一些以开商店、旅店、饭店为名，暗中为日本帝国主义效劳的汉奸。这些特务、汉奸狗仗人势，四处横行，专门干出卖祖国坑害爱国同胞的可耻勾当，许多爱国人士和无辜百姓均惨遭过日本宪兵和日伪特务的酷刑和毒打。

日本侵略者在龙镇大修飞机场的几年中，从关内外和德都当地大抓劳工，大多数劳工在牛马不如的苦役中冻死、饿死、病死、遭毒打致死，还有一部分潜逃的劳工被日伪特务扔进讷谟尔河和二道河子里淹死。同时，在日伪统治的压榨之下，德都县的经济几乎到了崩溃的程度，农业经济破坏严重，无数农民流离失所，家破人亡。

第二节 德都人民反满抗日斗争的兴起

在日本帝国主义的野蛮侵略和残酷统治下，德都县的广大民众，不甘忍受日本侵略军的铁蹄蹂躏，纷纷自发地组织起反伪满抗日活动。其中，平康德的发展最为广泛。德都县红霍尔基屯（现团结乡团结村）的邓文山独树义帜，针锋相对地公开报号"平康德"，既是邓文山本人的报号，也是他组织领导的这支抗日武装的代称。寓意把康德皇帝平了，充分表达了邓文山抗日救国的决心和誓死不当亡国奴的民族气节。

邓文山别名邓海峰，1905年5月3日出生于辽宁省建昌县二道湾子乡大北沟村的农民家庭，1919年春随父邓存珍移居黑龙江省德都县红霍尔基屯。

邓文山在青少年时代就形成了豪放刚烈、见义勇为的性格，因其在弟兄中排行第四，又胆量过人，有一身虎气故人称"邓四虎子"。他侠肝义胆，路见不平，拔刀相助，做了许多值得赞颂的好事。

邓文山在本村任保卫团长时，青龙岗的恶霸史万春、任树新欺压百姓，鱼肉乡民，无恶不作，百姓惧其势力都敢怒而不敢言。史、任二霸愈加肆无忌惮，竟公然烧毁民房，焚炼活人。对于这种令人发指的暴行，邓文山义愤填膺，誓为无辜受害者报仇申冤。由他出面和史、任两家打官司，几经周折，终于打赢了官司，史、任两犯被判处死刑。

邓文山的侠义举动虽赢得了乡亲们的赞颂，却给自己带来了大祸。史、任的爪牙为了给主子报仇，持枪到处捉拿邓文山。邓被逼无路，遂投绿林，开始了草莽生涯。

1926年冬，21岁的邓文山投奔滨江一带较大的一股绿林首领——青龙（本名张云阁）。在他手下任"带打"（负责保卫），因左脚有一红痣，生有一撮毛，行走如梭，而自号"草上飞"。后不久，又因其原名叫邓海峰引意改称为"海中山"。此绺子于1931年夏被奉军收编，"青龙"任营长，邓任副营长。

"九一八"事变后，"青龙"欲投降日本，邓文山决然与其分道扬镳，拉出一部分弟兄，投奔了马占山将军领导下的抗日义勇军，被任为骑兵团团长，曾参加著名的过江桥抗战。后因失利，率部退往深山密林的德都县龙门山地区。

马占山部义军于马口阻击失败出走后，邓文山等抗日无路，报国无门，只好暂归家中，积蓄力量，以图东山再起。1934年3月，邓文山组织一些不甘受压迫不愿做奴隶的人们在德都县红霍尔基附近的村屯，拉起了一百多人的抗日队伍。以催垮日伪统治为目的，高举反满抗日的旗帜，报号"平康德"。副首领杨老五，报号"平日军"，刘景阳报号"复中华"，下辖七个分队。于是，一支威震敌胆的抗日队伍出现在祖国北疆。这支队伍后来扩展到北起塔河，南至宁年（今富裕县），东至海伦，西达兴安的广大地区。他们纵横驰骋于讷河、嫩江、克山和五大连池等地，率千之众多次与日、伪军交战，令敌闻风丧胆。

"平康德"部每人都配有长短双套武器并各有一匹坐骑，是驰骋在松嫩平原抗日疆场上的一支轻骑军。举义伊始就主动出击，机动灵活地袭击敌人，取得了连战连捷的喜人战果。

邓文山的队伍初建时枪支不足，他决定夺敌武器，武装自己。1934年3月的一个深夜，他亲率20几个弟兄偷袭了德都县龙河警察分驻所，趁敌酣睡之机翻墙入院袭击，惊醒之敌乖乖受降。不费一弹就缴获大枪十多支，匣枪两支，子弹若干发，战斗无伤亡。

德都县城北门外的讷谟尔河，水深河宽，过往行人要靠船渡。1934年4月的一天，邓文山带五六个弟兄扮作渔人模样，坐在船上等待时机。不一会儿，四个日本人上了他们的船，行至河心，邓文山一个暗示，众弟兄一齐动手，用绳子将四个日本人勒住，捆起来推下河去，缴获短枪四支，战刀四把。

1934年7月27日，"平康德"部到讷河县讷河南镇宿营。第二天，县警察队前来"围剿"，邓文山急令部下应战，多时未分胜负。伪警察队长郑广和为邀功请赏，站起身来督战，邓文山抓住良机一枪射去，郑当即毙命。接着又有三名日军"呀！呀！呀"怪叫着指挥伪军冲锋，邓文山举枪"叭、叭、叭"三枪，三个日军命归东洋去了。群敌见状，吓得狼狈逃窜。

邓文山不仅本领高强，勇猛过人，而且足智多谋，通晓军事，练就双手打枪百发百中的本领。可一臂挂两支大枪，再用同手擎长枪射击，指哪打哪。他率领部队昼伏夜行，能打则打，能退则退。战术灵活机动，常常出奇制胜，使日伪军非常惧怕。

由于邓文山部队连连取胜，迫使敌人闭城不出。他为了进一步消灭敌人，就想出一个诱敌出城的妙计。

1934年8月份，他把部队开到拉哈一带。老南拉哈阴沟有个汉奸恶霸杜保总，人称杜老爷。此人家有个贩运车队，由其子杜保祥当"掌包"，另有五个同伙押车。邓文山决定劫取车队，以他为诱饵，引敌上钩。

邓文山派第三小队队长刘景和率其所部去执行劫车任务，刘率队预先伏在半路，当车队进入伏击圈后，战士一跃而起，截住车队。杜保祥开枪顽抗，被战士们乱枪击毙。

杜保总得到失车丧子的噩讯，如五雷轰顶。他赶忙跑到讷河县警察局，告求局长孙云升出兵为其报仇。10月18日，孙云升亲率150多警力到通南一带讨伐"平康德"。

邓文山命刘景阳小队后撤，诱敌深入，狡猾的敌人没有上钩，停止追击就地扎营。邓又施二计：把队伍带到离敌归路不远的树丛、青纱帐里埋伏下来，又派人乔装成农民去找敌人报信，说刘炳三屯有"匪情"，孙云升信以为真，命崔振宣署长带50多人去讨伐。

当伪警队进入埋伏圈后，邓文山鸣枪发号，顿时枪声四起，打得敌人龟缩一团，惊慌失措。崔振宣刚叫声"卧倒"，话音未落就被打中，坠马丧命。警士王德胜刚要驾马逃命，即被击毙。其余伪警则树倒猢狲散，伏击战只打了30多分钟，就一举全歼敌军，缴枪30支，获马20匹。

"平康德"部纪律严明，规定有"五要五不准"的约法，即要听从指挥，要保守机密，要团结关照，借东西要还，买东西要给钱；不准打骂百姓，不准抢东西，不准挑吃喝，不准私自离队，不准侮辱妇女，还设有稽查员。副小队长朱振江就因调戏妇女、抢东西而被开除。

邓文山本人有胆子大、本领大、计谋大、义气大、决心大的特点，战友佩服，群众称赞。曾有人作歌谣称颂他："虎子真超群，杀富又济贫，为国又为民，专打日本人。"这首歌谣至今还在当地群众中流传着。由于邓文山的抗日队伍，深得民心，因此，各路抗日武装皆来归附，拥戴邓为首领，将自己的报号改为"平康德"（如"小北洋""北候"等部），一时形成黑龙江西半部到处都有"平康德"的可喜局面。1935年末，各部总计一千多人。邓文山威名远扬，震慑敌胆，他被敌人定为破坏"强人治安"要犯，四处悬赏缉拿。邓文山对此置之一笑，毫不理会，仍率部寻机杀敌，打了许多漂亮仗。

"平康德"不仅名震黑龙江，而且名扬海外。苏联政府对他十分重视，派特工人员韩东久（黑河人）与邓秘密接头，转达苏方意图，希望邓把队伍拉到黑龙江沿岸，背靠苏联抗战，一旦危急则可撤到苏联境内。邓文山认为此路可行，于是命部下装成旅客，于1936年2月26日，由通北上车到三站一带。韩冬久又在西发金厂找到邓文山，向邓转达苏联邀他去苏学习、考察的意图。邓接受邀请，带杨老五、刘景和、刘景洲等欣然前往。同月末，邓文山从黑河三站的白石砬子屯过黑龙江到苏联海兰泡（布拉戈维申斯克），受到苏联热情接待，在海兰泡住了40多天，眼界大开，懂得了许多前所未闻的革命道理，更加激发了他抗日救国的热情，坚定了抗日救国的信心。他决心抗日到底，把多灾多难的中国从日本侵略者的铁蹄下解救出来，建成一个像苏联那样平等、自由、强盛的国家。

邓文山从苏联考察回国后，决意接受苏联建议，把所有拥戴他的各部都带去中苏边境，组建抗日联军。他于1936年4月率队回到德都一带，并通知各部到北山集合。他一面加强抗日宣传活动，一面派人与东北抗日联军联络，他曾派人同驻扎在三江省汤原地区的抗联第三军三师联系，八团团长王明贵接待过他的联络人员。抗联领导人建议邓文山成立一个统一的抗日组织，并建议他们要在德都地区坚持依靠群众，开展抗日斗争。待时机成熟，共同联合打击日本侵略者。

邓文山部下范作元在北兴旅馆，为动员别人参加抗日而不慎走嘴失密。敌人知道他们的行动计划后，于1936年6月末，调集两万多名日伪军，把"平康德"各部包围在北山林中，战斗打得异常残酷，敌人投以飞机、大炮，妄图一举歼灭"平康德"部。战场上硝烟滚滚，弹片如雨。邓文山指挥部队沉着迎战，与敌展开艰苦卓绝的斗争，在历时两个多月的战斗中，交战百余次，打退敌人数十次进攻。毙敌数百人，本身伤亡也不下百余人。

由于敌兵众多，"平康德"部几经突围，均未成功。形势越来越险恶，部队供给断绝，战士们万般无奈杀马吃，没有马了就以树皮、野果充饥，泥水止渴，好多战士疲惫不堪，有的被饿倒。为了保存实力，邓文山只好改变去苏联的计划，决定先分散突围。

1936年8月，邓文山在茂山召集各山头首领开会，以求重新整顿队伍，扩大武装，成立统一组织。不料，被叛徒告密，会中遭到十倍与己的日伪军包围。历经苦战，弹尽粮绝，终以重大伤亡的代价，换得少数人的突围。在这次突围战斗中，邓文山身负重伤。只得远避深山密林养伤。为了躲避日伪的"追剿"，邓文山先率数十人转赴自己的故乡德都县莫拉布山腹地养伤。在此期间他时常派出人员赴龙门、龙镇和德都县城收集日伪军事行动的情报，并买回各种药材为其疗伤治病，经过一段时间，伤势基本痊愈。但此时，他获得情报，日伪已从北安调来大批部队在龙门集合，准备进山搜剿抗日武装部队。邓文山为避敌锋芒，决定转移至德都县西龙门山的龙门石寨地区暂避。因为石寨多有石窝石洞，既可避风遮雨，又易于隐蔽，易守难攻。自此，又在龙门山隐蔽疗伤数十日。后又根据敌情分析认为，西部茂山和德都县的格球山、卧虎山一带已"进剿"完毕，西部可能更安全些。于是根据一位达斡尔族弟兄的建议，决定再向西搬，到敌人意想不到的地方去。

这位弟兄说，他过去狩猎时，曾到过老黑山北的一个山洞里暂住过。洞很长，并未走到头，几百人住进去都找不见。洞内冬暖夏凉，又在石龙之下，更不易被敌发现。天冷了，可以在洞内取暖。周围又有不少开荒据点，洞内有水源，该洞离五大连池三池子不远，容易得到粮食和食品，转移此处对于长期隐蔽、坚持抗日斗争有许多有利条件。于是邓文山便转移至该洞，此洞便是今天所称的"仙女宫"。住进此洞之后，邓文山丝毫没有放松警惕，他仍然天天派出人员到外围收集日伪情报。除在洞的四围派出暗岗暗哨外，还在格球山西南、药泉山、笔架山东西、老黑山南加派多组乔装成农民或猎人的暗哨，以便及时发现敌情。同时还到山边村屯购买粮食、粉条、鸡蛋等食品供战士食用。他们住在用石板搭建的石炕上，下边还可以用干朽木烧火取暖做饭。历经数十日与敌人周旋，伺机打击日本侵略者。

1936年9月末，邓文山率属下一百多人迁回到茂山，但仍未冲破敌人的包围圈。此时已岁迫严冬，寒风刺骨。战士们衣单腹空，加之连日恶战，颠沛跋涉，体力消耗极大。如不能迅速突围，就会全军覆没。邓文山再次将队伍化整为零，分散突围。他率七小队从山南麓突围，时值清晨，大雾弥漫，战机难得，邓命令将子弹集中到枪法好的弟兄手中，要求弹无虚发，枪不落空。部队沿林深树茂的山谷悄悄行动，见敌人露头就是一枪，接连打死20多名敌人，其中有3名日本军官在邓文山手下丧生。敌人不敢露面，就用飞机大炮狂轰滥炸。战斗持续了一天之久，夜幕降临时，邓又改路朝东突围。后在老百姓的引导下，终于跳出了敌人的包围。"平康德"部茂山突围后，又几经转战拼杀，最后只剩下30多人。1936年10月，邓文山率战士们回到本屯红霍尔基北部山林中潜伏起来。因敌人封锁，给养困难，11月初，邓文山忍痛解散队伍，叫幸存的10几名战士潜伏起来。

天气渐凉之时，邓文山的伤病已痊愈。他想到这次在茂山遭敌围攻和追击后，对于家中情况一概不知，便派出二人去离此50余里的红霍尔基去探听情况。他哪里知道，在其远避深山养伤期间，日伪当局为打击"平康德"，乘机对抗日志士的家属进行了灭绝人性的查抄和洗劫，他同族人房屋财产全被焚毁。全家16口人，除一妻一嫂死里逃生外，其余尽遭杀害。至今村民们议论其家产被焚和族人被杀的惨状，仍泪流满面。

邓文山得知这一惨讯后，秘密夜间回宅接走一妻一嫂，只带两名随行人员潜回凌南（现为辽宁省建昌县）原籍。为报国恨家仇、实现抗日抱负，1937年4月初，"平康德"又组织起一支30多人的抗日队伍，后发展到百余人，在辽西凌南一带继续坚持抗日斗争。1938年5月28日，在校槌棒山与日伪军一次遭遇战中，邓文山被炮轰头颅受伤，后因伤口感染，于6月4日为国捐躯，时年仅33岁。五大连池人民不会忘记这位在德都大地上叱咤风云的抗日英烈，其英雄业绩辉比日月，其献身精神气壮山河，将永远激励我们为建设文明富裕的五大连池而奋斗。

第三节　东北抗日联军西征开辟德都游击区

一、东北抗日联军统一军队建制

"九一八"事变是日本军国主义者长期以来推行对华侵略扩张政策的必然结果，是为把中国变成日本独占的殖民地所而采取的实际步骤。中国遭受帝国主义列强瓜分的威胁，亡国惨祸已迫在眉睫。"中华民族到了最危险的时候，每个人被迫着发出最后的吼声。"《义勇军进行曲》的歌词喊出了当时亿万中国人心中的满腔悲愤。

中国共产党从"九一八"事变起就坚决主张对日作战。1931

年9月20日，中共中央发表《为日本帝国主义强暴占领东三省事件宣言》，响亮地提出："反对日本帝国主义强占东三省！立刻撤退占领东三省的陆海空军！自动取消一切不平等条约！"11月27日，刚刚在江西瑞金宣告成立的中华苏维埃共和国临时中央政府发表对外宣言，号召全国动员、武装起来，反对日本侵略和国民党反动统治。中共满洲省委指示各地党组织加强同抗日义勇军的联系，并组织党领导下的抗日武装，开展斗争。中共中央先后派杨靖宇、赵尚志、周保中、赵一曼、张甲州等到东北，加强各级党组织的领导力量。1933年初，由中国共产党直接领导的巴彦、南满、海龙、东满、宁安、汤原、珠河、海伦、饶河等游击队相继成立，逐渐成为东北的主要抗日武装力量。1933年9月后，中共满洲省委根据东北各地严峻的抗日斗争形势，为了进一步扩大抗日民族统一战线，决定党领导的抗日游击队要吸收更多的抗日武装，建立东北人民革命军。

1935年1月28日，在纪念上海抗战三周年的日子，东北反日游击队哈东支队在珠河县铁道南半截河，改编为东北人民革命军第三军。全体指战员举行了东北人民革命军第三军成立典礼，发表了成立宣言和通电，宣告东北人民革命军第三军正式建成。全军暂辖一个师，共有500余人，军长兼第一师师长赵尚志，政治部主任冯群（冯仲云）。第一师下辖三个团，第一团长刘海涛，政治部主任张寿篯（李兆麟）；第二团团长李熙山（许亨植），政治部主任金策；第三团团长张连科，政治部主任马宏力（后由李泰代理，以后又由侯启刚接任）。军司令部设有保安营和少年连，还有秘书处、副官处、军需处、执法处、稽查处等。东北人民革命军第三军的建成，是哈东人民抗日斗争中的一件大事，震动了宾县、珠河、延寿、方正、五常、双城一带的敌人，极大地鼓舞了抗日武装和人民群众的抗日热情，将哈东抗日游击战争推向了新的发展阶段。

1935年7月25日起，共产国际在莫斯科召开第七次代表大会，总书记季米特洛夫在会上作了《法西斯主义的进攻与共产国际为工人阶级的反法西斯主义的统一而斗争的任务》的报告，向全世界共产主义运动提出反法西斯统一战线的问题。8月1日，中共驻共产国际代表团以中国苏维埃中央政府和中共中央的名义起草了《为抗日救国告全国同胞书》，不久公开发表，通常被称为《八一宣言》。（引自中央党史出版社出版的《中国共产党的七十年》135页）宣言指出："近年来，我国家民族已处在千钧一发的生死关头，抗日则生，不抗日则死，抗日救国，已成为每个同袍的神圣天职！"宣言指出："与苏维埃政府和东北各地抗日政府一起组织全中国统一的国防政府；与红军和东北人民革命军及各种反日义勇军一块组织全中国统一的抗日联军。"《八一宣言》的发表，极大地推动了东北人民抗日统一战线的扩大和东北抗日游击运动的发展。

1936年1月26日至28日，东北民众反日联军军政扩大联席会议在汤原县吉兴沟密林中召开，出席代表有赵尚志、李华堂、谢文东、张寿篯、夏云杰、李延禄、冯治纲。会议充分讨论了《八一宣言》，经协商，于1月28日通过了《东北民众反日联军军政扩大联席会议决议》，决定组织东北民众反日联军临时政府和东北民众反日联军总司令部。"为了统一军事上指挥与政治上领导，为克服自发性弱点的存在，为了更优效扩大反日力量和联合一切反日力量，共同抗日和彻底消灭过去联合不密的倾向，总的领导机关的建立问题，成为目前中心任务。在临时军政军事部领导之下设总司令部，推选赵尚志同志担任总司令，李华堂同志担任副司令。"（引自《东北民众反日联军军政扩大联席会议决议》（一九三六年一月二十五日）《东北地区革命历史文件汇集》甲45册第419—420页）在东北人民革命军第三军司令部、东北抗日同盟军第四军帮助下，汤原抗日游击总队正式扩编为东北人民革命军第六军。夏云杰任军长，张寿篯担任代理政治部主任。

汤原军政联席扩大会议之后，第三军和第六军为了共同建立具有战略意义的小兴安岭汤旺河一带后方军事根据地和扩大抗日游击区，决定各抽出一部分队伍组成后方留守处。张寿篯以联军总政治部主任、后方留守处主任、政治军事学校教育长的名义在汤旺河统一领导建立汤旺河后方根据地，同时第三军主力开始西征，继续开辟通河、东兴、巴彦、木兰、铁力、庆城、海伦等地游击区。

为了响应《八一宣言》的号召，贯彻中共中央抗日民族统一战线政策，加强对东北地区抗日斗争的领导，1936年2月10日，中共驻共产国际代表团提出了《为建立全东北抗日联军总司令部草案》，指出组织东北人民抗日联军总司令部在政治上、军事上的重要意义。同时提出，为适应反日统一战线的需要，决定统一全东北抗日军队的名称，将东北人民革命军改为"东北抗日联军"。

1936年2月20日，中共驻共产国际代表以东北人民革命军领导人杨靖宇、王德泰、赵尚志、李延禄、周保中、谢文东和汤原游击队、海伦游击队的名义，发表了《东北抗日联军统一军队建制宣言》。宣言指出："我东北人民革命军第一、二、三各军，反日联合军第四、五、六各军，各反日游击队为收回东北领土，为保卫中华祖国，四年以来在全东北反日总会领导下，与我各反日救国武装同志及反日民众结成统一战线，共同对抗日本（强盗）帝国主义，作游击战争，誓必奋斗到底。现在顺着全国救亡运动之转移，使抗日军队组织越加巩固与行动统一。因此，将我建制、名称不同的各军军队，完全划一律改组军队建制为东北抗日联军第一、二、三、四、五、六军，以及抗日联军XX游击队"。（引自《东北地区革命历史文件汇集》甲46 册 第10页《东北抗日联军统一军队建制宣言》一九三六年二月二十日）同时，宣布"我东北抗日联军随时准备参加全体统一之抗日联军军队编组。同时欢迎目前东北各反日武装军队之参见东北抗日联军组织，并由公意建立东北抗日联军总司令部"（引自《东北地区革命历史文件汇集》甲46 册 第11页《东北抗日联军统一军队建制宣言》一九三六年二月二十日）。

《东北抗日联军统一军队建制宣言》的发表，促进了东北人民抗日武装向统一、巩固的方向发展，把东北人民抗日武装斗争推向了一个新阶段。此后，各军根据宣言的决定，把东北人民革命军先后改编为东北抗日联军。统一组成后的东北抗日联军，作为抗日武装斗争中坚力量，面对穷凶极恶的敌人，肩负起保家卫国责任，在气候条件极度寒冷、战斗和生活物资极度匮乏的情况下，同日本帝国主义侵略者进行了艰苦卓绝、不屈不挠的斗争，歼灭和牵制了大量敌人，为解放东北和全国抗日战争胜利，乃至世界反法西斯胜利做出了重要贡献。

二、珠汤联席会议提出开辟新游击区的方针

随着东北地区抗日游击战争形势的发展，北满党和军队的领导人迫切希望解决东北地区党和抗日武装在政治上、军事上、组织上存在的许多重要问题。1935年4月5日，满洲省委代理书记杨光华等去莫斯科前，以省委名义发出了一个《临时通知》，要求"各地党团组织遵守中央的指示，努力把它适合各地的状况，勇敢的、独立的、有信心的、自主的进行工作"。（引自《东北抗日联军军史丛书——东北抗日联军第三军》114页。）

遵照满洲省委《临时通知》的指示精神，抗联第三军军长赵尚志于1936年夏末提议中共珠河中心县委召开一次党的扩大会议，但由于县委负责同志先后染上伤寒，又分散在各地紧张地指挥游击战争，会议未能及时召开。直到9月上旬，中共珠河县委同志才陆续到达汤原第三军司令部，而后又致信汤原中心县委及第六军主要负责人参会。经过协商和筹备，1936年9月18日，珠河、汤原中心县委和第三、第六军党委联席会议（简称珠汤联席会议）在汤原县帽儿山北坡第三军被服厂正式召开。出席会议的有东北抗日联军第三军军长赵尚志、珠河中心县委书记张兰生（包巨奎）、珠河中心县委宣传部长冯仲云、珠河团县委书记朱新阳、汤原中心县委书记白江绪、东北抗日联军第六军军长夏云杰，列席会议的有抗联第三军李福林、李熙山和第六军秘书长黄吟秋等。原定参加会议的张寿篯、兰志渊因外出巡视，未能与会。

会议主要议题有：对目前东北政治形势的分析，关于党的新策略的运用，关于组织问题，工作报告和检查，新的工作布置计划等。根据北满抗日斗争发展的客观形势，会议作出了《关于目前政治形势分析与我党新策略任务》的决议，对重大的政治、军事路线和策略问题提出一些意见。会议决议提出新的路线是："吾党新策略，全民统一战线的运用，必须是站在进攻的立场上积极的意义上懂得进攻和退守战略，根据实际环境灵活运用领导群众抗日反满的各种紧迫的经济政治的斗争，广泛造成全民反日统一战线，并在这一战线中夺取无产阶级领导权。"

会议提出："关于游击运动的策略上，为胜利地冲破今年秋冬季'大讨伐'，队伍要采取进攻策略，向新区开展，向日'满'统治环节薄弱的隙锋［缝］中突击，以出奇制胜的游击战术解决敌人，想各种可能求得新战利品之使用武器与给养的解决，新战斗技术（平川战术）、骑兵技术、化学技术（如防御毒瓦斯、手溜［榴］弹爆炸、防火器）的学习，队伍迅速的分散与集中，并根据实际情形决定。反对长住、逃避战争、极端的军事冒险、硬打攻坚战不敢出世的右倾保守策略。"（引自《东北地区革命历史文件汇集甲 38 第 262页——中共珠汤中心县委联系会议关于目前政治形势和党的新策略与任务的决议（草案）1936年9月18日》）为了解决独立工作中的各种实际问题，在军事上要求第三、第六军相互配合、突破敌人以宾、木、通、汤、依五县为中心的秋季"大讨伐"，开辟以龙江腹地为中心的新的游击区域，扩大游击区范围。会议决定"成立北满临时省委委员会，在政治上、组织上、工作上暂时来领导北满（哈尔滨、哈南、松江、龙江、嫩江流域、呼海、齐克沿线等地）党的组织，并须直接找关系来要求上级领导和改造省执行委员会"。根据这一决议，成立了中共北满临时省委，选举赵尚志、冯仲云、张寿篯、金策、张兰生、朱新阳、李福林、许亨植、夏云杰、白江绪、魏长魁、刘海涛、兰志渊、郝桂林、张连科15人为执行委员会委员。执行委员会主席赵尚志，省委书记冯仲云、组织部长李福林、宣传部长张兰生。

珠汤联席会议是中共北满党组织和抗联部队的一次重要会议，会议确定了抗联第三、第六军的军事斗争路线和策略。会议选举的中共北满临时省委，担负起领导松花江两岸、小兴安岭山麓广大反日群众组织和抗日武装开展抗日斗争的重要使命，推动了北满地区抗日游击战争的进一步发展。

三、抗联第三军西征到龙门

珠汤联席会议后，日伪当局依据日本关东军司令部所谓的"三年治安肃正计划"，开始在汤原、通河、木兰、方正、依兰、勃利和宾县、延寿、五常等县，对北满地区抗日武装进行"大讨伐"。调集日伪军第四军管区兵力和第三军管区一个骑兵团、一个日军守备队和汤原伪治安队，欲图一举歼灭在汤原及下江一带的抗联第三、第六军和其他抗日武装。在这种形势下，为冲破敌人的秋冬季"大讨伐"，在中共北满临时省委和北满抗联总司令部的领导下，根据珠汤联席会议关于"向日满统治环节薄弱的隙缝中突击"、扩大抗联部队和拓展新游击区的决议精神，决定第三、第六军部队再次西征铁力、海伦，开辟黑嫩新游击区。

按照东北抗日联军第三军军长赵尚志的具体部署，第三军各部队在9月下旬，开始部署各部队西征的具体行动计划。这次西征采取多路出击，分散敌人注意力，掩护主力的战术，以求能够在黑嫩地区站稳脚跟，迅速打开局面。具体部署是：命第一师政治部主任李熙山（许亨植）率第一师一部组成西征先遣队，从汤原出发，赴庆城（今庆安县），与那里的第九师会合，再向北方铁力进军；调第二、第三师各一部分队伍，由第三师政治部主任吴景才率领，北渡松花江，向铁力前进；活动在木兰蒙古山一带的第六师提前西上铁力，建立根据地，储备粮食，接应主力部队；活动在富锦、萝北一带的第五师沿黑龙江西进，进驻黑嫩平原北部的海伦。各先遣队完成指定任务后，由第三军军长赵尚志，率主力部队从汤原出发，进行西征。

1936年冬，北满临时省委连续召开了第一、第二次省委常委会议，根据敌强我弱的特点，进一步讨论了第三军的军事行动计划。指出我军必须采取灵活机动的游击战略战术，既不固守旧的游击区，又不完全失掉旧的游击区，迅速避开敌人大部队的正面进攻，迂回到敌人防守薄弱的地区去打击敌人，开辟新的游击区。根据这一精神，第三军司令部确定迅速率主力部队西征铁力、海伦、龙门，然后插入黑嫩平原开展游击活动。

1936年11月，第三军军长赵尚志亲自率领第三军司令部直属部政治保安师、少年连和第一、第五师各一部500人组成骑兵部队，从汤原根据地老钱柜岭西出发，顶风冒雪开始西征。由于东北抗日联军第三军多支部队向西移动，引起日伪当局的警觉。西征部队启程后，立即遭到敌人的围追堵截。赵尚志率队巧妙地突破敌人的封锁线，并寻找有利地点迎击敌人。12月中旬西征部队到达铁力，同第六师张光迪部和李熙山带领的第一师先遣队会师。赵尚志率领部队在庆城、铁力活动了两个多月，对部队在庆城、铁力地区如何开展工作的问题做了部署，并将所率部队留下200人，以增强开辟庆城铁力游击区的力量。1937年2月，赵尚志率领军部少年连、第一师、第五师、第六师一共300多人，继续向海伦、通北等地远征。

1937年3月初，赵尚志率领远征队沿运木材的山道向通北进军，部队的行动被敌人侦知，敌人派出700余人尾随其后。赵尚志已知敌人追击，他将部队分成两部分，一部分利用有利地势设伏，另一部分则继续急速前进诱敌。当敌人进入伏击圈时，伏击部队4挺机枪一齐开火，打得敌人晕头转向，狼狈逃跑。此战毙敌30多人，缴获一批枪支和毛毯等物品。

这次战斗后，赵尚志判断敌人不会甘心失败，一定会再调兵向我围攻，于是决定部队火速前进，甩开敌人。但是，部队还没有走出多远，便发现前面有四座用原木垒起的伐木工人做的木营，里面有煤油筒做的火炉。每个屋子都很大，可容纳二三百人。在木营附近的山间，有一眼常年不冻的山泉，冬季泉水从山上流下来时，结成一道长长的冰坡，冰上覆雪，雪上又结冰，光滑无比，人畜踏上无不滑倒摔跤。当地群众都称这块地方为"冰趟子"。这里有几家店铺，过往车马都在此歇息。车道北就是那片泉水凝成的冰川，车道南是一座起伏的小山，山上长满低矮而稠密的杂木丛，是打伏击的好地方。赵尚志仔细察看了地形之后，在木营里召开了班长以上干部会议。他说，这四座大木营很坚固，可以固守，沟的两侧是山林，可以设埋伏，沟口处很窄，可以截断敌人的退路，形成一个口袋，又可以阻击敌人的援兵，总之，这里是一个进可攻、退可守的好战场。于是部队在这里用了两天时间筑起一道用雪砌冰筑的交通壕。赵尚志命令战士们连夜构筑工事，设好埋伏。

1937年3月7日，日军竹内部队和伪军以及警察队等800多日伪军追击部队开进了通北冰趟子沟。就在敌人顺沟大摇大摆地前进要接近木营时，赵尚志一声令下，指战员们机枪、步枪一齐开火，伪军中队长当场毙命。在这突如其来的打击下，伪军纷纷向后溃逃。200余名日军在大尉守田的指挥下向木营扑来，但他们在冰趟子上接连滑倒，遭到伏击战士们的机枪、步枪和手榴弹的猛烈打击，死伤惨重。战斗从中午一直打到半夜。这时气温降到零下40摄氏度，枪被冻得拉不开大栓。第三军战士轮流进入木营烤火，烤枪，不断打击敌人。敌人多次发起冲锋，企图夺取木营，但均未成功。在冰川上趴了一夜的日伪军，被冻得四肢麻木，精疲力竭，无力再战，只好狼狈撤退。这次战斗，击毙日军大尉守田、准尉津田庆一及警务指导官等200多人，打伤、冻伤100多人，缴获轻机枪1挺，一大批枪支弹药和军用物资。冰趟子战斗是东北抗日联军第三军建军后以较小的代价换取巨大胜利的一次重大战役，成为东北抗日联军战斗史上的一个典型战例。

冰趟子战斗之后，第三军司令部决定派张光迪率第六师七十三团200余名指战员在海伦、铁力一带继续坚持游击活动。在部署好第六师在海伦的活动后，第三军军长赵尚志率军部少年连和第一、第五师各一部150人继续向地处北满小兴安岭西麓的通北、龙门一带挺进。在北征时部队一直行进在没有人烟的林海雪原中，每天只能在零下四十几度的森林雪野里宿营，战士冻伤冻死者很多。而且敌人在途中和沿途入口处布置了重兵对我军重重阻击，部队给养发生严重困难，粮食来源中断。断粮后，部队不得不宰食瘦弱不堪的战马充饥。虽然长途跋涉，战士们极度疲惫，但是第三军西征的全体指战员仍然以顽强的意志与敌人英勇斗争。

3月下旬，第三军远征队伍行至龙门（现在的龙镇）附近的炭窑时，从当地群众中得到情报，日军竹内部队汀田少佐率日军"讨伐队"乘坐20多张马爬犁进山，司令部决定打一个伏击战。27日下午2时，赵尚志军长亲率部队冒着零下30多度的严寒进入龙门（现在的龙镇）东南12公里处山口两侧树林内，第三军部队除布置部队在正面伏击外，还以少年连50余人隐蔽路旁两侧的树林中实施侧击。当日军"讨伐队"进入我伏兵阵地时，抗联部队利用山口、树林的有利地形立即发起冲锋，整个战斗仅用30分钟，就将汀田队长（少佐）、渡边孝雄准尉、小山三男军曹等21名日军全部击毙。缴获日本军三八式机枪1挺，新马炮10余支，掷弹筒1具，步枪20余支，手枪数支。战后抗联部队用缴获的武器弹药装备了部队，开始在龙门、讷谟尔、二龙山一带打击日伪军。

龙门伏击战，是东北抗日联军第三军远征队挺进德都县后取得的一次重大胜利。大振了抗日联军的军威，大煞了日军的嚣张气焰，扩大了抗日联军的政治影响。

1937年4月下旬，赵尚志率领第三军远征部队踏上归途，他们徒步行军于小兴安岭莽莽林海之中，每天以橡子、松子充饥，突破敌人数次堵截，翻山越岭，克服重重困难，经过半个月艰苦跋涉，终于胜利地返回汤原后方根据地休整。之后，赵尚志令第三军六师师长张光迪率六师一部留在这一地区坚持抗日斗争。他们在龙门、讷谟尔、二龙山、朝阳山、德都、南北河和嫩江等地活动，打击敌人，为后来开辟以朝阳山为依托的黑嫩平原抗日游击区播下了抗日火种。

赵尚志亲自率领的抗联第三军主力部队，在这次西征中，突破大批日伪军的围追堵截，行程2 000余里，经历了无数的艰难险阻，付出了巨大牺牲，也取得了重大胜利。经过多次战斗，歼灭了大量敌人，不仅扩大了抗日游击区，而且也扩大了我军在北满广大地区群众中的影响。从1936年10月到1937年6月这段时间内，第三军各部英勇出击，顽强作战，从松花江下游沿岸的汤原、依兰、通河、方正、木兰、巴彦到小兴安岭山麓的铁力、庆城、绥棱、海伦、通北，从北黑铁路沿线的北安、龙门到黑龙江沿岸的逊克、佛山，纵横千余里，大小百余战，毙伤日伪军800余人，俘虏300多人，攻占城镇二三十座，缴获了敌人的大量轻重武器和弹药。由于第三军各部配合第六军采取西征东进、分头出击的战术，打乱了敌人的部署，冲破了日伪以宾、木、通、汤、依5县为中心的"大讨伐"，保护了汤原游击根据地。开辟了铁力、庆城、海伦新游击区，并开始在龙门、讷谟尔、二龙山一带的北黑铁路沿线打击日伪军，扩大和提高了抗日联军的声望和政治影响。

四、抗联第三、六、九、十一军分批西征向德都进军

1937年，活动在三江地区的有抗联第三军、第四军、第五军、第六军、第七军、第八军、第九军和抗联独立师（后编为抗联第十一军）。这些抗联部队在伪三江省境内广大民众的支持下，英勇战斗，击敌军、攻据点、破兵站、袭交通，广泛开展游

击战争，打击日本侵略者，动摇了伪满洲国的统治。日本侵略者认为，伪三江省地区治安不靖，共产党活动活跃，惊呼"三江省已变成共产党乐土"。日本侵略者深知东北抗联的存在是其在东北实行殖民统治、推行全面侵华政策的极大障碍。全国抗战爆发后，日本侵略者在向关内大举进攻的同时，调动大批兵力，变本加厉地对东北抗日联军实行残酷的"大讨伐"。1937年秋，根据"三年治安肃正计划"，日伪统治者驱使数万日伪军对抗日联军进行围剿，以伪三江省为中心的松花江下游地区开展了疯狂的所谓"东北防卫地区特别大讨伐"，即"三江大讨伐"。

为消灭活动在伪三江省的东北抗日联军，扑灭三江地区的抗日烈火，1937年6月11日，日本关东军司令部在"新京"召开"东北防卫地区治安防卫会议"，专门部署伪"三江"特别"大讨伐"事宜。这次"大讨伐"日本关东军参谋长东条英机亲自部署，由第四军管区司令官兼伪三江省长于琛澂负责实行，共动员日伪军警宪特及自卫团等5万兵力。

为应对敌人的"大讨伐"，北满抗联总司令部对反击日伪冬季"讨伐"的形势进行了认真分析，对反"讨伐"斗争进行部署。北满抗联总司令赵尚志认为，"根据中日战争日益扩大的形势，日军进攻东北抗日游击队，与进攻中国的侵略战争是不可分离的，所以今年的'讨伐'一开始就表现出'大讨伐'计划的毒辣性、残酷性。首先是'满洲国'统一了'讨伐'的指挥机关，军警机关合并，组织治安部。军事上放弃各县军警联防"讨伐"，制定五省联防"讨伐"计划。由大黑河到吉林省城，甚至到南满，形成连亘数千里的敌人封锁线。这一封锁线的主要作用，是阻止东北抗日军向西开展和步步为营向里包围缩小游击范围，使抗日联军驱于依东一隅，以便一鼓歼灭之。"（引自1937年10月16日《总司令部给六军司令部的信》）基于以上分析，赵尚志对反"讨伐"斗争进行部署，根据在海伦、绥棱一带活动的第三军六师张光迪师长，关于西部形势敌情稍缓，群众基础较好的通报，决定为冲破敌人"大讨伐"，扩大游击区，第三、六军主力西征海伦、绥棱。

1937年6月28日至7月初，中共北满临时省委在汤原帽儿山北坡第六军被服厂召开了执委扩大会议，第三军负责会议的保卫工作。参加会议的有赵尚志、冯仲云、张兰生、张寿篯、白江绪、魏长魁、李熙山、戴鸿宾等，吉东省委委员、第五军军长周保中也应邀参加会议。会议讨论了当前形势，制定出抗日联军的军事行动计划。根据抗联各部队在松花江下游地区聚集过多的情况，指出联军部队"猬集"下江是危险的，各军必须主动地分头向黑龙江省的黑嫩平原、吉林省的榆树、舒兰突击，以互相声援，分散敌人的兵力，而不能长期地把大量兵力集中在三江地区，给敌人造成"围歼"的机会。"党直接领导之下抗联各军应当互相支援，提携一致，配合行动，突击竞赛，开辟新游击区，克服运动不平衡发展，冲破敌人新的进攻与'讨伐'，解决武装与供给困难。"（引自《中共北满临时省委执委扩大会议对目前政治形势的分析及关于政治路线的决议案》，1937年8月8日，载《东北地区革命历史文件汇集》甲23册 154页）会议选举张兰生为中共北满临时省委书记、魏长魁为组织部长、冯仲云为宣传部长，决定调任张寿篯为东北抗日联军第三军政治部主任，李熙山为第九军政治部主任，会议还决定抗联第三、六、九军和独立师（后改编为第十一军）归属北满临时省委领导。会后，战斗在北满的东北抗日联军第三军各师积极开展抗日游击活动，向新的地区进军。

1938年初，日伪军开始集中兵力向松花江下游进行"大讨伐"。敌人采取日伪主力部队与当地军警宪特及自卫团相结合，以分区包围，肃清一地巩固一地的手段，在一个地方不断来回拉网，实行轮番"扫荡"。用"蓖梳式""踩踏式"堵击、长追、奇袭等战术，对抗日联军进行不间断地进攻。同时极力推行"集团部落""保甲连坐"的所谓"匪民分离"政策，隔离抗联和群众的联系，实行严密的经济封锁，断绝抗联的衣食之源。并以政治诱降的卑鄙手段，分化瓦解抗联部队，从而使抗日斗争进入极端困难的阶段。

在敌人不断开展"三江大讨伐"，北满抗联各部队面临被围歼的严峻形势下，中共北满临时省委根据形势急剧发展变化的需要，于1938年6月初，在通河县境内召开了第八次常委会议，研究松花江下游地区斗争形势。参加会议的有中共北满临时省委书记张兰生、组织部长魏长魁、宣传部长冯仲云，执行委员许亨植。会议分析了北满抗日斗争面临的形势，提出必须粉碎敌人"各个击破"及"匪民分离"的阴谋，讨论了北满抗日联军各部队的活动方向和第三军的编制等问题。

为了冲破1938年度敌人的"讨伐"，跳出包围圈，保存和发展抗日武装力量，会议决定：（1）突破敌人对下江地区抗日部队的包围，组织第三、六、九、十一军，向西北部黑嫩地区进行大规模战略转移，建立西北指挥部，指定张寿篯（李兆麟）参加西北指挥部准备工作的会议；（2）第三军缩编为四个师，一个警卫团;（3）第三军政治部主任由金策担任，军内的党政工作均由省委直接领导；（4）赵尚志过界去苏后被关押，第三军新军长职务听候中央决定。在新军长没有任命之前，委托张寿篯以北满抗联总政治部主任的身份领导第三军工作。因会议急迫且张寿篯已赴下江，故未及通知他出席。事后，省委特致函张寿篯通知会议决定，同时要求他除领导第六军工作外，还应同新任第三军政治部主任金策一起，着手整顿和组织在下江地区活动的北满抗联部队，使其迅速分批启程第二次西征。

　　北满临时省委之所以选择黑嫩平原作为远征的目的地，是考虑到其有利的地理环境和敌人统治相对薄弱等条件。黑嫩平原是指小兴安岭西南，大兴安岭以东，呼海路、北黑路以西的黑龙江省腹地这一广阔的平原地带。森林密布的大小兴安岭可成为抗日部队进出黑嫩平原的依托，从黑嫩平原的三肇地区，南下洮南、索伦，可成为前往热河与关内联系的通道。该地除国境线一带驻有日军外，各县日军较少，伪满统治机构不健全，是敌伪统治力量相对薄弱的地区。1936年以后，抗联第三、第六军曾分别由松花江下游汤原地区向海伦远征，张光迪所率第三军六师曾在海伦东山里八道林子建立了基地，一直坚持抗日斗争，拥有一定的群众基础。

　　在中共北满临时省委第八次常委会议精神指导下，西征及其筹备工作成为北满抗日武装斗争的重心所在。1938年7月，张寿篯在萝北县梧桐河畔麻花林子召开了在第三、六、九、十一军部队师团以上干部和下江特委领导人参加的军政干部会议，分析研究了下江地区斗争形势，根据北满省委第八次常委会议关于组织部队向黑嫩平原进行西征的决定，制定了各军西征的具体行动计划。会后，各部队开始为西征筹集物资，经过一个多月的筹备，自7月起，抗联部队投入了第三、六、九、十一军主力部队800余人的兵力，在北满临时省委的统一部署下，由张寿篯和金策负责指挥，从各自活动的后方基地，先后分三批踏上西征的路程。

　　第一批出发的西征部队，有1938年6月下旬从依东出发的第三军政保师师长常有钧领导的政保师60余人的队伍，第九军二师师长郭铁坚领导的第二师90余人的队伍，这150余人的部队是在省委派到第九军任政治主任的魏长魁率领下首次踏上西征途程的。途中遭到敌人袭击，魏长魁同志不幸牺牲，部队在常有钧、郭铁坚的率领下继续前进。经过长途跋涉和曲折的斗争，常有钧率领的三军政保师于9月中旬，郭铁坚率领的九军二师部分人员于11月间，先后到达了海伦县东山里第三军开辟的后方基地与许亨植、张光迪率领的部队会师。

第二批西征部队于1938年8月上旬，从萝北县梧桐河畔老等山启程，共500余人。其中第六军军部教导队及二师十一团和一师六团由六军参谋长冯治纲和二师师长张传福率领，约200余人。第三军三师、第六军三师八团、二师十二团、四师部分队伍共300余人，则由第三军政治部主任金策和六军三师师长王明贵、第三军第三师政治部主任侯启刚率领出发。西征部队在人烟稀少、荆棘丛生的深山密林之中，冲破各种艰难险阻，向着目标前进。经过两个多月的行军，侯启刚率领的部队首先到达铁力县境。1938年10月8日，金策与王明贵率领的部队与到达海伦白马石后方的冯治纲率领的第六军第一支远征队以及在这里的新编第三师师长许亨植、副师长张光迪所部会师。

由金策统一指挥的这个第二批西征的大部队，从汤旺河流域开始分路向西挺进后，都是行进在人烟稀少，荆棘丛生的深山密林之中。时逢浓荫蔽天，湿云低暗的秋雨季节，战士的脚在行军中大部分都被雨水浸泡溃烂，西进部队就是在这样艰苦环境中行进。三军三师侯启刚率领的70余名骑兵部队经过两个多月的时间，金策、王明贵率领的六军二、三师二百余人部队经过一个多月的时间，先后于10月上旬到达海伦三军后方基地，在八道林子与第一批到达的冯治纲参谋长领导的部队和在该地区坚持开展活动的第三军张光迪领导的第六师会合。

第三批西征部队由李兆麟亲自率领。西征部队由第六军军部教导队一部、第十一军一师100余人组成，由北满抗联总司令部政治部主任李兆麟、第十一军一师师长李景荫担任指挥。部队临行前给北满临时省委写信，报告了下江地区工作部署情况，信中写道："根据三、六、九军一致西进的情况，西方就成为北满党的生命线"，现在"我军正是无钱、无粮、无干部，过了四个多月残酷斗争生活，今天正是身边一个铜圆都花净的日子，革命热情燃烧着我的精神，非常高兴地向抗日光明处狂奔"。1938年11月16日清晨，李兆麟率领北满抗联在汤原抗日根据地的留守部队，翻越小兴安岭向黑嫩平原远征。12月29日下午2时，经过28天行军，率部抵达海伦县白马石密营，与第二批西征部队胜利会师。至此，北满抗联西征部队全部到达目的地。

第三、六、九、十一军为主体的北满抗联西征队伍前后历时6个多月，虽行程千余里，饥寒交迫，困难重重，历经千辛万苦，但终于跳出敌人在松花江下游地区设下的包围圈，使日伪军"聚歼"抗日联军的阴谋破产。抗联部队实现了向敌人统治薄弱的地区进行战略性转移的计划，为第三、六军组成的西北远征先遣队和第九、十一军部分部队进军德都，建立朝阳山抗日后方基地，在广阔的黑嫩平原开展抗日游击战争奠定了基础。

北满抗联部队西征的胜利是一伟大壮举，这一壮举充分地表现出了中华儿女大无畏的牺牲精神和坚定的抗战必胜信念。在组织、准备北满抗联部队西征及在西征的艰难岁月里，李兆麟同战友们共同创作了充满革命豪情和抗日必胜信心的抗日联军战歌《露营之歌》。充分展现了抗日战士的真情实感，谱写了东北人民抗日斗争的最强音。

（一）

铁岭绝岩，林木丛生，暴雨狂风，荒原水畔战马鸣。围火齐团结，普照满天红，同志们！锐志哪怕松江晚浪升！起来哟！果敢冲锋！逐日寇，复东北，天破晓，光华万丈涌！

（二）

浓荫蔽天，野花弥漫，湿云低暗，足溃汗滴气喘难。烟火冲空起，蚊吮血透衫，战士们！热忱踏破兴安万重山！奋斗呀！重任在肩，突封锁，破重围，曙光至，黑暗一扫完！

（三）

荒田遍野，白露横天，夜火晶莹，敌垒频惊马不前。草枯金风急，霜晨火不燃，兄弟们！镜泊瀑泉唤起午梦酣。携手吧！共赴国难，振长缨，缚强虏，山河变，片刻熄烽烟！

（四）

朔风怒号，大雪飞扬，征马踟蹰，冷风侵入夜难眠。火烤胸前暖，风吹背后寒，壮士们！精诚奋发横扫嫩江原！伟志兮！何能消减，全民族，各阶级，团结起，夺回我河山！

五、西北远征先遣队到达朝阳山

北满以东北抗日联军第三、六、九、十一军为主体的抗联西征部队到达海伦后，1938年10月15日，由中共北满临时省委常委、第三军政治部主任金策主持召开了第三军、第六军主要领导干部联席会议。出席会议的有许亨植、冯治纲、张光迪、王明贵、王钧、陈雷等。会议按照北满临时省委的要求，具体研究、部署了在黑嫩平原开展游击活动的计划。会议决定:（1）迅速组织一部分队伍在铁力、通北、海伦一带开展游击活动。另外，从第三、六、九军中抽调一部分队伍，组织两支远征队，继续向西北地区远征。（2）由许亨植负责筹备"江省西北临时指挥部"，以加强对第三、六、九军远征部队的统一领导和指挥。按照会议决定，北征部队分两支进行活动。

第一支北征部队由第三军第三师八团、第六军第二师十二团、第九军第二师五团组成，由常有钧、赵敬夫、韩铁汉率领，向通北、龙门、克山一带前进，开展游击活动。部队从海伦八道林子出发，北进张二把头店，跋涉大酱缸和稀泥蛤塘，前进到通北县柳毛河东岸一撮毛地方时，第六军第二师参谋长韩铁汉、副官李英臣动摇叛变，将第三军第三师政治部主任常有钧杀害。常有钧牺牲后，第三军三师八团二连北征先遣队40余名战士在团长姜福荣的领导下，独立地在通北、龙门一带坚持开展游击活动。

第二支北征部队由第三军三师八团一连、第六军一师六团、六军二师教导队共80人组成西北远征先遣队，由第三军新编第三师师长张光迪和第六军组织科长陈雷分别任军事、政治负责人，向德都县、五大连池、讷河、嫩江一带继续远征。队伍于1938年10月中旬（农历八月下旬），从海伦八道林子出发，路经通北、老母猪河，从老龙门过北黑铁路向德都、五大连池挺进，到该地建立抗日游击区，然后向嫩江平原前进。

农历九月中旬，北征部队在木沟河与敌人遭遇之后，在荒山烟火掩护下穿过了铁路。在到达龙镇西一个炭窑时，又遇到了截击的敌人，在月光下展开了白刃战。这次战斗打得很激烈，打死一个日本尉官。然后部队连夜行军，三天后来到德都县五大连池的三池子。张光迪、陈雷同志带领部队在五大连池三池子的打鱼窝棚住了三天，与六军一师六团政治部主任李云峰率领的部队相会。会合后由于三池子小窝棚住不下，部队就奔赴五池子，在刘凤的大鱼房子住下。十月初的一天早晨，岗哨报告南面岗上发现了敌伪警察，约四五十人正向部队驻地运动。陈雷同志迅速率领部队撤离了鱼窝棚，踏着湖上的薄冰向西北方撤退。虽然敌人不断打枪，但部队利用有利地形，顺利到了西北方向一个小岛上。部队利用树林分散隐藏、静以待敌。等敌人到了湖边，冲到冰上，还没站稳，陈雷命令部队开枪回击敌人。敌人在冰上站立不稳，被打得东倒西歪，滚的滚、爬的爬，狼狈地逃回南岸大鱼房子处，继续盲目地射击。时已黄昏，敌我双方都看不见了，部队趁着夜色的掩护，奔向了朝阳山。

农历11月中旬，在朝阳山张光迪、陈雷和部队的同志宿营在一个名叫"天德"金矿的几栋旧房子里，借御风寒。部队在这里活动了几天，了解了朝阳山周围山势和通往四面八方的隘口、道路等情况。恰巧省委派来一位交通员，他说"北征先遣队"已正式改编为第一支队，其任务是在德都、嫩江一带建立游击根据地。因为没有接到正式命令，所以这支队伍的名称、部队领导的职务仍都一如既往，没有改动。随后，这支部队又满怀雄心整装向北进发，由于没有敌人尾随，部队安全地从小边河口渡过科洛河，到了嫩江界的十五里湾子，继续向嫩江平原前进。这支北征部队，虽然没能在朝阳山停下来，但是部队所到之处，打击敌人，宣传救国抗日，扩大了抗日联军的影响，为后来部队开辟游击区，建立朝阳山抗日后方根据地起到了前导的宣传作用。

六、龙北部队第二支队进军龙门山

北满抗联主力部队冲破敌人的包围，胜利完成西征后，为适应新的斗争形势的需要，加强对部队的统一领导和指挥，李兆麟根据北满临时省委第八次常委会议的决定，于1939年1月2日，以北满临时省委代表的名义，在海伦县八道林子第三军三师密营，召开各军西征到达海伦后方基地的部分师、团级干部会议。会议对建立抗日联军西北指挥部和联军行动纲领进行了讨论，通过了东北抗日联军《西北指挥部临时行动纲领及临时规划》，建立了东北抗日联军西北临时指挥部，总指挥李兆麟、政治委员冯仲云、副总指挥许亨植、参谋长冯治纲。

不久，为在黑嫩平原开辟新的抗日游击区，北满临时省委于1939年1月28日，在铁力召开了第九次常委会议。出席会议的有金策、李兆麟、许亨植等。当时在通河的张兰生、冯仲云虽未到会，但完全同意会议决议。会上，金策作了《关于北满抗日游击运动新方略》的报告。会议总结了1938年5月以来党的工作，分析了西征后北满游击运动的形势，提出了新的斗争任务。会议指出："估计到目前的形势，还不是直接革命形势，而是长期艰苦的准备阶段。因此，首先要把我抗日联军游击运动和民众运动配合起来，重新布置有战略意义的方向，并加强内部巩固，去克服局部性的不平衡的发展，争取局部形势高涨。克服与国内抗战的隔离性，加速东北反日游击运动由不平衡的、隔离性的、局部的运动连接为全部性的运动。"（引自中共北满临时省委第九次常委会决议，1939年1月28日，中央档案馆等编：《东北地区革命历史文件汇集》甲24册 第251页）

第九次常委会还认真总结了反"讨伐"作战和进行远征的战术经验。指出"我们的战术是站在主动地位，要善于利用敌人的弱点，以少胜多的灵活游击战术，采取破坏、扰乱、埋伏、袭击，迅速、及时地化整为零、化零为整"。（引自中共北满临时省委第九次常委会决议，1939年1月28日，中央档案馆等编：《东北地区革命历史文件汇集》甲24册 第255页）并且具体指出，在老游击区要建立后方基地，并要经常移动，以便进退自如，使敌人无法捉摸，要反对"冒险攻坚""蹲仓主义"，要与群众建立密切联系，并要加强侦察工作。在进行远征时，坚决反对"平推主义"的集中远征，"冒险冲击"的"左"倾突击或畏缩不进。必须采用"逐步伸长""分开前进""轻兵奇入"的战术，特别要注意慎重挑选对远征有信心，坚定、耐劳、机警的干部来担负领导，要轻装行军，在适当地点建立游击站，以便前后联络，尽量设立后方，准备给养，熟悉当地情况，要紧紧掌握抗日民族统一战线政策，接近群众，团结少数民族广泛开展抗日斗争。在新开辟的游击区，行动初期要尽可能避免与强敌正面作战，绝不要轻举妄动，进行冒险行动。应将骑兵游击（平原游击）和步兵游击（靠山游击）结合起来，有效地牵制敌人。为反对敌人设伏、堵击、长追、围困等方式进攻我军，应及时脱出敌人包围线，进行大圈远距离游击，并要事先必须在各处准备好粮食和给养，以免因粮食缺乏断粮而使内部动摇，部队遭受损失。

会议还指出：对归屯策略"在散住区我军一到，敌人可能迅速高压民众施行归屯并户的政策，当时民众发生反归屯愤恨，我们应当及时利用这个条件，去发动与领导反归屯各种各样的斗争。绝不能忘记布置大屯中的秘密工作，如龙江腹地、嫩江、德都等原状区，应该采用这个策略、灵活运用之"。（引自中共北满临时省委第九次常委会议决议——《东北地区革命历史文件汇集甲 24 册 第 260 页》）

中共北满临时省委第九次常委会议是在北满抗联主力部队转移到黑嫩平原后的形势下召开的一次重要会议。会议统一了北满党组织和抗联部队的思想认识，提高了抗联部队的战斗力，为黑嫩平原游击战争的开展提供了有力的思想武器。会议号召全党同志，特别是第三、第六军的党员同志要"打开现在的困难局面"，为黑嫩平原地区开展游击区，建立根据地的斗争做出应有的贡献。

北满临时省委第九次常委会后，根据北满临时省委的指示和各部队在不同区域活动的实际情况，为了加强统一领导迅速开展平原游击战争，将1938年12月底先后到达小兴安岭西麓海伦后方根据地的北满抗日联军第三、六、九、十一军各西征部队700余人，还有原来在通河、铁力、海伦等地坚持斗争的第三军二、六、九师300余人的部队，在各军、师、团番号不变的情况下，统一编成四个支队和两个独立师并成立了龙南、龙北两个临时指挥部。

改编的情况是：

第一支队由第三军三师八团一连和第六军一师六团战士组成（即江省西北远征队），支队长张光迪，政治委员陈雷。

第二支队由第三军五师八团二连和第六军二师十一、十二团部分战士组成，支队长兼政治委员冯治纲。

第三支队由第六军三师八团、第六军教导队和第十一军一师的战士组成。支队长王明贵，政治委员于天放。

第四支队由第三军机枪连、第六军十九团和第九军二师的战士组成。支队长雷炎，政治委员关树勋、参谋长郭铁坚。

独立一师，由第三军一师编成，师长任永富，政治部主任周庶范（朝鲜族）。

独立二师，由第三军三师七团及第十一军一师编成，师长马光德，政治部主任朴吉松（朝鲜族）。

第一、二、三支队归龙北临时指挥部领导，负责人李兆麟，部队活动区域为海伦、德都、嫩江、讷河、龙门、通北、克山、克东等县。

第三、四支队和两个独立师归龙南临时指挥部领导，负责人由副总指挥许亨植兼任。部队活动于绥棱、绥化、庆城、铁力一带。北满抗联各支队成立后，在黑嫩平原地区实行分区作战，积极勇敢地开展游击斗争。

部队改编后，抗联龙北部队第二支队，在冯治纲和王钧率领下，根据总指挥部关于广泛开展平原游击战的指示，为了坚持与敌人周旋，采取从敌人手中夺马的办法，轻而易举地缴获了日本"开拓团"和讷谟尔伪自卫团近百匹马。第二支队缴获了敌人的马匹，把步兵变成了骑兵，部队在龙北大地纵横驰骋，逆风顶雪，由北安进入德都界的龙镇以北，横跨北黑铁路，到达龙门山。

龙门山下是连绵不断的茫茫熔岩石塘。近观块石垒垒，远看如石河奔流，浩浩荡荡顺坡而下，气势磅礴，蔚为壮观。像一队队埋伏着的抗联士兵，好似只要冲锋号响，就会爬起来，冲向敌阵，故人们称这里为"龙门石寨"。在艰苦卓绝的抗日战争年代，龙门山区是东北抗日联军打击日本侵略者的一个重要战场。东、西龙门山之间，有条狭窄的山谷，是一条通往朝阳山的东部通道。众多的抗日战士，在这里演绎过一幕幕民族革命战争的话剧。

抗联龙北部队第二支队到达龙门山后，在冯治纲和王钧率领下，创建了龙门山兵站。冯治纲和王钧利用这个机会观察五大连池的地形，为在这一带活动做准备。他们到德都河北的牛营子（今双泉镇一心村）、石头房子（今双泉镇青石村）、药泉山的北庙（今药泉山上钟灵寺）和双龙泉（今双泉镇双泉村）等屯子，开展群众工作，向群众宣传抗日道理。宣传抗联部队是人民的子弟兵，和乡亲们是一家人，是帮助乡亲们求解放的。经过一段时间的宣传和思想发动工作，老乡们都不害怕了。

抗联第二支队，依托龙门山兵站，深入德都东部地区，在加强兵站军事基础建设、开展群众工作的同时，在讷谟尔河一带经常寻找敌人薄弱环节，以突击、夜袭、偷袭的战术，用轻骑兵伺机打击敌人，开展游击活动。

（一）田家船口屯伏击战

1939年1月12日凌晨，抗联第六军参谋长兼抗联龙北部队二支队支队长冯治纲和十二团政治部主任王钧率领200多骑兵，由龙门山下来，越过龙镇北黑铁路，跨过冰封的讷谟尔河，来到讷谟尔河南岸距德都城东18公里处一个只有30来户人家的偏僻小屯——田家船口屯（今属二龙山农场一分场），准备对日伪军打一次伏击战，夺些被服和武器弹药，补充部队。同时，打击日本侵略者，动员激发人民群众起来抗日救国。

部队首先进了一家大院，得知院主是田景春（该屯最大的地主），冯治纲、王钧二人向田进行了抗日宣传。田是个比较开明的地主，他热情接待了部队，并协助安排了部队的食宿等事宜。冯治纲和王钧向田景春、伪屯长和群众了解了德都县城和腰岗屯警察分驻所的人员武器装备情况，做了战斗部署。为了避免抗联部队走后日伪军报复和残害当地群众，冯治纲决定，引诱日伪军出动，打伏击。抗联部队埋伏好后，便派伪屯长孟繁贵到距田家船口屯西3.5公里的腰岗警察分驻所去报告抗联部队到了田家船口屯的消息。日伪军果真上钩，上午9点多钟，载着30多名日伪军的2辆汽车从县城向田家船口屯开来，汽车距屯子很远时，就被抗联的哨兵发现。冯治纲马上命令部队，不要暴露目标，等日伪军进村后听到命令再打。日伪军车开到屯西南角时，怕中埋伏突然停住，观察一会儿看没动静，仍然不敢贸然进屯，走走停停、停停走走地把汽车开到屯西头，没有发现抗联战士的踪影，就无目标地乱打了一阵枪。冯治纲看出日伪军并没有发现抗联部队的埋伏，而是进行火力试探，就低声命令："再靠近些打。"日伪军试探后见没有动静，以为抗联部队被吓跑了，放心大胆地把汽车开进屯来，进入了埋伏圈。当汽车停下，日伪军争先下车时，冯治纲一声令下"打！"，埋伏的战士利用有利地形一齐向日伪军开火。隐蔽在屯南的抗联部队从后边兜过来，包围了日伪军。激战中击毙了伪警长文叶达，击伤了伪警长荣广利，活捉了伪警务科长刘日升，大部分伪警察投降。只有日本警尉指导官木黑俊一和几个伪警察趁混战向南逃跑，掉进一个弃用的菜窖里，也被活捉回来。

田家船口屯伏击战，抗联部队在无一人伤亡的情况下，将38名日伪军全部击毙和俘虏，缴获2辆汽车和全部枪支弹药。战后，召开了群众大会，将日本警务指导尉官木黑俊一公审示众后处决，被俘的伪警察经教育后全部释放。（引自《德都县志》第788页）

田家船口屯伏击战是在东北抗日联军第二次西征到达德都县后取得的第一次大胜利，标志着抗联部队在德都首战告捷。此一役极大地激发了德都人民支援抗联部队，投身抗日斗争的革命热情。

（二）谷家窑屯突围战

抗联第二支队经过田家船口胜仗后，部队转移到龙镇东山（现山口附近）上遇见三军五师八团。抗联第六军参谋长兼抗联龙北部队二支队支队长冯治纲命该团团长姜福荣率团随冯治纲和王钧率领的西征部队组成300多人的骑兵大队，一起开展德都平原游击战。

1939年2月，冯治纲和王钧率领第二支队到德都四合屯、王大梨屯、王会东屯、李显章屯、庞家窝堡一带从事抗日活动，准备向朝阳山转移。日伪当局从北安、讷河、克山、北兴镇等地调来500多人的日伪军追截抗日联军，企图聚而歼之。2月14日凌晨，抗联六军参谋长兼二支队长冯治纲、六军二师十二团团长姜福荣和团政治部主任王钧，率领二支队骑兵大队60余人行军到谷家窑屯。

谷家窑屯（亦称十五号屯、谷万春屯，现和平镇和安村）位于德都县（现五大连池市）城西15公里处，讷谟尔河南岸，是一个只有几十户人家的小屯。全屯有3个大院，谷家大院和李家（李景文）大院，在北面，南一里地是邱家大院。

抗联部队五师八团驻扎在南面的邱家大院，二师十二团和支队司令部驻扎在北面的谷家大院和李家大院，准备休息一下，北过讷谟尔河进山。抗联部队进屯不久，尾追的日伪军就赶到了。五师八团迅速撤离南面的邱家大院，过讷谟尔河向北撤退。一部分日伪军随后追去，迅速占据了邱家大院，其余日伪军将谷家大院和李家大院团团围住。冯治纲和王钧研究后，认为根据地形和军事力量，撤退是不利的，决定守住这个屯子与日伪军打一仗。抗联部队为避开日伪重点攻击的目标，把部队和马匹隐蔽到场院的壕沟里，冯治纲、王钧二人分别在东、西两面指挥，并命令战士："敌人上来，一个不准跑掉。"

日伪军将抗联部队包围后，用机枪和迫击炮向大院猛烈射击，一发发炮弹落到院子里，把院内的大铁车轮子炸得粉碎，崩得鸡毛满院纷飞。这时南面邱家大院的院墙上有两个伪军指手画脚，耀武扬威，被抗联战士两枪打掉到墙里去，日伪军再没有敢上院墙的了。王钧看到北面全是伪军，便派一位长工给伪军送去一封信，信的内容是："我们都是中国人，应该掉转枪口打日本人，要爱祖国！"这封信瓦解了伪军士气，北面的伪军再没有开火，而东、南、西三面的日军不断向抗联部队开枪，尤其南面的火力最猛，战斗断断续续地打了一整天。

黄昏，冯治纲参谋长从望远镜里看到日伪军由南面和东面向北面转移，断定抗联部队一定从北面突围过讷谟尔河入北山，所以将部队的主力和重火力都调往北面，拦截抗联部队突围，妄图一举歼灭之。冯治纲果断决定抗联部队，从白天火力最猛的南面突围，组成突击队由王钧率领，分为3个梯队。第一突击组由3名骑兵组成，首先突击出去，如果敌人开枪就扔掉马，人先冲出去，发挥火力打开缺口，为第二突击组打开通路；第二突击组接着冲出去，扩大突破口；第三突击组掩护第二突击组突围和保护支队指挥部；一、二组冲出包围圈后转过头来阻击敌人，掩护指挥部和第三突击组突围。当天黑下来的时候，王钧率领突击队突然出现在屯南面邱家大院的土围子前，大喊："中国人不打中国人！"由于南面的日军和大多数伪军都调到北面去了，只剩少数伪军，没等他们打几枪，3个突击组相继突出包围圈。由于天黑，日伪军摸不清抗联部队的突围方向，枪声一响，东、西、北三面的日伪军都向屯里冲去，自相枪战起来。后来吴国林高喊："抗日军跑了，别打了！"日伪军知道上当了，枪战才停下来。结果日伪军自相残杀死伤不少。（引自《德都县志》第789页）

抗联部队突围后，清点人数只少了一名叫秦福的战士（因为耳聋没有冲出包围而牺牲，后被谷家窑的群众埋葬在屯边的山冈上）。抗联部队迅速向东转移，然后北进，过了讷谟尔河安全转移到卧虎山脚下撮拉霍屯（现团结镇永安村），到了朝阳山小边河东岸开始休整。

谷家窑突围战是抗联部队西征到德都后，继田家船口屯伏击战后又一次获得重大胜利的战斗。此一战打开了德都平原游击战的局面，打出了冬季平原游击战的经验，利用地主场院壕沟有力工事，击伤更多的敌人，减少我军伤亡，积累了指战员打阵地战的经验。

第四节　朝阳山抗日后方根据地的形成与发展

朝阳山坐落在德都县（今五大连池市）朝阳乡境内，地处小兴安岭北麓，属小兴安岭与松嫩平原的交界地带，位于五大连池市（原德都县）朝阳乡的东北部，距市区57公里。地理坐标为东经126°23′，北纬48°58′。朝阳山区中大横山、石莹山和洛河山三大主峰，紧密连绵数十峰，森林茂密，地势险要，荒草遍野，方圆百余里。其中洛河山是德都县境内的最高峰，海拔598.8米。区域内西与西南有巴尔嘎勒河和小边河，中部与东北是乌库因河和七十里河，四条河流由南向北纵贯朝阳山区，注入北部的科洛河。朝阳山区的自然环境，为"九一八"事变后德都县广大人民群众反日斗争和党领导的抗联部队开展游击活动，以及创建朝阳山后方根据地创造了有利条件。

朝阳山东北抗日联军第三路军总指挥部遗址

朝阳山抗日后方根据地遗址远景

一、小边河抗日后方基地的创建

龙北部队第二支队到达朝阳山后，认为冯治纲参谋长考察德都县周围的山形和朝阳山可以建立临时后方，又因田家船口和谷家窑两次战斗的胜利，已唤起德都县人民群众抗日的热情。所以，这一带可以发展地方组织，领导群众抗日救国，具备建立后方基地和开辟地方工作的条件。于是，冯治纲亲自带教导队长曹玉奎和他的警卫员裴海峰三人回海伦八道林子六军军部向政委李兆麟和省委汇报德都平原的情况。冯治纲在汇报时说："我和王钧同志指挥十二团（第二支队）教导队，在田家船口和谷家窑打了两次重大的胜利战斗，缴过来的枪支弹药和军服大大地装备了我们的部队。从而进一步加强了我们的战斗力量。敌人从这两次战斗中也知道了中国人民是不好惹的，日本的武士道精神也不得不收拾起来。""这两次战斗的胜利，大大地振奋了人心，鼓舞了德都县广大人民的反日热情。请示省委派地方工作人员来德都、讷河、嫩江、克山等县发展地方组织和群众抗日救国会，来领导群众抗日。我军威远振，把握时机，在这里建立后方基地，继续配合地方组织活动。巩固群众的抗日热忱，使更多的群众受到启发和教育，使更多的人民群众参加到对日斗争中来。"

北满省委领导听取汇报后，同意冯治纲的意见。李兆麟提出了根据地建设的重要性，制定了一系列具体政策。他指出：空有前方的英勇活动，而没有坚固的后方是不妥当的。所谓后方建设问题，处在目前艰苦战斗阶段，是我们非常重要的工作之一，不但不应该忽视或者取消，相反地是要以相当的干部和相当的力量来进行这个有重要意义的工作。因为我们有坚固的后方，不但指战员有所依据，同样是我们整个工作有所依据……现在我们深切研究我们几年来的经验教训，特别是许多血的教训，我们对于后方建设问题，必须有一个彻底的转变，我们应当坚持扫除前后方互不负责的观望现象。可以简单指出，所谓后方基地建设，不但要利用森林要隘，同时要利用河套苇塘，根据地的种类要划分秘密机关（被服厂、医院、各种办事处、重要机关等）、临时后方

（学校、屯垦、交通站等）、部队休息所（前方游击部队临时宿营地点，借以休养实力，骑兵设马槽、建筑阵地工事），必须仔细研究屯垦失败的原因，交通站误事的所在，并在后方自给的口号下，全体人员都参加屯垦，为了巩固后方与前方的联系，为了钳制敌人、调动敌人，必须在沿山设山林游击部队（各种别机动队）专门破坏与扰乱敌人的移民团、铁路、汽车路、木营，同时负责运送给养、侦探敌情等任务，以便平原游击与山林游击配合一致。

北满省委领导还指出，作为部队的后方，必须有山、有水、有群众基础，这样的地方才是适于开展游击战争的地方。德都县朝阳山地区就符合这些条件。首先，德都县在伪北安省、伪嫩江省、伪黑河省三省的交界地带，这里有山、有水，又有火山、石龙等有利地形、地势。其次，这里有一定的群众基础，"九一八"事变后，"平康德"的部队在这一带活动过，这里的人民富有反抗精神。于是，北满省委决定在朝阳山建立抗日游击根据地，进一步发展壮大抗日武装。同时，派原下江特委组织部长小孔、原六军留守团团长耿殿君、汤原洼区区委书记尹子奎、三军少年连指导员陈靖山（女陈）等6人，于1939年3月初来到龙门山，由王钧率部队护送到讷河地区。随后，王钧带着部队回北安东山上的叉子营，迎接冯治纲。不久，由于讷河紧邻阳山区，是丘陵地带，群众基础也比较好，抗联即以讷河为中心，建立讷河中心县委。讷河中心县委成立以后，尹子奎任县委书记。其工作分布在讷河、德都、嫩江、克山、布西等县，并把德都、讷河、嫩江作为县委的重点工作区，与抗联部队互相配合，协同作战，开展地方党的工作，发动群众，配合抗联打击日本侵略者，开辟新的抗日游击区。

1939年3月初，抗联六军参谋长兼二支队长冯治纲从省委回来后，根据北满省委领导的指示，便与六军二师十二团政治部主任王钧率领抗联第二支队，在朝阳山区的小边河创建抗日后方基地，东北抗日联军第六军指挥部和后勤机关就设在朝阳山小边河北岸（现朝阳乡边河村南3公里处）。小边河抗日后方基地，是东北抗日联军第六军第二支队在朝阳山开辟和形成地最早的一个后方基地。

北满抗联部队住过的山洞遗址
（朝阳乡边河村南3公里处）

据朝阳乡边河村原党支部书记马清泉和乡老促会刘凤录同志对抗联遗址考证，东北抗日联军第六军小边河抗日后方基地遗址，共有两个紧靠着的山洞。此山洞位于边河村南三公里处，往南30米就是流入科洛河的小边河。山洞在山的南坡，面对小边河。洞口直径有2米左右，洞深15米，呈平行状往里延伸，山洞里边有用石块垒砌的火炕和锅台。从洞壁的痕迹和洞口堆积的杂石分析，此洞为人工开凿而成。洞里边有一根根木桩，木桩上钉有铁钉。在洞的旁边有一处可容纳三十多人的半地上房屋遗迹，洞的前边是100平方米的操场，两边是地窖子遗迹。

同时，在距小边河抗日后方基地遗址北三公里的一座小山包的脚下，边河村村民发现了一具尸骨。该尸骨呈南北方向平卧，头北脚南，距离地面约一米左右。尸骨的身下有厚度二十厘米的木炭和灰烬。在尸骨的一侧有一只军用蓝瓷水杯（茶缸）。

2009年5月份，抗联老战士、原黑龙江省政协副主席李敏同志在参观朝阳乡朝阳山抗联斗争陈列馆时，对在尸骨旁发现的蓝瓷水杯注视良久，并称抗日战争时期抗联将士中一部分从苏联回来的曾用过这种蓝瓷水杯。她在《风雪征程》一书中描述："临行前，每个人还发了一个搪瓷茶缸和饭盒，茶缸和饭盒的底部都印有俄文字母（CCCP），上级要求我们必须把字

李敏同志在鉴别抗联部队使用过的水杯

蹭掉。"李敏同志辨认后认为，茶缸的底部蹭掉字的地方如果烂了，那么此瓷茶缸就是当年抗联战士用过的。

东北抗日联军第六军抗日后方基地在朝阳山区小边河创建后，抗联第二支队在前方英勇战斗的同时，把动员群众参加抗日救国斗争与加强后方基地建设紧密联系起来，使部队面貌焕然一新，打开了黑嫩平原游击战的局面，为抗联第三路军建立朝阳山抗日后方根据地奠定了基础，创造了有利条件。

1939年3月8日，李兆麟率军部教导队亲临德都地区到以冯治纲为支队长的第二支队检查指导工作。李兆麟热情赞扬了第二支队在田家船口屯伏击战和谷家窑突围战战斗中赢得的胜利，鼓励他们再接再厉，继续斗争。他指示"在敌强我弱的统治区域内开展游击活动，不能固守在一个地方，要贯彻抗日游击战争中的机动灵活的战略战术，才能有力地打击敌人，保存自己"。

根据李兆麟的指示，抗联第二支队以朝阳山小边河后方基地为依托，抓住有利时机，主动出击，连战连捷。1939年3月16日，抗联第二支队在李兆麟、冯治纲的指挥下，攻克老龙门车站，俘虏铁路警察5人，缴获枪支5支及大批给养。4月27日，攻

占了龙门附近的紫霞宫伪警察分署和军用飞机场。5月5日进攻龙门火车站，将5名路警缴械，处死作恶多端的工务段长等4名日本人，其余人员经教育释放。此次战斗缴获步枪6支，服装、给养甚多。5月11日，驻守北安境内曹乃修屯的日伪军也被第二支队全歼。5月下旬，冯治纲率领第二支队骑兵西进讷河，夜袭讷河县东部三合屯，将讷河县伪警察队30人全部缴械，毙敌1人，缴获轻机枪一挺、步枪28支、手枪6支、子弹3 000余发、服装若干。经过几次胜利战斗后，第二支队指战员枪支得到改换，第三军第八团一律换成三八式步枪，仅第六军部队尚有少数杂牌枪，弹药得到补充，服装得到统一，均着黄色军衣，第二支队全体指战员士气大振。接着又先后攻占了龙镇飞机场、讷谟尔警察所，缴获了许多物资和马匹，装备了自己的部队。同时，抗联第二支队，在讷河、克山、嫩江、阿荣旗等地广泛发动群众，积极依靠人民开展机动灵活、出奇制胜的平原游击战。他们把战略防御变成战略进攻，把持久战变成速决战，巧妙地运用游击战的各种战术打击敌人。

二、建立朝阳山后方根据地，开展游击战争

1937年"七七事变"后，全国抗战爆发，大大鼓舞了东北抗日军民的斗志。但这一大好形势并没有减轻东北抗日军民所承受的压力。日本侵略者为了巩固在东北的殖民统治，加紧了对东北抗日联军的"讨伐"。从1937年冬开始，日军的"讨伐"重点，由东、南满转向松花江下游的伪三江省地区，妄图将在这一带活动的北满抗联部队"聚而歼之"。由于日军的疯狂"围剿"，北满抗联部队的第三、第六、第九、第十一各军部队大量减员，许多师、团干部牺牲，一些地方党组织和群众抗日团体跌遭破坏，抗联部队活动区域不断缩小，面临被敌人围歼的险境。因此，东

北抗联各军不得不由人口较多的浅山区转入人口稀少的深山区，在长白山和小兴安岭的深山密林中，建立秘密营地和后方军事基地。西征到达朝阳山区的东北抗日联军龙北部队，在抗联六军参谋长兼二支队长（后任龙北指挥部指挥）冯治纲率领下，根据山区山峦起伏，大横山、石荧山、洛河山等林木茂密，周围丘陵漫岗、沟塘沼泽密布的地理优势，建立了朝阳山抗日后方根据地。以此为依托，在通北、北安、德都、讷河、嫩江、克山、克东、拜泉、依安和呼盟等广大地区展开了抗日游击战争活动，使北满抗联部队有了稳定的抗日后方根据地。朝阳山作为东北抗日联军第三路军诞生地、东北抗日联军第三路军总指挥部所在地、中共北满省委驻地、北满抗联干部培训基地、北满抗联部队后方根据地、重大战事战斗地和中共北满省委抗日斗争指挥中心，领导和指挥了北满地区的抗日斗争。

（一）东北抗日联军第三路军诞生地

1938年，东北人民的抗日斗争进入艰苦时期，日本关东军不断增派兵力，对抗日部队进行围剿，企图将抗日部队在三江地区聚而歼之。中共北满临时省委为了保存抗联部队的实力，决定进行第二次西征。1938年10月，抗联第三、六军部分部队组成的西北远征队首先到达朝阳山，后第九军、第十一军部分部队也陆续到达，并在黑嫩平原上展开游击战争。

1939年4月12日，在通河召开省执委第二次全体会议，出席会议的有中共北满临时省委书记张兰生、中共北满临时省委秘书长冯仲云。抗联第三军新编第三师师长许亨植带着金策、李兆麟在第九次常委会上作的决议出席了会议。会议分析了北满抗联部队转移到黑嫩平原后的斗争形势，提出了面临的战斗任务，进一步统一了北满抗联军事领导，为开展黑嫩平原游击战争指明了方向。会议一致认为北满临时省委第九次常委会决议仍然是目前工作的指导方针，因此决定把第九次常委会决议作为本次执委决议。

会议着重讨论了目前迫切需要解决的关于组织上的重大问题，并作出决议。主要有：（1）"北省执委二全会通过此后，将中共北满临时省委员会之"临时"二字除掉，而直称为中共北满省委员会。"（引自《东北地区革命历史文件汇集——甲24册 第396页》——《中共北满临时省委执行委员会第二次全会决议》）（2）"北省执委二全会选举金策、张寿籛、冯仲云三同志组织新省委常委。金策同志担任北省委书记，张寿籛同志担任组织部长、冯仲云同志担任宣传部长。"（引自《东北地区革命历史文件汇集——甲24册 第398页》——《中共北满临时省委执行委员会第二次全会决议》）（3）会议决定"二全会特决定正式改选北满抗联总部，而正式成立东北抗日联军第三路军，并成立三路军总指挥部。总指挥由张寿籛同志担任，总参谋长由许亨植同志担任，李华堂同志担任总副指挥（暂不发表）。三路军成立日为五月三十日（'五卅'纪念日），而必须使三路军成立成为广大群众运动。"（引自《东北地区革命历史文件汇集——甲24册 第398页》——《中共北满临时省委执行委员会第二次全会决议》）（4）"为了重整北满反日新阵容，对三、六军整理起见，特定许亨植同志担任三军军长，张兰生同志担任三军政治部主任，金策同志不再担任三军政治部主任。张寿籛同志担任六军军长，不再担任六军政治委员，冯仲云同志担任六军政治部主任。"（引自《东北地区革命历史文件汇集——甲24册 第399页》——《中共北满临时省委执行委员会第二次全会决议》）这次会议特别强调了加强下江地区工作的领导和积极开展龙北工作的重要意义，因此，确定了省委三个常委的分工：张寿籛到龙北，金策到庆城，冯冲云到下江，代表省委分别领导这三个地区的工作。

为筹备建立东北抗日联军第三路军，1939年北满省委下发《抗联第三路军成立的通知》，通知指出："必须立即召集会议，详细地研究和讨论三路军之成立在北满反日游击运动中的重要意义和作用，并抗联各部精城（文件原字）团结在三路军内，以争取神圣的民族革命战争之胜利。"（引自《东北地区革命历史文件汇集甲58册 第129页》）1939年5月，中共北满省委发出了《中共北满临时省执行委员第二次全会通告第一号》——成立东北抗日联军第三路军（一九三九年五月）。指出："三路军应以最大的民族革命的热诚、信心、勇气、毅力去实现三路军内部统一领导、统一指挥、统一军事计划、统一武装、统一待遇、统一纪律……站在互相尊重、互相信任、互相帮助、互相监督、共同负责、共同发展、共同胜利的立场，与一、二路军及马占山游击师及国民革命军第八路军东北挺进军及东北其他一切反日队伍配合呼应，准备成立全东北抗日联军总司令部"。（引自《东北地区革命历史文件汇集甲25册 第2页》）通告中所提到的几个"统一"，其实质就是最大限度地凝聚和巩固北满抗联部队的力量，坚持和发展北满抗日斗争，这也正是成立抗联第三路军的意义所在。

"为适应在黑嫩地区开展游击战争的需要，1939年5月30日，抗联第三路军在德都县东北朝阳山后方根据地正式宣告成立，第三路军是在抗联第三、第六、第九、第十一军的基础上组建的，全军共有500余人。（引自黑龙江人民出版社1986年出版的《东北抗日联军军史丛书——东北抗日联军第三军》186页"）总指挥由李兆麟同志担任，总参谋长由许亨植同志担任。1940年5月冯仲云就任第三路军政委。1941年7月金策任政委。

2008年12月，黑龙江人民出版社出版的《黑龙江革命老区》

载明："1939年4月中旬，中共北满临时省委召开了执委第二次全体会议。会议决定正式成立东北抗日联军第三路军，并成立第三路军总指挥部……当年5月30日，第三路军在德都（今五大连池市）朝阳山正式成立，第三路军部队以第三、六、九、十一军为基础组成。"（引自《黑龙江革命老区》17页）

（注：2015年由内蒙古出版集团远方出版社出版的《文武将军冯治纲》一书第162页，载明"1939年5月30日，为适应在黑嫩地区开展游击战争的需要，东北抗日联军第三路军在德都县东北朝阳山后方基地正式成立"。）

2015年8月，黑龙江人民出版社出版的《东北抗联女兵》第160页，载明："1939年5月30日，东北抗日联军第三路军以抗联第三、第六、第九、第十一军为基础，在黑龙江省德都县朝阳山后方基地正式宣布成立。"

抗联老干部王福臣同志撰写的《值得怀念的抗联朝阳山后方根据地》一文中载明："1939年5月30日，三、六、九、十一军在朝阳山后方军事根据地，正式编为东北抗日联军第三路军。从此便以朝阳山为根据地，开展了对日本帝国主义的游击战争，取得了许多胜利成果。"（引自《德都县党史资料丛书》第二辑58页）

当年在朝阳山抗联第三路军后方被服厂工作时的被服厂负责人、抗联老干部张素珍（邢德范）同志撰写的《在朝阳山被服厂战斗的日日夜夜》一文中载明："根据上级指示，东北抗日联军三、六、九三个军组成西征部队，分批开始了向黑嫩平原的西征……后来，三路军在朝阳山成立，总指挥部就设在德都县东北的朝阳山上（现朝阳乡）。在这里组建了三路军的后方被服厂。"（引自《德都县党史资料丛书》第二辑50—51页）

第三路军成立当日，中共北满省委以总指挥张寿篯、总参谋长许亨植和全体指战员的名义，发表了《东北抗日联军第三路军成立宣言》（引自《东北地区革命历史文件汇集甲55册第19页》）、《张寿篯等为成立东北抗联第三路军呈国府电》、（引自《东北地区革命历史文件汇集甲55册 第23页》）、《张寿篯许亨植为成立抗联第三路军致马占山将军及第八路军游击师通电》（引自《东北地区革命历史文件汇集甲55册第25页》）、《张寿篯等为成立东北抗联第三路军致抗联第一、二路军通电》（引自《东北地区革命历史文件汇集甲55册第27页》）等文件。金策起草的《东北抗日联军第三路军成立宣言》表达了第三路军将士的共同心愿。在《东北抗日联军第三路军成立宣言》中，首先回顾了全国和东北地区抗日斗争的悲壮历程，表达了抗联同志的坚定信念和必胜信心。

宣言写道："全东北武装抗日战友们！各界男女同胞们！国内抗战烽火，普遍地在中原南北各地燃烧起来，现在已经近两年了。在这长期抗战期间，我国军民在争取民族解放的火线上，显示出无限的忠诚与英勇，不惜热血头颅，不避艰难困苦，冲锋陷阵，杀敌复仇，到处给日军以严重打击，使日军伤亡惨重，军心涣散，财政绌窘，人民怨恨，列强仇视，其垂死末路已迫眉睫，而我大中华民族之神圣解放事业，不久将来，必将获得最后之完全胜利。"

"战友们！同胞们！东北抗日游击运动，自王、李、马、苏等将军失机退败以后，我们在中国共产党的正确领导下，仍在东北各地，孤军转战各地，于兹六载有余，幸而将士用命，同胞应援，虽未能逐强敌于境外，然竟不顾一切艰辛困难，拼热血头颅，进出于松江领域、龙江广原及北满各地，缴取大批武装，消灭无数匪寇，催（摧）毁日满统治，解除同胞疾苦。使敌寇首尾难顾，日夜忧心，此我辈稍以自安，并堪告慰于全国人民及烈士英灵者！"（引自《东北地区革命历史文件汇集甲55册第19—20页》《东北抗日联军第三路军成立宣言》一九三九年五月三十日）

在此之后，《东北抗日联军第三路军成立宣言》又表达了第三路军将士的共同心愿，这就是："武装抗日战友们！东北各界同胞们！我们决定以最大的精诚团结的热诚信心，忠勇和毅力，去和敌寇血战，站在共同负责共同发展共同胜利的立场，以互相尊重互相信任互相协助互相督促的精神，来配合呼应东北抗联第一、二路军和马占山将军挺进军及国民革命军第八路军游击军及东北其他一切反日队伍，响应国内总抗战，以积极果敢精神，来破坏日军在东北之一切军政设施，截夺敌寇武装供给，领导民众斗争，争取东北抗日运动的新的开展，准备成立全东北统一的抗日联军总司令部，以争取抗战彻底的最后胜利。战友们！同胞们！我们热烈地号召你们：站在中国人民抗日救国的职责上、光复东北的义务上，一致奋起，英勇向前迈进，争取全国抗战的彻底胜利！"（引自《东北地区革命历史文件汇集甲55册第20—21页》《东北抗日联军第三路军成立宣言》一九三九年五月三十日）

由于交通阻隔，联络不便，李兆麟在上述文件发表后方才得知自己已被中共北满省委任命为第三路军总指挥。在李兆麟《履历自传》中写道："一九三八年十一月，我到黑龙江省海伦附近，为创造黑龙江省新抗日游击区的任务，领导整个区域工作。一九三九年春我在龙江北部指挥游击队，哈尔哈河战争时，我指导北部各游击支队突入敌人腹地，开展平原游击战争。十月我得党部的通知，我在一九三九年春被选举为第三路军总指挥和北满省委常务委员工作，一直继续到今天。"（引自《东北地区革命历史文件汇集甲64册第308页》）

1939年11月10日，肩负领导北满抗日斗争重任的李兆麟发表了第三路军总指挥就职誓词，全文如下：

"东北沦亡，已逾八载，中日大战，行经二年。溯自抗战以来，既无日不在惊涛骇浪之中，似此巨艰局面，而能使敌寇处于穷途，卒寒贼胆者，皆赖我国军民之精诚团结奋勇杀敌之所致也，当斯战火遍烧全华之际，吾东北军民尤当揭竿蜂起，声援关内总抗战，共御外侮，为争取中华民族之彻底解放而奋斗始终者也，寿筏为抗日救国已与日军血战六载，涉险第创，困厄不屈，兹奉北满抗日救国总会之指令，任命寿筏为东北抗日联军第三路军总指挥之职，深荷才力绵薄，难堪重任，复思战争之紧迫关头，历史命运之转换时期，寿筏愿以高度之革命热诚，忠贞不移之魄力，效命祖国，矢竭愚忱，并于北满抗日救国总会直接领导之下，广大爱国同胞积极热望之余，必须团结一致，勇敢杀敌。如不以强盗逐出中国领土之外，不将汉奸走狗完全肃清誓不为止！本路军所辖各部指战员，对于群众利益绝不允侵及丝毫，与友军须亲爱真挚，对革命当坚忍忠实，倘有违反民族利益，愿受革命纪律之制裁，同志等之谴责。谨此宣誓！

第三路军总指挥 张寿筏 谨启
大中华民国二十八年十一月十日"

（引自《东北地区革命历史文件汇集甲56册 第17—18页》）

1939年11月20日，李兆麟宣誓就职。

"三路军成立军民齐腾欢"。在中共北满省委和第三路军总指挥部的领导下，北满军民以血肉之躯，继续同武装到牙齿的日本法西斯进行着殊死的搏斗。李兆麟也以"涉险第创，困厄不屈"的实际行动，继续履行着对同志、同胞的庄严誓言。

在东北抗日联军第三路军正式成立，北满抗日斗争进入新的发展阶段，这一激动人心的时刻，张寿篯（李兆麟）激情满怀，欣然命笔，写下了《第三路军成立纪念歌》：

（1）

绚烂神州地，白山黑水间。

八载还，强敌嚣张铁蹄肆踏践。

中华民族遭蹂躏，惨痛何堪言，

骨露原野血染白山巅。

义愤填胸兮，揭竿齐奋起。

誓驱倭寇兮，团结赴国难。

民族自救，抗日军成铁血壮志坚，

杀敌救国复河山。

（2）

驰骋敌腹心，横扫哈东南，

军威至，松江动荡兴安亦震撼。

冰天雪地朔风吼，夜雨复霜天，

救亡壮志永矢兮弗谖。

鼓角乍鸣，将士豪气壮。

杀声四起，敌寇心胆惊。

六载于兹未稍懈，孤军喋血战勇，

伟哉坚毅贯长虹！

（3）

额手相庆兮，全民总抗战，

烈焰炽，战争烽火燃烧遍中原。

东北抗联誓应援，统一指挥建，

三路军成立军民齐腾欢。

厉兵秣马兮，慷慨赴火线。

果敢冲锋兮，寇氛一扫完。

旭日东升红旗灿，飘扬东北边，

高歌欢唱庆凯旋。

（引自《东北地区革命历史文件汇集》甲55册第148页）

东北抗联第三路军的成立，使北满抗联部队实行了领导上、指挥上、军事上和纪律上的统一，内部更加巩固，有力地促进了北满抗日运动的深入发展，将黑嫩平原抗日游击战争推向一个新的阶段。因此，结合第三路军的情况，通过学习陈云的《随军西行见闻录》和滕代远的《中国工农红军的生活状况》和对抗联指战员的要求，张寿篯（李兆麟）又创作了一首《东北抗日联军第三路军军人十大要义歌》，要求全军指战员在部队中广泛宣传和教唱，作为干部战士的行动准则。歌词如下：

（1）

拯救危亡，神圣天职，以身殉国，誓死抗日。

我军人第一要义。

（2）

万众一心，坚如铁石，精诚团结，友爱朴实。

我军人第二要义。

（3）

舍身为群，忠贞坚毅，服从指挥，遵守纪律。

我军人第三要义。

（4）

英勇杀敌，流血不惜，临阵争光，死不逃避。

我军人第四要义。

（5）

全军耳目，卫兵所系，戒备机警，保守秘密。

我军人第五要义。

（6）

枪械弹药，生命相辅，注重武装，爱惜公物。

我军人第六要义。

（7）

抗日联军，人民代表，爱惜民众，不犯秋毫。

我军人第七要义。

（8）

积极上进，遵守职责，热心学习，谨守军礼。

我军人第八要义。

（9）

公正自爱，不避艰险，行动纯洁，劳动勤勉。

我军人第九要义。

（10）

起居谨慎，饮食清洁，讲求卫生，衣物整洁。

我军人第十要义。

（引自《东北地区革命历史文件汇集》甲55册第148页）

北满抗联各军于 1938 年底
编为四个支队两个独立师序列表

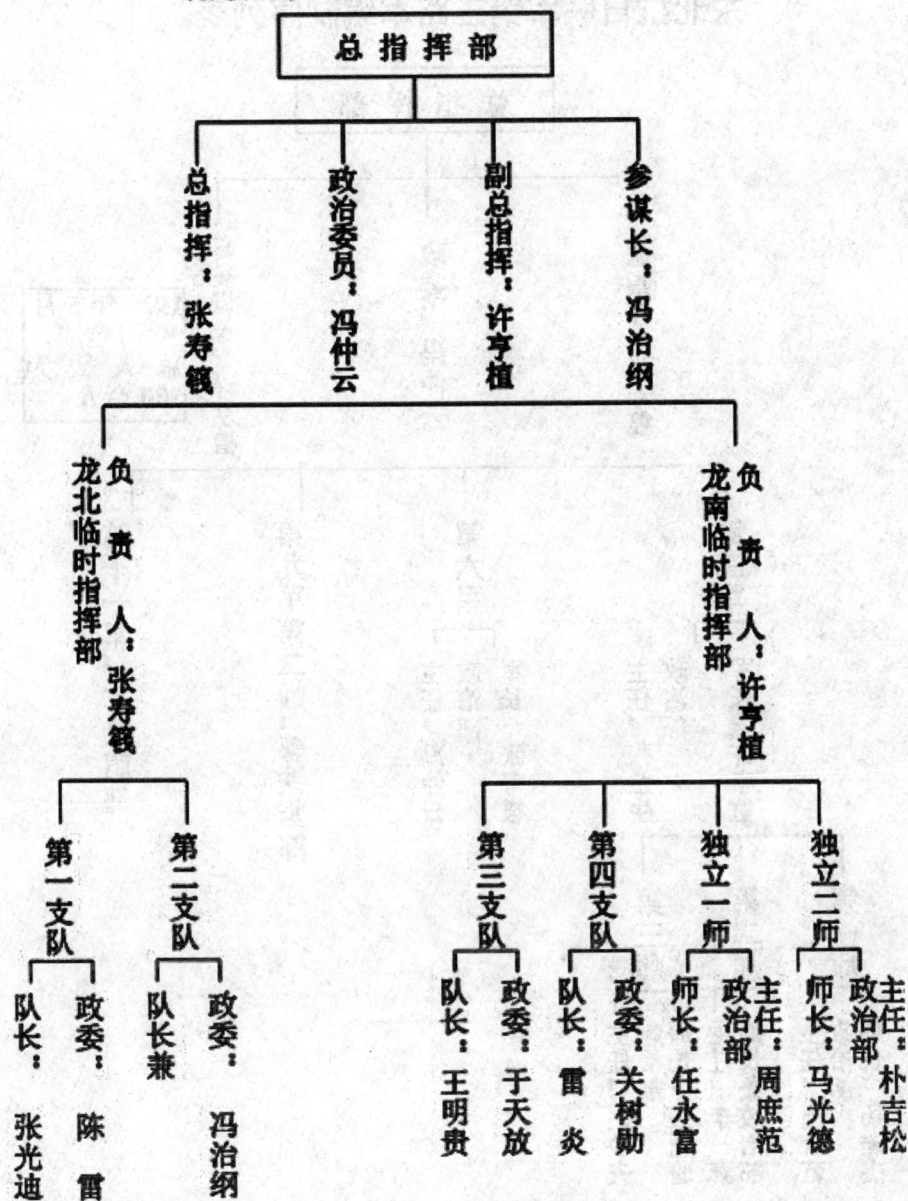

```
                          ┌─────────────────┐
                          │   总 指 挥 部    │
                          └─────────────────┘
        ┌──────────┬──────────────┬──────────────┐
      总指挥：      政治委员：       副总指挥：       参谋长：
      张寿篯        冯仲云           许亨植          冯治纲

        ┌──────────────────────────────────────┐
      负                                        负
      责                                        责
      人                                        人
      ：龙北临时指挥部                           ：龙南临时指挥部
      张寿篯                                    许亨植

   ┌──────────┐           ┌────────┬────────┬────────┬────────┐
  第一支队    第二支队      第三支队  第四支队  独立一师  独立二师
```

队长：张光迪　政委：陈雷

队长兼政委：冯治纲

第三支队　队长：王明贵　政委：于天放

第四支队　队长：雷炎　政委：关树勋

独立一师　师长：任永富　政治部主任：周庶范

独立二师　师长：马光德　政治部主任：朴吉松

东北抗日联军第三路军编制序列表

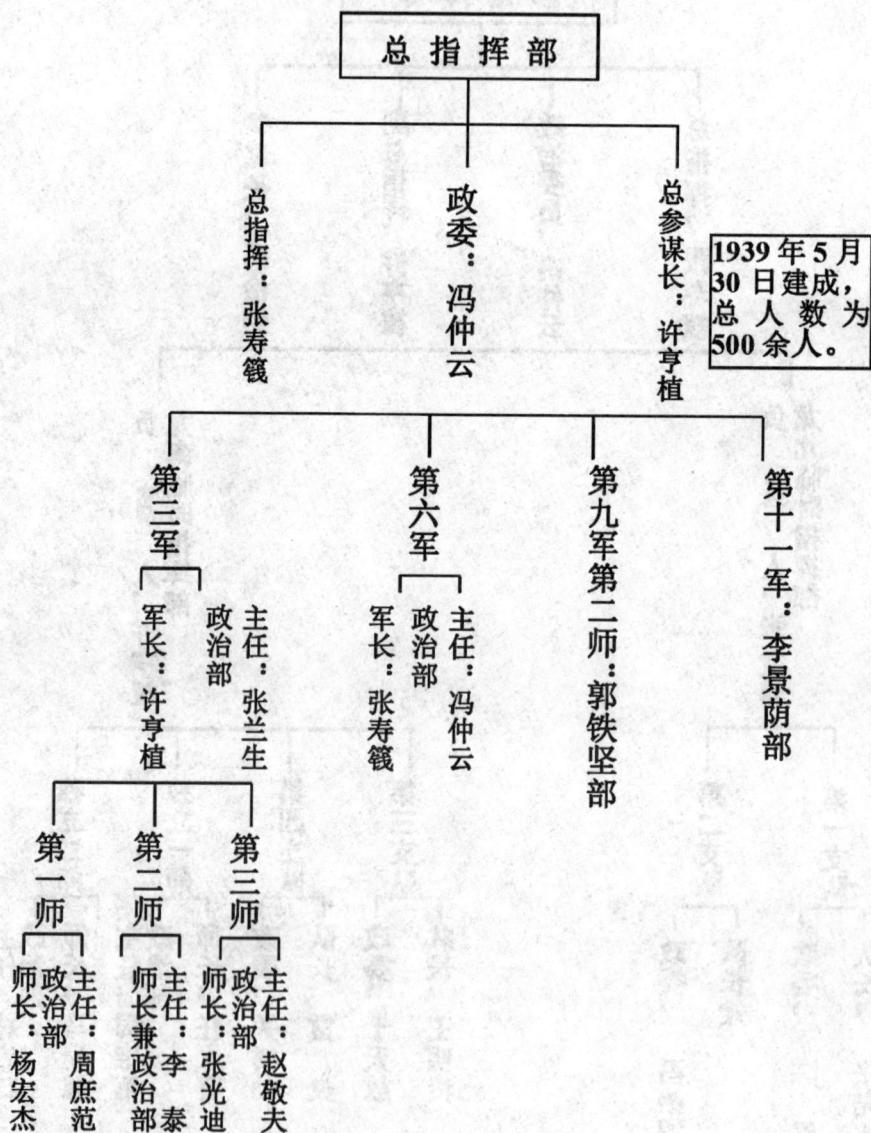

总指挥部

总指挥：张寿篯　政委：冯仲云　总参谋长：许亨植

1939年5月30日建成，总人数为500余人。

- 第三军
  - 军长：许亨植
  - 政治部主任：张兰生
- 第六军
  - 军长：张寿篯
  - 政治部主任：冯仲云
- 第九军第二师：郭铁坚部
- 第十一军：李景荫部

第三军下辖：

- 第一师
  - 师长：杨宏杰
  - 政治部主任：周庶范
- 第二师
  - 师长兼政治部主任：李泰
  - 政治部主任：张光迪
- 第三师
  - 师长：张光迪
  - 政治部主任：赵敬夫

1940 年春第三路军改编编制序列表

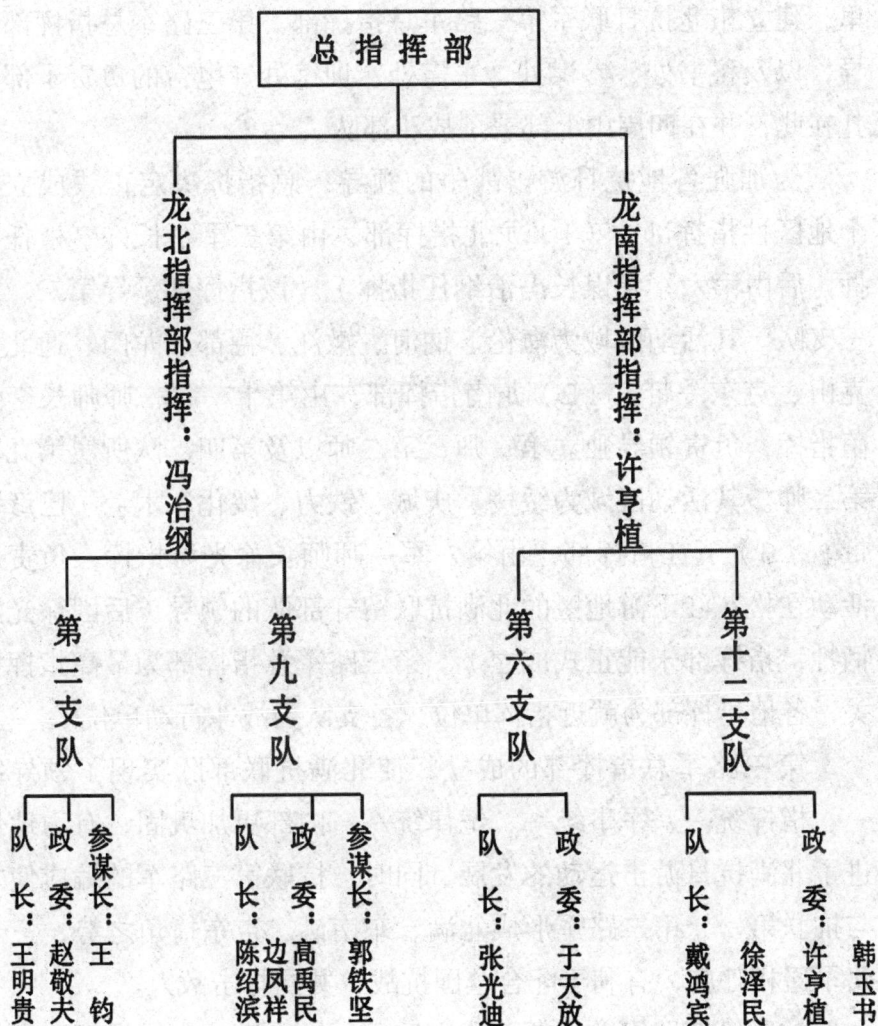

```
                    ┌─────────────┐
                    │  总 指 挥 部  │
                    └─────────────┘
              ┌───────────────┴───────────────┐
        龙北指挥部指挥：                    龙南指挥部指挥：
           冯治纲                            许亨植
      ┌───────┴───────┐              ┌───────┴───────┐
     第                第            第               第
     三                九            六               十
     支                支            支               二
     队                队            队               支
                                                     队
   ┌──┬──┬──┐      ┌──┬──┬──┐     ┌──┬──┐        ┌──┬──┐
   参  政  队      参  政  队     政  队        政  队
   谋  委  长      谋  委  长     委  长        委  长
   长  ：  ：      长  ：  ：     ：  ：        ：  ：
   ：  赵  王      ：  高  队     于  张        许  戴
   王  敬  明      郭  禹  长     天  光        亨  鸿
   钧  夫  贵      铁  民      放  迪       植  宾
                   坚  边                    徐
                   陈  凤                    泽
                   绍  祥                    民
                   滨                        韩
                                            玉
                                            书
```

（二）东北抗联第三路军总指挥部所在地

东北抗联第三路军在德都县朝阳山正式成立后，为了使战斗部队有稳定的指挥中枢和休整场所，适应抗日游击战争的需要，中共北满省委和抗联第三路军决定在朝阳山区大横山西北坡山坳里，建立东北抗日联军第三路军总指挥部。第三路军总指挥部领导，以及秘书处、参谋处、军需处、训练处、电台的负责干部驻扎在此，并在四周山上部署了战斗部队。

为加强各地抗日游击战争的领导，总指挥决定正式成立三个地区性指挥部。（1）龙北指挥部，由第三军军长许亨植任指挥（后由第六军参谋长冯治纲任指挥）。该指挥部领导第二、第三支队。其活动区域为海伦、讷河、嫩江、德都、龙门、通北、克山、克东一带。（2）龙南指挥部，由第十一军一师师长李景荫指挥，负责领导独立第一师、第二师以及第四支队所属第九军第二师。其活动区域为绥棱、庆城、铁力、绥化、木兰、巴彦一带。（3）下江指挥部，由第六军一师师长徐光海指挥，负责对活动在松花江下游地区的北满抗联留守部队的领导（后因徐光海牺牲，指挥部未能正式成立）。第三路军总指挥部为最高指挥机关，各地指挥部为就近指挥单位，各支队为战斗行动单位。

第三路军总指挥部的成立，使北满抗联部队实现了领导统一、指挥统一、军事统一、纪律统一，内部更加巩固，有力地促进了北满抗日游击运动的发展。同时，抗联第三路军的编成使之与抗联第一、第二路军形成北满、东南满、吉东犄角之势，三个路军遥相呼应，有利于配合全国抗战，共同打击敌人。

抗联第三路军总指挥部成立后不久，为进一步加强部队党的工作和政治工作，东北抗日联军第三路军军政训练处于1939年6月15日发出《抗联第三路军训练处关于党政工作问题》的文件提出："关于政治工作在抗日联军中的任务，党在抗日联军工作的基本任务，就是巩固和提高抗日联军的战斗决心和战斗力。抗日联军军事训练与政治教育工作是建筑在反日群众队员的团结和无产阶级先锋队——中国共产党政治领导基础上来进行的。因此，政治委员及政治指导员，必须由忠实的和肯牺牲的共产党员来充当，并同军事长官共同工作，在每个部队中组织与领导共产党党部，以形成内部思想上的一致和自觉遵守军事的纪律。""抗日联军的政治工作，是党在队伍中的职务，因此，党在抗日联军中及其他部队中发生与造成领导作用，是先决条件，要做到这一点，首先要使抗日联军中的政治领导权集中在无产阶级手中。这些任务，要以政治组织（如政治部、救国社、青年团、军人大会、士兵委员会等）的办法来保障党在军队中领导作用和正确执行党的路线，以及正确进行煽动宣传工作。"（引自《抗联第三路军训练处关于党政工作问题》1939年6月15日，中央档案馆等编：《东北地区革命历史文件汇集》甲55册第49—50页）

"政治委员及政治指导员在战斗时的领导，必须加强与巩固党支部的工作，使每个党员及候补党员和青年团员，都应该在军队一切生活问题中、在思想团结上、毅力坚决上，成为群众队员的模范，同时在必要的时候，党组织可以要求每一个党员准备牺牲，所以每一个共产党员在任何条件之下，都应当抵御慌乱、畏缩不前的情形，以及与那些造谣和挑衅的风传无情地做斗争。"（引自《抗联第三路军训练处关于党政工作问题》1939年6月15日，中央档案馆等编：《东北地区革命历史文件汇集》甲55册第50—51页）

"在战时或平时在连内、排内、班内，在战斗上、团结上，连党支部应负重大责任，因此，政治指导员在服务战斗、行军及勤务的苦难环境中，不倦地加强领导支部，经常检查与督促支部工作，批评、帮助、分配支部工作，使党支部成为在群众队员中坚固的政治核心。

目前须根据北满游击运动的环境，军政指导工作中心应该移到连、排、班里面，所以连支部必须根据当时的具体条件，在各排各班里适当分配共产党员和青年团员，在各排有党小组长负责进行党务和政治工作。现在要做到这一点，政治指导员及党支部书记（要）用最大的刻苦精神去教育党员，使他们能够担当这些工作任务。"（引自《抗联第三路军训练处关于党政工作问题》1939年6月15，中央档案馆等编：《东北地区革命历史文件汇集》甲55册 第51—52页）

《抗联第三路军训练处关于党政工作问题》这一文件共有17条，对部队政治指导员、党支部书记的职责、任务，部队政治文化工作等都有明确规定。这一文件发布后，抗联第三路军所属各部队根据其精神，进一步加强了部队党政工作，健全了政治委员和政治指导员制度和加强了连队党支部工作，使党支部成为基层连队坚强的政治核心。

《抗联第三路军训练处关于党政工作问题》的贯彻执行，对于加强部队党的领导，提高部队政治素质，增强部队的战斗力起到重要作用。总之，抗联第三路军总指挥部通过一系列措施，使抗联第三路军各部队政治工作和文化建设都得到了加强，广大指战员坚定了抗日到底的信心，进一步提高了部队的政治、军事素质。

抗联第三路军总指挥部不是固定在一个地方，一踩出平道来，就得转移到另一个隐蔽的山沟里。大横山的第三路军总指挥部虽曾多次遭到敌机轰炸和日伪军的进剿，被迫转移驻地，但仍然在朝阳山区发挥其指挥抗联部队对日伪军作战的重要作用。1940年7月，总指挥部被日伪军袭击后，第三路军后方机关转移到南北河支流土鲁木河一带的密营，继续领导着北满地区抗联部队的游击战争。

（三）中共北满省委驻地

中共北满省委和抗联第三路军领导人十分重视朝阳山后方根据地的建设，随着抗联第三路军在朝阳山编成和第三路军总指挥部的成立，朝阳山就成为中共北满省委的驻地。在中共北满省委驻地设有第三路军总指挥部、政治部、秘书处、电台等机构。中共北满省委书记金策，省委常委、组织部长、第三路军总指挥李兆麟，省委常委、宣传部长、第三路军政治委员冯仲云，省委委员（原北满临时省委书记）、第三军政治部主任张兰生等中共北满省委主要领导都先后来朝阳山及所属区域工作，运筹和指挥龙北地区的抗日斗争。

为适应抗日游击战争的需要，提高部队干部战士的政治军事素质，中共北满省委和第三路军总指挥部建立了第三路军军事教导队。教导队由各支队选调的30余名精干的战士组成，一方面学习政治和战略战术等军事知识，一方面执行保卫中共北满省委和第三路军总指挥部的任务。

第三路军所属各支队的负责人冯治纲、王明贵、边凤祥、姜福荣、王钧、陈雷、高禹民等领导人都在这里指挥过许多战斗。朝阳山后方根据地成为当时中共北满省委和东北抗日联军第三路军指挥北满地区地方党和抗联部队开展抗日游击战争的中枢。

（四）北满抗联干部培训基地

为了提高广大指战员和地方干部的思想觉悟和军事素质，中共北满省委和抗联第三路军领导高度重视干部的培训工作。中共北满省委书记金策在关于开办第三路军训练班及目前形势等问题给张寿篯的信指出："寿篯同志多加注意布置这个工作，无论如何困难也务必开办北部训练班，培养军政干部，以适应今后时局的需要。"（引自《北地区革命历史文件汇集》一九三七年五月——一九三九年十月 甲55册 第4页）。东北抗联第三路军总指挥部，1939年4月25日制定了训练规则，有总则和49条细则。规则指出："本训练最低限度以培养出连长、政治指导员及同等军政干部和地方工作人员为标准而教育，准备适应紧急时期干部需要。"（引自《北地区革命历史文件汇集》一九三七年一月——一九三九年四月 甲54册第389页，东北抗联第三路军总指挥部训练处第一期训练班规则，一九三九年四月二十五日）同时，第三路军总指挥张寿篯关于目前形势和战斗任务给各独立部队的信中指出："改造旧干部、训练新干部、创造战斗（争）伟力最深厚的根据问题。这个任务不但是与我们目前干部缺乏危机密切联系着的。'干部解决一切'这句著名的格言，是同志们都听得十分熟的，没有优秀的勇于负责的理论观点正确、最合乎工作要求、最称职的干部什么问题都解决不了。因之不但各指挥单位要继续不断的开展训练班，各个支队本身，还要克服一切困难条件，办理临时训练班，同时我军曾经活动的区域群众工作，有些基础的区域同样要开训练班，留下干部负责办理之，所以我们训练工作最低限度要这样做，特别是不要把党的训练工作与群众训练混淆起来。"（引自《北地区革命历史文件汇集》甲56册 第154—155页 "张寿篯关于目前形势和战斗任务给各独立部队的信"，一九三九年十二月二十日）

　　1940年5月，由于抗日战斗中干部大量牺牲，新成立的第三路军迫切需要干部，中共北满省委决定在朝阳山第三路军总指挥部开办军政干校（又称党政干校训练班），培养党政干部。在军政干校筹建工作中三支队参谋长王钧亲自率领部队选定了校址，校址设在朝阳山南石荧山朝阳坡上。干部战士发扬自力更生，艰苦奋斗精神，自己动手盖起五间木房，其中大的一间木房做校舍。军政干校从1940年6月开班，到7月中旬，共举办两期干部短训班，参加学习的学员为来自抗联第三路军各支队的连以上干部和派往地方开辟抗日工作的干部。每期学员30余人，编为3个班，每班10余人。军政干校在办学过程中，自觉地坚持以毛主席的战略思想为指导，把马克思主义哲学原理——辩证唯物主义和历史唯物主义的基本原理同抗联斗争的具体实际相结合，丰富了抗日战斗的经验，为在政治和思想上培养军政干部奠定了坚实的基础。

中共北满省委书记金策亲自主持了第一期训练班，抗联第三路军训练处《关于党政工作问题》，就是他参考红军《军事常识》和《红军生活状况》里面的党政工作问题编写的，作为训练班教材之一。中共北满省委常委、组织部长、第三路军总指挥李兆麟，也亲自主持训练班并给学员授课，给学员讲授《抗日救国十大纲领》《抗日军人十大要义》、彭德怀的战略战术，以及《联共党史》、马克思主义哲学原理等。

中共北满省委常委、第三路军政治委员冯仲云，省委委员、第三军政治部主任张兰生都曾分别给学员讲授毛泽东的《论持久战》。抗联第三路军第三支队在朝阳山活动期间，三支队长王明贵等领导干部也向战士们讲授毛主席的《论持久战》和彭德怀的《论游击战术》。"以少胜多、以弱胜强，有利就打、无利就走"，"不打消耗战、专打歼灭战"等成为抗联干部的主要战术原则和战略思想，成为实践在东北抗日战场上的重要战略方针。同时，第三路军各部队普遍充实了政治工作人员，进一步加强了政治工作和文化建设。在政治部领导下，各连队普遍成立了政治研究、军事训练、文化识字、经济管理、卫生和文娱等小组，并健全了士兵委员会组织。第三军政治部宣传科继1938年编成的《东北抗日联军革命歌集》（共收录37首歌曲）之后，又于1939年7月7日，编印出《革命歌集（第二集）》（共收入13首歌曲）。在抗日战争的艰苦岁月，传唱这些反映抗日斗争的革命歌曲，对于抒发抗联将士的豪情壮志、振奋精神、鼓舞士气、激励抗联战士英勇杀敌发挥了重要作用。

中共北满省委书记金策，省委委员、抗日联军第三军政治部主任张兰生，抗联第三路军秘书长张中孚等领导在主持训练班并给学员授课同时，还先后为教导队讲过课。教导队员经过一个阶段的培训之后分配到各支队做基层指挥员，为部队充实了骨干力量。

在军政干校经过培训结业的学员，有的被分配到抗联支队做指挥员，有的被派往地方开展群众工作。第一期学习的王钧、曹玉奎、蔡青山等人被分配到各支队做了指挥员，耿殿君、尹子奎、陈靖芝等人被派往讷河县委开展地方工作。被服厂的邢德范、金玉坤等参加过培训班学习。

中共北满省委在极端困难的情况下，在政治上和思想上自觉坚持党中央领导，搜集党中央文件和毛泽东等党的领导人著作，并加以认真学习和积极贯彻。以党中央精神指导中共北满省委工作，保证了北满抗日斗争坚定的政治方向和正确的政治策略。领导和指挥了北满抗日运动的深入发展，将黑嫩平原抗日游击战争推向了一个新阶段。总之，中共北满省委和抗联第三路军总指挥部通过一系列措施，使抗联第三路军各部队政治工作和文化建设都得到了加强，广大指战员坚定了抗日到底的信心，进一步提高了部队的政治、军事素质。中共北满省委和第三路军总指挥部在朝阳山开办的军政干校，为培训干部适应斗争形势的需要发挥了重要作用，成为北满抗联干部培训基地。

（五）北满抗联部队抗日后方根据地

随着抗联部队西征的胜利和德都平原游击战争的开展，北满省委的领导越来越认识到，开展平原游击战争，必须建立巩固的后方军事基地作为大本营。根据朝阳山区的特点，在周围的山上修建了修械所、被服厂、军政干校、后方医院、战备仓库等设施，使北满抗联部队有了相对稳定的抗日后方根据地。当部队遭到日伪军讨伐时，就避开敌人锋芒，到这些秘密营地休整，并随斗争的形势变化适时进行转移。

（1）朝阳山后方被服厂

东北抗日联军第三路军组建后，总指挥部为解决部队缺少被服的问题，1940年春，在朝阳山建立起第三路军后方被服厂。被服厂负责人是张素珍（邢德范），组成人员多是在海伦县八道林子抗联密营被服厂工作过的女战士，先后在被服厂工作的有李桂香、金伯文、金玉坤、李淑珍、陈玉华、柳明玉等女战士，被临时派到被服厂工作的男战士有老杨头、李铁匠、小苏等。被服厂的设备有两台缝纫机，其中，一台是被服厂工作人员从南北河被服厂带来的脚踏缝纫机，另一台是抗联部队攻克讷河县城缴来的手摇缝纫机。建厂初期，哪个支队缴获到布匹，被服厂就赶到哪个支队驻地去做服装。后来为了便于部队战斗和被服厂的生产，总指挥决定把被服厂驻地设在距总指挥部东2.5公里的小金沟河附近的密林深处（现朝阳乡乌库音屯附近）。被服厂做好一批衣服，就发送到各支队，暂时送不出去的就隐藏起来。中共北满省委和第三路军总指挥部领导金策、李兆麟多次到被服厂检查指导工作。1940年7月，被服厂被日伪军袭击后烧毁，后转移到朝阳山东南的南北河密林中继续生产，直至1941年随抗联第三路军部队转移到苏联境内整训。

（2）朝阳山后方医院

1939年初，东北抗日联军西征部队陆续到达朝阳山以后，部队战斗日益频繁，不断有伤病员被送上山来。伤病员大多是重伤、重病的指战员，或者不能行走的人员，迫切需要有一个水源充足、隐蔽安全的地方为其医治和调养。总指挥部决定把伤病员安顿在一个密林深处，这就是后方医院的前身。但由于战争条件的限制，伤病员的吃、住、医疗条件都是简单而艰苦的，住的是马架子、地窖子，所谓医药只不过一些止痛、消炎、红伤药，而且数量又十分有限。医治伤病员的药物主要靠采集野生中草药材，有些药品和医疗器械只能靠抗联部队从敌人手中缴获和委托游击区内的抗日救国会中的可靠人员到各地购买。医院药剂接济不上，重伤病员疼痛难忍时，就只能吃一小块大烟止痛。医疗条件十分艰苦，缺少医务人员，医院当时只有一名叫王耀钧的青年大夫，在东北抗日联军第六军、东北抗日联军第三路军第九支队从医。随着重伤员不断增加，医院挖了大一些的地窖子，地窖子安装了简易的门窗，顶上盖上大块树皮防雨。医院在1939年和1940年上半年曾两次受到日伪军的轰炸和袭击，后随第三路军总指挥部搬迁至小金沟河附近的密林里（今朝阳乡青峰村附近）。1940年7月，第三路军总指挥部被袭后，后方医院转移到南北河密林中，1941年随抗联第三路军部队转移到苏联。

（3）朝阳山修械所

为了满足修理枪械的战斗需要，抗联第三路军委派几个人背着工具到各支队流动修理。1939年秋，第三路军总指挥部在朝阳山建起一个比较固定的后方修械所，位置在石莹山西南坡脚下。修械所只有一名叫王才的技工师傅专门修理枪械，主要任务是修理机枪、火炮等武器，其他武器大多是各支队自行修理。

（六）重大战事战斗地

东北抗联第三路军在德都县朝阳山建立抗日后方根据地后，朝阳山就成为北满抗日斗争的指挥中心发挥了重要作用。抗联第三路军以朝阳山抗日后方根据地为依托频频出击，在德都、龙镇、庆安、海伦、景星、阿荣旗、讷河、克山、嫩江、肇东、肇源、肇州、北安、通北、黑河、逊河等地区分散游击，沉重地打击了敌人。

1940年4月1日，北满省委发出纪念"红五月"活动的通知，第三路军各部响应省委号召，斗争异常活跃。此后，山林开始繁茂，不久青纱帐起，第三支队频繁出击，转战嫩江、德都、讷河、北安等地的山林和平原，袭击伪警察署，攻打小城镇。5月5日和21日，支队长王明贵率250多名队员接连两次攻破嫩江县沐河村、四站（塔溪）和二十里河部落。在袭击四站伪警察署的战斗中，把伪警察及自卫团的武装全部解除，缴获步枪30支，俘敌20名，并将伪司法卷宗全部烧掉。从6月初到7月中旬，第三支队先后袭击了嫩江大椅山满拓青少年训练所修建工地、讷河县天宇二十号伪警察署、嫩江双泉屯、科洛屯伪警察署，缴获一批枪支弹药和其他物资。1940年上半年，第三支队在同敌人斗争中使自己的队伍有所发展，到7月初全队已近300人。

第三路军的英勇斗争，使日本侵略者精心策划的"黑（河）、北（安）、龙（江）汇攻计划"破产，有力牵制了日本关东军部队，阻碍和延缓了日本法西斯入侵内地和苏联的步伐。尤其对日伪当局在中苏边境的"国防建设"和军事要塞构成现实威胁。鉴此，日伪军曾多次进朝阳山搜剿，并派大批警特四处探寻第三路军总指挥部的所在地，但始终未能发现我军踪迹。

1940年7月14日，第三支队队长王明贵率队攻打嫩江县科洛村日本铁道队，打死4名日军，缴获自动步枪数支，还缴获了一台油印机和大批纸张。此后，敌人派驻防嫩江的日伪军100余人组成混合部队尾追第三支队。

当时，李兆麟正和原中共北满临时省委书记、时任中共北满省委委员的张兰生一起，在朝阳山根据地主办抗联军政干部短期训练班。组织干部学习毛泽东的《抗日救国十大纲领》、彭德怀关于游击战争的论述和陈云的《随军西行见闻录》，以党中央路线和长征精神教育部队，提高军政干部素质。由于训练班急需油印机和纸张，第三支队决定派赵敬夫进山学习，并将缴获的油印机等送到总指挥部。王明贵率领支队由科洛河往南行进，掩护赵敬夫等人从小道进山。不料被伪嫩江沐河屯森林警察大队队长董连科发现，迅速调集"讨伐队"日伪骑兵150余人并配有轻重机枪、迫击炮等武器，向第三路军后方根据地朝阳山地区进犯。

第三支队长王明贵事先已侦知敌人的意图，为保卫第三路军总指挥李兆麟及总部人员的安全，王明贵一方面紧急派中队长刘中学和一名战士给李兆麟送信；另一方面率领少数部队向与朝阳山相反的方向撤退，以便将敌人引向远离指挥部的地方。同时，派参谋长王钧率领第三支队主力在山外监视敌人动向，并在公路两侧设伏准备迎战。但是狡猾的敌人发现了第三支队人员几天前踩踏出的脚印，便循着踪迹抄小道直奔朝阳山。当总指挥部得到情报时，敌人已经进山，接近我军总部驻地。第三路军总指挥部人员立即组织撤退，7月19日下午四时，第三路军总指挥部人员仅撤出离驻地5里左右，就陷入了敌人的四面包围之中，情况十分危急。

总指挥部训练班学员和教导队指战员，他们以"誓死保卫总指挥部"的坚定决心，在第三支队政委赵敬夫指挥下同3倍于我军的日伪军展开了殊死战斗。在激战中，我军战士打退了敌人数次冲锋，赵敬夫率总部教导队三次掩护总指挥部人员突围，最后使总部领导人张寿篯等安全脱险转移。当赵敬夫完成护送任务，返回阵地接应部队分批撤退时，不幸中弹牺牲。由于敌人来势凶猛，火力强大且人数众多，我军最后被迫撤出战斗，朝阳山密营被敌人占领。

这次战斗被称之为"朝阳山保卫战"，据《东北地区革命历史文件汇集》记载，战斗的"指挥者是赵敬夫，参战人员24人，日满混合部队150名，带有轻机关枪及轻迫击炮。我军被敌袭，激战甚烈，我军阵亡者十名，负伤六名损失电台及书本等"。（引自《东北地区革命历史文件汇集》，一九四〇年九月——九四〇年十二月 甲59 册 第138页——《张寿篯给负责同志并转中共中央政治局的报告——关于三路军一九四〇年的工作问题》，一九四〇十二月八日）

这次战斗，嫩江伪森警察大队长董连科以下10人被击毙。但我军也遭受了重大损失，北满省委委员张兰生、第三支队政委赵敬夫、北满省委机要秘书崔清秀和军部教导队指战员关永麟、苏德、李毅、夏洪年、陈连型、马国良等十位同志为国捐躯，突围出来的只有总指挥李兆麟和部分教导队队员及电报生等11名同志。

注："1940年8月15日，冯仲云给金策的信——关于指挥部朝阳山遭袭击伤亡情况等（一九四〇年八月十五日）"载明，"朝阳山的地势和山林条件非常不好，敌人马步混队非常有利和迅速，我军身负重荷，行动迟慢，教导队战斗是英勇和尽责的。我军共壮烈牺牲十名，教导队六名，其中有四名班长，赵敬夫同志及其传令，张兰生同志、崔清秀同志是重伤后自刎的。轻重伤共八名，通讯器具及一架冲锋枪损失。敌人损失不大，但群众传说击毙讷河县伪警察大队长一名。然而是不幸中之大幸，我，寿篯同志无恙归来"。（引自《东北地区革命历史文件汇集》，一九三七年六月——九四〇年十月，甲58册第433—434页）

"朝阳山保卫战"之后，王明贵率三支队搜查战场，把牺牲同志遗体火化，又到后方布置工作暂作转移，并继续派人去搜查战场，把牺牲同志的遗体掩盖起来。把同志们挖的地窖用木头镶上边，作为埋葬同志遗体的地方。

李兆麟和教导队的战士突出重围撤离朝阳山后，转移至德都东部的土鲁木河流域一带的密营，继续领导北满地区的抗日斗争。同时，派第三路军医务处的医生王耀钧到朝阳山收敛张兰生、赵敬夫、崔清秀的尸体。不久，从龙南地区返回的冯仲云和交通员路经朝阳山，从交通员、第三路军军医王耀钧处得知了朝阳山战斗的实况。三个人经过搜寻，在沟下面200米的地方，找到了张兰生、崔清秀的遗体。三人搜集枯枝，把遗体抬到上面，点起熊熊的烈火。三人脱下帽子，向两位战友告别，在熊熊的火焰中就这样送别了他们。

1940年12月28日，东北抗日联军第三路军警卫团回到朝阳山，在这举行了追悼大会。（引自《东北抗日联军军史丛书——东北抗日联军第三军》207页）沉痛悼念张兰生、赵敬夫、崔清秀等在朝阳山战斗中英勇牺牲的烈士。广大抗联战士纷纷表示，要以实际行动给敌人以更大的打击，为牺牲的战友报仇。

抗联第三路军政委冯仲云同志为追悼朝阳山烈士敬献的挽联：

"先烈张兰生同志，赵敬夫同志，崔成秀同志，关永林同志，苏德同志，李毅同志，夏洪年同志，陈连型同志，马国良同志，奂XX同志：
兰生、敬夫、清秀暨教导队朝阳山阵亡诸同志：
为民族争生存，数载苦斗，忠魂长绕朝阳巅。
求国家独立，千里转战，热血遍洒嫩江畔。
冯仲云敬挽
兰生、敬夫、清秀及教导队诸阵亡同英灵
谨献"

（引自《东北地区革命历史文件汇集》，一九四〇年九月——九四〇年十二月，甲59册 第376页）

追悼朝阳山烈士祭文：

伏风浓喘，草木凄然浩浩嫩江之野朝阳之麓，含笑暝目卸去责职。虽已鲜血流彻输入壮烈沧海，尤尚伟志未酬弗慰于九泉，嘻噫！壮兮！伟兮！竭其忠也！自我军创业以来，于兹今日，业已七载有余。虽倭寇未逐，满伪未复，以我钝之刀、弩之马，驰骋于长白之北、黑龙以南，几乎于白山黑水，无处不然。敌寇闻名胆寒，望影鼠窜，而广大之民众体会我军，如天如地，我军之所以如是者，其功莫不以先烈之为高也。先烈之以头颅杀出血路一条，以已奠定今之础业，向前驶驱。为争取胜利，则必以拼命杀敌，为先烈复仇；则必以舍身刘寇，誓志亦坚，以慰忠魂。如渝此者，当午嗷日，忠魂烈士，汝闻乎知乎。我彬彬齐齐，当烈辈之前，痛泣深祭，誓鸣复冤，共夺共励，望以领略虔诚。哀哉尚响。

（引自《东北地区革命历史文件汇集》甲59册，第377页，一九四〇年九月——九四〇年十二月）

抗联第三路军追悼赵敬夫的诗词

（一九四〇年十二月二十八日）

《悼敬夫》（赵敬夫本名白长岭）

（1）

好朋友，好同志！

你是否记得：

悲惨的过去，

使我们含泪分离。

回忆起——

你打那走狗的教师，

虽然它先打了你，

但你被开除了学籍。

朋友难的为你流泪，

同学们也为你悲泣，

自然是不平的事，

在伪政权的压迫下，

哪有真理。

好朋友，好同志，

我们是知己知彼，

一切都相关休戚，

何况你的坦白、率真，

谁都敬爱你。

（2）

你在松花江畔，

当着软软的和风，

为愤恨日寇的暴行——

曾滴过血泪，

痛骂那伪国牢笼。

让江河将你的珠泪带去，

它滚到大海，

它游遍了大洋，

露出你一颗赤裸裸的心胸。

（3）

革命的烈火，

把你炼成钢铁般的战斗员。

兴安的峻岭，

嫩江的平原，

同敌人搏战，

一天一天，

一年又一年。

不管是叛徒缴过你的械，

也动摇不了你的意固心坚，

还总是站在斗争的前线。

挂见你——又见了一面，

是在一九三八中秋月儿圆，

因为工作使我上征途。

只得向你道声"再见"。

哪想到：

成了最后的交谈，

永久的分散……

（4）

我征去地北，

你战在天南，

风声呼呼，

水流潺潺，

狂风送来了噩耗和悲惨，

日本鬼真凶残，

把你的身躯射中了数弹，

一命染黄泉，

叫我们何等怀念。

在抗战的阵营里，

损失了一只材干，

你真的做到了你常说的：

"大丈夫，死而何惧，生而何欢"，

这样的正气凛然，

离开了人世，

永睡而长眠。

但你的精神能永远不死，

流芳万年！

（5）

好朋友，好同志，

请你冥目安然，

未竟的事业，

我们继续来干，

随你而起来的，

会是千千万万。

一定要把日本打得个流〔落〕花流水，

在那时，

在你的坟墓前面，

插上红旗，

来同你

共庆凯旋。

朝阳山战役之歌（苏武调）

（一九四〇年）

（1）

东北沦亡已九年，倭奴手段辣，同胞被宰割，团结起消灭它，保卫我中华。东北抗日军，奋斗未稍暇，舍身救祖国，誓死把敌杀，德都事变视死如归伤亡一十八。

（2）

朝阳山战役，悲痛无尽期，兴安岭血染赤，忠骨伴沙砾，干部多殉难，青年猛抗拒，卫护领导者，前仆又后继，壮烈牺牲民族典型万古美名题。

（引自《东北地区革命历史文件汇集》甲59册，第381页，一九四〇年九月——一九四〇年十二月）

（七）北满抗联部队抗日斗争指挥中心

（1）以朝阳山为依托开展平原游击战

1940年初，抗联第三路军成立不到一年的时间里，在斗争环境对我军十分不利的情况下，在中共北满省委领导下，以德都县朝阳山抗日后方根据地为依托，在德都、讷河、克山、嫩江、北安、通北、龙镇等地区分散游击敌人。主动出击敌人统治薄弱环节，勇敢杀敌，攻袭了许多城镇和伪警察署、所，消灭许多敌人。"自去年春到现在与敌接仗四十多次，这里胜战有三十来次，获取大小武器五百多支，五架轻机，一架重机，攻袭城镇七八处，作战中缴敌械三次，破坏三个火车站，消灭敌人二百五十名以上（其中日兵占40%），缴取十六处大排警察，俘虏满军五百以上，获取子弹四万五千粒，发展人数一百八十名以上。"（引自《东北地区革命历史文件汇集》甲26册，第68页，一九四〇年一月——一九四〇年九月）

另据敌伪资料记载："抗联第三路军各部队在1939年6月至12月的半年的时间里，共进行战斗236次，其中'袭击'161次，'交战'75次。日伪当局也不得不承认，东北抗日联军第三路军"在伪北安省一带及黑龙江省北部地区，与'诺门汗事件'之进展相呼应，疯狂进行频繁袭击与群众宣传抗日，致使治安不佳地区显著扩大，且是人心动摇。"抗联第三路军在北安、黑河、讷河、嫩江、一带声名大震，使敌人大吹大擂的"黑（河）、北（安）、龙（江）三省汇攻计划"彻底破产。（引自《东北抗日联军军史丛书——东北抗日联军第三军》198—199页）

第三路军的英勇斗争，有力地钳制了敌人调集大批兵力入关，积极配合了抗联第一、第二路军在南满和吉东的抗日斗争，有效地支援了全国的全面抗战，阻碍和延缓了日本法西斯入侵内地和苏联的步伐。

1939年6月下旬，冯治纲率领第二支队由德都县出发进驻北安县李殿芳屯。以此为基地在周围村屯建立起抗日救国会和抗日妇女救国会组织，广泛发展抗日救国会会员，在北安一带燃起抗日烈火。而后冯治纲率队返回德都县境内开始新的活动。6月20日，东北抗日联军第三路军二支队所属第三军三师八团在姜福荣的率领下，袭击了德都县红霍尔基（今团结乡团结村）伪警察分署，俘虏伪警察4人，缴步枪4支、子弹500发，服装若干及许多给养。3日后，冯治纲率领第二支队又奔赴讷河县，袭击了著名汉奸高四阎王院套，扫除了抗联在讷河一带活动的障碍。6月27日，攻破曹乃修屯，解除自卫团全部武装。7月末，再次攻袭德都县红霍尔基伪警察分署，取得部分胜利。不久，第二支队再次攻袭龙门火车站，破坏了敌人运输线。

8月1日，中共北满省委针对日本关东军制造的诺门汗事件，发出《告北满全党同志书》。文告号召"动员民众，武装民众，扩大反日民族革命战争，响应国内抗战，响应蒙古人民反日自卫战争"。中共北满省委决定根据新的形势及敌人主力大部调往前线和边境地区的情况，要求各武装部队改变游击活动方式，将过去的山边游击战，转为深入敌人腹地，广泛开展平原游击战，争取或大或小的军事胜利，破坏敌人军事设备、桥梁、电线，袭击汽车、火车，开展攻袭城镇等行动，坚决反对畏缩不进的倾向，采取积极的游击运动，牵制、打击敌人。

8月16日，第三路军总指挥李兆麟来到讷河，在姜家粉房与第二支队所属第六军第十二团团长耿殿君会面，对第十二团的活动进行安排部署。3日后，第十二团团长耿殿君率部南渡讷谟尔河，袭击了讷谟尔河岸的日本开拓团，缴获百余匹马，使部队变为骑兵。在唐火犁屯（今老莱镇境内）与日伪讨伐队展开战斗，毙敌数人，缴获轻机枪1挺、步枪32支、手枪4支。攻袭了讷河县九井伪警察分署，缴获步枪10余支。之后，在讷东三马架（今龙河镇境内）与孙强所率伪龙江教导队激战3小时，缴获轻机枪1挺、马盖枪11支、手枪2支。

抗联第三路军所开展的游击战争，也与南满、东满、吉东地区抗日部队开展的英勇斗争一起有力地策应了苏联、蒙古军队在诺门汗地区对日本关东军作战。日本向苏联进行挑衅的诺门汗战争失败后，日伪当局便将在中蒙边界撤下来的大量日、伪军调到内地，制定所谓"黑、北、龙三省汇攻计划"，用以围剿抗日联军。为挫败敌人的进攻，抗联第三路军总指挥李兆麟提出"巩固现在力量，发展新的抗日武装部队；巩固现有群众关系，扩大新的群众基础"的斗争方针，要求各部队采取化整为零，分散活动，以灵活地大步前进、大步后退、昼伏夜动、迂回作战的形式，坚持开展黑嫩平原游击战争，冲破敌人布置的所谓"黑北龙三省汇攻计划"。根据抗联三路军总指挥李兆麟的部署，9月下旬，龙北部队第二支队经过短暂休整后，又活跃在讷河、嫩江一带。

1939年9月间，抗联第三路军总指挥李兆麟率领第六军军部教导队到讷河与第三军第八团、第六军第十二团以及讷河人民抗日先锋队，共同在孔国村、哈里屯等地广泛深入地开展群众工作。他曾到哈里屯（今孔国乡兆麟村）召集群众会议，向群众宣传抗联的性质和任务，讲抗联是中国共产党领导的人民抗日队伍，是专打日寇和汉奸的，号召群众积极支援抗联的斗争。在他的动员下，哈里屯爱国群众积极捐献棉衣、棉鞋、棉帽，使抗联第六军教导队及第三军第八团的冬装得到解决。李兆麟率第六军军部教导队在讷河活动时，多次与敌人遭遇，都经巧妙周旋，化险为夷。一次在土城沟，夜幕降临、即将宿营时，李兆麟所率第六军军部教导队遭到40余名日军及大批伪军的夹击。经半小时战斗后，李兆麟率第六军教导队巧妙地躲过敌人攻袭，主动撤至讷东三星堡。结果使日军、伪军发生误会，自相残杀。次日，第六军第十二团部队与伪军孙强部队展开战斗，李兆麟率第六军军部教导队前去援助，战斗异常激烈，敌我双方皆有伤亡。第六军第十二团团长耿殿君和白连长腿部受伤。战斗结束后，李兆麟率第六军军部教导队返回朝阳山。第六军第十二团继续在讷河、嫩江大界（平原地区）活动。10月上旬，第三军第八团在团长姜福荣的率领下，于讷东三合屯（今友好乡境内）与日伪讨伐队展开激烈战斗，一举击溃了4倍于我的敌人，将伪讷河警察中队两个分队40余人全部缴械，其余狼狈遁逃。

1939年10月下旬，大批日、伪军集结在讷河东部，准备在讷河、嫩江、德都3县交界地带"讨伐"第三路军龙北部队。为了冲破敌人的"讨伐"，抗联第三路军总指挥李兆麟于10月28日分别给活动在讷河的第六军第十二团团长耿殿君、政治部主任王钧、副队长曹玉魁和杨副官及第三军第八团团长姜福荣发出训令，命令第六军第十二团及总部教导队加紧征收棉衣，调换精壮马匹；侦察讷南镇及德都南部各小村镇敌人防卫情况，要求在11月上旬东渡讷谟尔河，伸入河南，采取灵活的"大步前进、大步后退"的战术寻敌薄弱环节，巧妙打击敌人；加强宣传鼓动工作，建立群众关系，提高民众的抗日救国决心。命令第三军第八团与讷河人民抗日先锋队继续留在讷河、嫩江一带活动。进行广泛的宣传工作，深入发动群众，并将群众组织起来，武装起来；巩固自己的部队，加强部队党政工作，注意保存实力；积极开辟新区，努力争取军事胜利，以分散敌人力量，与第六军第十二团遥相呼应，配合行动。秋后，龙北部队所属第三军第八团和第六军第十二团根据第三路军总指挥部的部署又连续展开一系列战斗。第三军第八团曾经北上进入嫩江县境，攻袭了鹤山车站，缴获步枪5支，服装给养若干。

10月30日，第六军第十二团在政治部主任王钧率领下袭击了克山县西城镇，缴获步枪50支和大量军需物品。随即，攻袭了讷河县讷南镇，缴获步枪50支。前进中攻袭了九井伪警察分署，缴获步枪10余支。又在讷河东部火烧于屯与300余名日、伪军交战，毙敌80余人。战斗结束，部队转移至通北附近后，又攻下石泉镇。

1939年10月，东北抗联六军十二团和军部及教导队在六军参谋长冯治纲和十二团政治部主任王钧的领导下，在讷河、克山、通北三县进行了一段时间抗日游击战后在返回朝阳山休整途中，行至德都县城南15公里的花园屯时，同通北"讨伐队"骑兵二十二团相遇。抗联部队迅速抢占了屯后山上的制高点，日伪军也拼命地往上追。抗联部队当即调转头使个"拖刀计"，兵分两路向日伪军包抄过来。日军见势不妙，掉头就跑。抗联部队催马紧追，俘虏伪军一个排，击毙日本指挥官一人、伪军几十人，缴获一张十分重要的军用地图。抗联部队只有田玉富一人腕部中弹负伤。战斗结束后，抗联部队继续北行，在李花马屯（今兴隆乡红升村）吃过午饭后，从讷河、克山赶来的日伪"讨伐队"又追上来，抗日联军向凤凰山屯撤退。7个日本指挥官带着30多名骑兵从抗联部队的右侧迂回包抄过来，空中还有3架飞机配合侦察追击。抗日联军看到只有30多名日伪兵追上来。就转过马头分两路包围他们。日伪军一看形势不好，掉头就跑，抗联骑兵迅速赶到敌人骑兵前面，将日伪部队拦腰截断。少数部队阻击日伪步兵，大部分部队将日伪骑兵包围起来。日伪军从北安调来了6架次轰炸机配合作战，因抗联部队穿的是缴获的日伪军服装，分辨不出敌我，不敢随便轰炸扫射，结果这股日伪军全部被消灭。花园、凤凰山大捷共击毙日本大佐1人、中佐1人、少佐3人，缴获三八式轻机枪5挺，匣枪6支，手枪10多支，三八式步枪300多支，马枪20多支。结束战斗后，抗联部队携带战利品返回朝阳山后方基地，将缴获的武器弹药武装了抗联部队。

1939年11月，日伪当局又调动大批兵力在讷嫩地区展开对抗联部队的冬季大讨伐。为突破敌人对讷嫩地区的讨伐，中共北满省委召开龙北各支队干部会议，对龙江北部游击运动做出新的部署。会议正式决定由冯治纲担任龙北指挥部指挥。冯治纲于1939年12月，就职。省委要求龙北部队在第三、第六军中组织选拔一批队伍，以"东北抗日联军第三路军欢迎马占山将军暨出关抗日挺进军先遣队"名义，向嫩江西部地区进行远征，插入大兴安岭以开辟新的游击区域。同年12月，第三军第八团配合第六军第十二团在克东县东南活动，由于敌人在飞机配合下大举进攻，我军行动迟延，第三军第八团50余人损失一半，第三军第八团团长姜福荣和第六军第十二团团长耿殿君牺牲。

1939年冬天，东北抗日联军第三路军第三支队和第九支队一部分（暂编在三支队里）在王明贵的带领下，活跃在德都县朝阳山一带，经常袭击日伪军，扰得他们胆战心惊，日夜不得安宁。一天，侦察员报告，有20多个日本开拓团士兵，押着10多辆大车去北山里拉木料（带着1挺直把机枪，每人身上都带有不少子弹）最近两天就到朝阳山。三支队支队长王明贵决定打伏击，夺取敌人的枪支弹药武装自己。为了防止日伪军发现我部行动的意图，王明贵支队长决定绕一个大圈子，先转到一个离伏击地点不远的僻静的地方，留下20多人打好马桩，其余50多人按步兵要求分成几路迂回前进。行军中要求后面的人踩着前面人的脚印保持绝对肃静。穿过筒子道后，路时宽时窄，两旁的树林也有密有疏，很难走，费了很长时间才绕到伐木场前面。部队分三面卡住了筒子道，伏击圈就像一个张开的大口袋，专等日军来钻。

等了很长时间，日军的大车队来了，每辆车之间相隔3～5米远，最前面的大车上坐着3个日军，后边的车上有坐3个的，有坐2个的，怀里抱着枪四处察看，抗联战士都静等着开火的命令。当10来辆大车进入包围圈时，前面的日军好像发现了什么动静，想要溜走。王明贵支队长一看情况有变，当即发出开火的信号，霎时间，枪声四起，日军乱了阵脚，长长的一列大车队，想跑跑不了，集中又集中不起来，三面受击，无法隐蔽，只好挺着挨打。整个战斗，只用了十几分钟的时间，日军大车队除了后面的几辆车和七八个日军逃跑外，全部被消灭。这次战斗缴获步枪10多支，子弹1 000多发，抗联战士无一人伤亡。

1939年末，冯治纲根据省委远征大兴安岭的部署，率120余名骑兵，避敌之锐，进入甘南，迅速跨越嫩江，深入伪兴安东省莫力达瓦旗、巴彦旗、阿荣旗一带少数民族地区开展游击活动。这三个旗位于黑嫩平原西部边缘地带，是山区与平原的接合部，地广人稀，居住着鄂伦春、达斡尔、蒙古等少数民族。龙北部队在这里广泛开展抗日宣传活动，认真贯彻民族政策，团结少数民族群众共同战斗。他们经常采取寻找敌薄弱环节、灵活穿插的方式，与敌人展开英勇斗争，取得了很多胜利，推动了这一地区抗日斗争的发展。

1940年2月3日，冯治纲率领所部在阿荣旗三岔河上游活动时，遭到日军重炮猛轰。2月4日（腊月二十七）傍晚，冯治纲率领部队来到阿荣旗三岔河任家窝棚附近，前边的尖兵发现敌情，即向后续部队打手势，冯治纲命令王钧带领部队做好战斗准备，自己和警卫员裴海峰到南山坡观察敌情。此时，日伪军也已发现抗联队伍，正急于占领制高点并向山上爬。冯治纲与裴海峰刚抢上山顶，即和日伪军遭遇，两人当即用驳壳枪向日伪军射击，小裴受伤，冯治纲又拾起小裴的枪向日伪军射击，打死很多日伪军。由于日伪军两侧行动，另一侧日伪军已占据有利地势，冯只好撤退，他向日伪军甩出两颗手榴弹，向王钧所在地方靠拢。但不幸被柞树棵子刮下马，被日伪军子弹射中，壮烈牺牲，年仅31岁。与冯治纲一同牺牲的还有其警卫员裴海峰、排长李万发、班长李海河、战士兰继春。他牺牲后，张寿篯（李兆麟）将军为其写了一首挽词："国土沦丧，人命草菅苦倍尝。八载风霜，黑水波涛如泪浆。荒草长，尸体遍野，哭嚎惨丧。夕阳下，古道旁，悲声杀气壮。游击阿荣旗，战马驰骋走单骑，血染征衣，壮志未酬恨无极，慷慨捐躯痛别离。旌间铭题，雪前仇，永弗替，追烈士，腊月二十七。"

冯治纲牺牲后，敌人乘机大肆宣传抗联全部瓦解。但坚强英勇的抗联战士表示，即使只剩下一个人也要把抗日斗争坚持到底。为粉碎敌人"抗联已被彻底消灭"的欺骗宣传，龙北远征部队在阿荣旗仍坚持活动一个多月，以后才东返讷河、德都到达朝阳山后方根据地。

（2）以攻克城镇为重点开展攻坚战

以攻克城镇为重点广泛开展的平原游击战，是东北抗联第三路军特有的典型战例。抗联第三路军由单纯的游击战，变为攻坚战，开创了北满地区抗日战争的新局面，是东北抗日联军进入艰难时期对敌斗争取得的重大胜利。抗联第三路军在龙北地区对日作战取得节节胜利，开辟了大片新的游击区，极大地鼓舞了人民群众反日斗争的信心，打击了敌人的嚣张气焰。

战例一：奇袭北兴镇。

1939年5月，日本帝国主义侵略诺门汗的战争正在进行。日伪军兵力频频调往前线。为了牵制敌人兵力，使苏军能够更多地消灭日本侵略者，北满省委和东北抗联六军党委指示：东北抗联西征部队，要加紧活动，多打下一些集镇，破坏敌人后方，牵制日伪军的侵略魔爪。

根据北满省委的指示，1939年8月8日，东北抗联六军十二团60余人在六军参谋长冯治纲和团政治部主任王钧的率领下由朝阳山后方基地出发，准备利用青纱帐掩护渡过讷谟尔河，直捣北兴镇。拂晓前部队到讷谟尔河北岸的吴乡佬屯（今双泉镇三合村），在屯西北的玉米地里隐蔽起来，准备天黑以后再渡河南下。部队为了防止走漏消息，将屯子包围，四周设下岗卡，封锁消息。这时恰遇伪北安省公署的3个日本委任官（中村、佐腾、福田）骑马进村，被抗联战士俘虏。冯治纲和王钧商量，利用这3个日本人设调虎离山计，将北兴镇的日伪军引向北山。于是派程志久和另一名战士骑马押送被马驮着的日本委任官中村奔龙门山而去，将中村枪毙后弃尸于龙门山前，然后返回朝阳山后方基地，造成抗联部队已撤退进山的假象。冯治纲和王钧则带领抗联部队在吴乡佬屯边将左滕、福田处死，扔到讷谟尔河边的大水泡子里。

抗联部队由吴乡佬屯渔民吕有、程柏山摆渡到讷谟尔河南岸，向北兴镇进发。当天夜里伪双泉警察署把抗联部队到达吴乡佬屯和抓走3个日本委任官的消息报告了伪德都县警务科，消息传到伪北安省。第二天拂晓，伪北安省从北安和德都县警务科调来大批的日伪军和警察、特务等，从北兴镇调来骑兵大队，包围了吴乡佬屯。为寻找3个日本委任官，日伪军采取人海战术向北拉大网，在龙门山前找到了中村的尸体，之后，又向北山里寻找左腾和福田。在讷谟尔河边的大泡子中找到2个日本委任官的尸体。

日伪军向龙门山追击抗联部队上当之后，日伪当局派出大批日伪军、警、宪、特到吴乡佬屯，追查抗联部队过讷谟尔河的经过。在这期间，日伪密探查知是吕有、程柏山二人摆渡抗联部队过的河，便将二人逮捕，关押在双泉警察署，随后押送德都县警务科。吕、程二人受尽了严刑拷打和残酷的折磨，二人承认摆渡抗联部队过了河，其他事则闭口不谈。同年农历七月十五日，日伪当局将吕有、程柏山蒙住口鼻后装入麻袋，扎住袋口，在德都县警务科门前摔昏之后，用车拉出去，活埋于德都县城西门外。

8月22日晚9点多钟，在抗联第六军参谋长冯治纲指挥下，奔袭北兴镇，经短暂战斗，部队冲进伪警察署和自卫团，30多名伪警察和50多名伪军全部被俘缴械。部队打开仓库，砸开监狱，群众闻之奔走相告，纷纷给部队送水送饭。拂晓前，部队携带缴获的80多支步枪和弹药、布匹、衣物，奔向街北讷谟尔河船口，坐着八嘎布老人的摆船，渡过讷谟尔河，回到了朝阳山后方基地。

北兴镇战斗后，冯治纲将缴获的枪支交给讷河人民抗日先锋队，进一步增强了地方武装的力量。这支地方武装在配合抗联部队开展平原游击战争，打击日伪在讷嫩一带统治发挥了重要作用。

1940年4月5日，抗联三支队200多人化装成日本骑兵，在王明贵、王钧率领下，离开朝阳山抗日根据地，再次袭击北兴镇。占领了伪警察署，伪警察署长李树典等40多人被俘，缴获20多支步枪和20多匹马，还有大量子弹，处决了罪大恶极的北兴镇自卫团总祁国兴，为抗日军民除了大害。战斗结束后，抗联战士打开监狱，放出了十几名群众和爱国志士。之后在镇里召开群众大会，三支队政委赵敬夫在会上讲话。北兴商务会慰问部队，给了一些布匹和鞋。天亮时，经教育，将俘虏的伪警察全部释放，然后撤出北兴镇，胜利返回朝阳山根据地。

战例二：攻克讷河县城。

1939年9月，龙北部队为贯彻北满省委关于加紧活动、破坏敌人后方、牵制敌人兵力的指示，根据讷河县委关于讷河城内敌人兵力空虚的报告，决定与讷河人民抗日先锋队共同在9月18日攻打讷河县城。

抗联六军参谋长冯治纲和十二团政治部主任王钧接到指示，为有利地在讷嫩地区展开英勇的抗日游击活动，打开抗日斗争新局面，进一步扩大共产党的政治影响，坚定人民的抗日信心，研究攻打讷河县城战略决策。

攻打讷河县城，十二团酝酿很久了。部队从北安西进的时候，就同讷河地下党组织负责人尹子奎、方冰玉等同志研究过，城内敌人的军事情报由地下党负责提供，战斗由部队承担，群众抗日武装讷河人民抗日先锋队配合行动。

为此，地下党组织通过设在县城的联络点，侦察敌人的兵力部署，搜集敌人的军事活动情报，一直积极为抗联攻打县城做准备。地下党宣传部长方冰玉到哈拉巴岐山同冯治纲和王钧会面，汇报了县城里日伪军警的兵力部署情况，他说："城内日军不多，除了北大营的伪军一个团的兵力和伪警务科、警察署外，没有警备机关。伪警察训练所有日本人，有四五十支枪，西门外火车站有日本守备队，但人数不多，我看现在袭击正是时候。"冯治纲说："城里的情况就靠地方党组织提供了，攻城前咱们再联系，还得请你们提供详细的情报和进攻路线。"方冰玉说："好，我们一定办到。"随后，抗联部队按照攻城的科目严格训练，紧张地进行战斗准备。攻城之前，为准确地掌握敌情，制定切实可行的作战方案，决定从地方抗日群众组织中选个办事特别精细，能够随机应变，不易暴露的同志同地下党组织联系，经过商量，最后地方派的是魏永久，部队选派段副官。

魏永久扮成绅士，他身着蓝色大衫，外罩青色小马夹，头戴卷沿洋草帽，手拿文明棍和扮作"仆人"的段副官进入戒备森严的讷河县城，与我党地下中心县委书记尹子奎等人取得联系。魏永久和段副官接连几次进城，把城里的情况和敌人的兵力部署了解得一清二楚，并绘制了讷河县城准确的地图和进攻路线图。在各项工作准备得差不多的时候，究竟选择什么时间攻城，却使冯治纲和王钧陷入了沉思，因为战斗时机选择的是否适宜是关系到整个战斗的成败的问题。"哎，冯参谋长，你看快到'九一八'了，咱们选这个日子揍他们怎么样？"王钧忽然灵机一动提议。

"嗯。"冯治纲点头道："有道理，就决定在'九一八'国耻日这天组织攻打讷河县城，这一天是日寇侵入我国东北的日子，他们一定要庆贺一番。折腾乏了，防范也就松懈了，正好钻这个空子打他们，把尖刀插进敌人心脏，为东北三省人民雪耻扬威。"攻城日期定下后，冯治纲、王钧马上召集连以上干部作了具体攻城部署。

9月15日，冯治纲率领三军八团、六军十二团、军部教导队和讷河人民抗日先锋队250余人从哈拉巴岐山出发，谨慎地绕过各伪警察署、敌人据点，于17日深夜秘密到达讷河县城外13公里处的一片高粱地隐蔽待命。18日早晨，太阳刚一露头，魏永久与段副官就奉命再一次进城与地下党联系，以防不测，天黑时他们才返回部队向冯治纲报告说："敌兵力部署和进攻路线都没有什么变化，只是日军和伪军到处买酒，光白干酒就买了几百斤，还弄了一百多箱'毕畏'（啤酒），还有大量烟卷。""嗯，看样子敌人还真要好好庆贺一番呢！""是啊，从探听情报得知，敌人今晚要大庆贺，准备打灯操（实弹演习），在县公署、警务科和北大营同时举行宴会，凡是头面人物都要到县公署去赴宴。""好啊，这正是消灭敌人的好机会！"

魏永久从身上掏出一张进攻路线图递给冯治纲说："路线已经校正好了，你看，这里是东门北面的城墙缺口，部队进城就从这个口子进。城门上有敌人的岗哨，这个口子没人管，进了城就可以直奔攻击目标；另一条攻击路线是从城下北去，直插北大营。""好，这更有利于我们夜袭。"冯治纲根据魏永久带回的情报，部署部队三路进军直取县城：一路是冯治纲参谋长、姜荣福团长率六军教导队和三军八团60人由段副官带路攻打伪军驻地北大营；二路是王钧带六军十二团由魏永久带路攻打县公署、警务科；三路是刘景阳带领讷河人民抗日先锋队30人攻打警察训练所。并规定战斗以北大营的枪声为令，听到枪声各攻击点一齐开火。

在夜幕的掩护下，部队悄悄地来到了县城东城壕，教导队和八团沿城壕向北插下去。十二团和抗日先锋队从城东门北面的城墙缺口悄悄地摸进城里。街道上没有灯光，也不见行人，像座空城，死一般寂静。部队顺着土墙根摸到房子的背影处，蹑手蹑脚越过大街，攻击目标越来越近，但仍不见敌人有什么动静，王钧主任恐怕敌人有所准备，贸然进攻就要吃大亏。于是，立即下令："停止前进，就地观察敌人，做好战斗准备。"同时派魏永久和另一名战士前去侦察敌情，他们迅速向攻击目标爬去，眨眼工夫就不见踪影了，大家焦急地等待着。不一会，魏永久和那个战士回来了，向王钧主任报告说，警务科、警察署和警察训练所都亮着灯，警察们已睡了，岗哨也醉过去了，只有县公署还亮着灯，正在吵吵嚷嚷猜拳行令呢！"按原计划包围各自的攻击目标！"听到王钧的命令，部队唰一下地散开了，刹那间所有的攻击目标都被包围起来，战士们选好射击点，焦急地等待着进攻的命令。

突然，"砰、砰、砰"北大营方向传来了密集的枪声，战士们立即向所有的目标发起了攻击，王钧带人攻打警务科，战士们冲上去解决了哨兵，迅速堵住了警务科的门，其余战士一涌进入了警察宿舍。伪警察们喝足了酒躺在床上一个劲儿地比赛打呼噜，叫都叫不醒，只好用枪托子捅。几十个伪警察，连同他们的科长一起迷迷糊糊当了俘虏。伪县公署屋里大小头目正喝得起劲儿，大呼小叫地划拳行令。战士们冲到门口，门岗发现有情况，把子弹推上膛，没等把枪顺过来，一个战士的刺刀早已捅进了他的胸膛，咕咚倒在地上不动了。城内的枪声和门前格斗，惊动了屋内的敌人，他们抄起枪盲目地从窗户向外射击。这时，抗联战士机枪、步枪一齐吼叫，封锁门窗，把敌人压在屋里。有几个日寇冒着雨点般的枪弹从屋里冲出来，刚跑几步就被抗联的机枪撂倒了。连日本副县长本多彦次也被乱枪打死。他一死，屋里的大小头目群龙无首，都乖乖地举起了双手。伪警察训练所的岗哨听到枪声，端着枪四处搜寻射击目标。发现了门左侧有人，刚要射击，一位抗日先锋队战士一个箭步窜上去朝着他右肋就是一刺刀，这人惨叫一声栽倒在地，战士们一齐涌进院里，长短枪一齐开火。日本指挥官阪根满郎"呀呀"嗥叫着负隅顽抗，亮出刺刀像疯狗似地向抗日先锋队员猛扑、猛咬。抗日先锋队在白连长的指挥下沉着应战，避开锋芒，迂回到日军两侧，能用枪打的就用枪打，得用刺刀捅的就用刺刀捅。战斗中阪根满郎、训练教官森川直道、协和会委员谷口善三郎、学员阪根谨一以及坚决与人民为敌的3名汉奸被击毙，除几个逃窜的外，都当了俘虏。

为时不久，城里包括伪警察署、银行在内的所有攻击目标，全部被拿下来，在这些部门的门前安排了穿伪警察服的抗联战士站岗。城里和北大营的枪声一响，把家住城里的伪军团长孙成义惊动起来，他慌忙带着两个护兵急急忙忙向警务科跑来。"谁？口令？"一个战士问。"世云（当夜日伪军的口令）!是我，北大营的团长孙成义。"他边说边继续往前走。"站住，不许动，动就开枪了!"这时王钧悄声对身边的一个战士说句什么，这个战士抬枪就把前边的那个护兵打倒了。孙成义吓得扑通一声趴在地上说："哎，别误会呀，我是北大营的孙团长……""啊，是孙团长，对不起，这兵荒马乱的分不清啊，我以为敌人摸上来了呢！"。孙成义从地上爬起来抱怨地说："这是怎么了，也不问问，把我的护兵给打死了！"孙成义说着话还要往前走，"不许动！"一个战士一个箭步窜上去把枪口对准了他的胸口，另一个战士上前就把他和右边护兵缴了械。"啊！你们是……""我们是抗日联军，收复讷河县城来了！"几分钟前还是威风凛凛，不可一世的孙团长被绑了起来，全身不停地发抖，缩成了一个团儿。北大营的枪声还在激烈地响着，王钧命令刘排长带个战士把孙成义送到冯治纲那儿去，叫他向北大营的伪军官兵喊话下命令让他们投降。

北大营四周的壕沟一米多深，围墙七尺多高，大门内设几层掩体，从这里很难攻进去。抗联战士避开正面，搭人梯爬过了高墙，把机枪手和机枪用绳子吊进院里。由于机枪落地声音大，被敌人发觉了，向外边问话。机枪手迅速用机枪封住了敌人营房的门窗，不让敌人出屋。部队也乘机跳进了院内，把所有营房的门窗全部封住，向伪军高声喊话："伪军兄弟们，你们被包围了，我们是抗日联军优待俘虏，中国人不打中国人！不要给日本人卖命啦！"

伪军们听到喊话一时吓得晕头转向，由于在日本人的监视下不得不开枪顽抗，枪声一阵紧似一阵。几次想冲出营房都被抗联战士以雨点般的火力压了回去。敌人依仗人多，房子多，火力点多，对抗联部队威胁很大，抗联部队刚压住敌人这个火力点，另一个火力点又猖狂起来，双方展开了火力较量。

孙成义到北大营喊话也不顶用，营房里照样打枪，但伪军们知道自己的团长已当了俘虏。军心开始动摇了，虽没放下武器，可已经失去了战斗力，枪声渐渐稀疏下来。冯治纲和姜荣福团长一边组织战士喊话，开展政治攻势，一边调整火力部署，用少数兵力牵制敌人，集中优势兵力、火力对营房一个个往下攻。攻破一个营房，就毁掉敌人多个火力点，火力也相对集中加强了，打下两个营房之后，力量对比就占了绝对优势。敌人虽然人多武器好，但被堵在屋子里，火力不得发挥，抗联战士不住地从窗户往屋里扔手榴弹，伪军受不了，像炸了营似的往外跑，腿快的逃掉了，跑慢的就被抗联战士的机枪点了名，几个日本人也被一个一个地消灭了，摆脱日本人监督的伪军们，纷纷放下武器，举起双手投降了。

冯治纲参谋长和姜荣福团长把队伍带进城，同城里王钧指挥的部队会合一起，打开了监狱，放出了300多名犯人。这些人长期被监禁，现在获得了自由，高兴得眼含着热泪跳了起来，随即带领部队砸开了敌人的武器库、弹药库和军需物资仓库，弄来了马车，往车上装枪支、弹药、被服、粮食和大批其他物资。

长达四五个小时的战斗结束了，经清点击毙日军10多人，俘虏警察、伪军100多人。缴获机枪5挺，迫击炮3门，长短枪300多支，子弹10万余发，汽车一辆和大批粮食等物资。击毙了伪日本副县长，活捉了伪军团长。百名青年和出狱难友参加了抗联部队。

天明后，部队召开了群众大会，教育并释放了俘虏。出城时，组织了前导队，按照冯治纲的指示，战士们穿上了伪警察服，王钧穿上伪警务科长的制服，戴上了警政衔，坐在汽车驾驶室里，穿警察服的战士上了汽车。汽车开到孔国村伪警察署，王钧一下车，伪警察署长过来报告，其他伪警察排成一列立正站着，王钧开口训斥说："你们私通红军（指抗联），讷河都被打开了，你们还待在这里，你们这些废物，把枪都给我收回来，你们要枪何用！"抗联战士过去把枪缴过来。随后，王钧打电话给龙河伪警察署说："抗联正在攻打讷河县城，很吃紧，你们赶快集合警察和自卫团前来支援!"龙河伪警察署不敢怠慢，马上全副武装，沿着公路直奔县城。挂完电话，王钧率前导队往龙河进发，在龙西屯正与龙河增援县城警察碰头，王钧又用这身伪警察服装，毫不费力地把这帮伪警察和伪军的枪和子弹全部缴了过来。

抗联六军参谋长冯治纲和十二团政治部主任王钧率领部队，在"九一八"纪念日当天攻克讷河县城的战斗是抗联第三路军编成之后一次非常重要的战斗，是东北抗日联军斗争进入艰难时期对敌斗争取得的又一次重大胜利。这一胜利轰动了北满各地。讷河、嫩江一带人民无不暗自拍手称快，"在群众中、豪户中、商号中、满军中都引起了强烈的反日好的影响。"（张寿篯：《关于北部部队活动情况给许亨植的信》，1939年11月19日，中央档案馆等编：《东北地区革命历史文件汇集》甲56册，第54页。）

抗联第三路军龙北部队在中共北满省委和第三路军总指挥部的领导指挥下，在黑嫩平原纵横驰骋，频繁袭击敌人军事据点、伪警察署（所）、交通运输线路、军用飞机场，取得巨大成绩，使敌人惊恐不安。攻克讷河县城的重大胜利，给日伪军以沉重打击，搅得敌人寝食难安，大大地激发了人民群众的抗日热情。

战例三：袭击嫩江一号飞机场。

1939年，日本帝国主义者为配合德国法西斯侵略者进行瓜分世界的侵略战争，于1939年5月11日在我国海拉尔以南三公里处诺门汗（哈拉哈河）向蒙古人民共和国发动侵略战争。李兆麟指示东北抗日联军第六军第十二团积极打击敌人，破坏敌人后方，支援蒙古人民共和国，配合苏联红军的反法西斯斗争，以及开展龙北革命根据地的建设。

第十二团为打击侵略者的气焰，破坏日军军事基地，解除空中之忧，支援国际反法西斯战争，按照李兆麟的指示决定袭击嫩江一号飞机场，破坏敌军的军事设施，并将袭击嫩江一号飞机场的任务，交给了十二团政治部主任王钧指挥。

嫩江一号机场吞吐能力强，容量大。1938年，机场不仅是准备进攻苏联的空军基地，进攻东北地区抗日武装的空军力量，也是支撑日军在诺门坎与苏军作战的后方。诺门坎地区缺水，日军日常用水和部分军事物资都是由一号机场空运。机场跑道呈环形，长、宽均在2 400米以上，飞机可以在任何风向条件下起飞。机场排水设施完善保证飞机随时起落。机库座落机场周围，半地下通道相连。是二十世纪三四十年代号称亚洲第一的日军最大的飞机场。当时，日本关东军以嫩江县为军事基地，驻有土谷直二郎少将的136旅团和两个伪军混成旅等地面部队，还建有10个飞机场，投入大批空中力量。机场序列以驻地嫩江为号，依次排开，这个机场为一号。

飞机场西南方向距离关东军136旅团司令部公路里程不到10公里，东南方向距离伪军混成十五旅旅部不到七公里，两处敌人随时可以聚拢，围歼抗联部队。北部、东部也随时可能出现日伪军，部队行动随时被机场日军发现，抗联处在危险位置。在这样条件下作战，似乎是兵家大忌。但是，王钧胸中自有成竹，对奇袭一号飞机场有充分的准备，对胜利有十分把握。

1939年初，王钧把一连指导员王恩荣派往嫩江县做地下工作，很快得悉日军正在扩建嫩江一号飞机场，需要大批劳工。王钧决定派侦察班长史化鹏以劳工身份进机场，摸清敌情，做里应外合袭击机场的准备工作。

史化鹏在嫩江群众支持下，通过长福乡德发村的日伪据点，花20元钱买到一张良民证，合情合理地混进劳工队伍。他干活认真出力，埋头实干，不怕脏，不怕累，不挑不拣，深得机场当局信任，委任为小队长。他利用这个身份，很快摸清了机场兵力部署、飞机类型和停放数量、配套设置及机场活动特点、劳工情况等基本情报，并将情报送到朝阳山抗联驻地。一号机场扩建主要项目是修跑道和停机坪，需要大量石方。爆破山石危险性大，他主动请缨学爆破，带人放炮采石。承担爆破任务，不怕险，不怕苦，每次超额完成任务，表现得尽职尽责，多次受到日本人的表扬，成为当局依靠的力量。他乘采石独立作业的机会，公开带起12名劳工学爆破，发展为救国会会员和外围组织成员，在日本关东军眼皮底下掌握了一支抗日力量，为抗联成功袭击嫩江一号飞机场奠定了胜利基础。

日军守卫机场陆勤部队有一个守备中队，3个小队。1939年7月下旬，2个小队押送劳工到嫩江车站卸水泥等建材物资。守卫机场只有一个小队，力量比较薄弱，这是打飞机场的绝好机会。史化鹏得知这个信息，迅速传出情报，王钧率部队采取突袭行动。当时，十二团改装为骑兵团，从二百多公里外的讷河县五区（现龙河乡）经过查巴拉奇山进入嫩江，前进到双泉村，那里群众基础好。部队进行了休整，做了战前部署和兵力分配，然后直扑嫩江一号飞机场。

十二团实际投入兵力只有百人左右，兵分4路，其中3路打援。一路由副官王乃俊带一个连设伏，卡住机场到县城公路，任务是堵截136旅团日军增援；另派一个加强班对东官地、科洛方向设防，堵截伪军主力；第3路打援部队是团主力，布防在机场北部，防止机场西、南、北三面援敌，游弋于机场和打援之间，为半机动。

王钧身先士卒，他带一个加强排和史化鹏会合，攻打机场。夜半12点钟之前，史化鹏带两名救国会会员干掉哨兵，切断了全部电话线，赶到机场东壕外与王钧确认敌情无大变化，当即下达战斗命令，打响了夜袭嫩江一号飞机场之战。打机场兵力分4

路。王钧带机枪班进入跑道与营区之间，据中指挥，并分割敌人，为第一路。史化鹏带一个班为第二路，迅速包围日军守备中队营房，将事先准备好的一袋手榴袋投了进去，辅以步枪火力。

日军飞行员住在飞行员宿舍里，史化鹏炸营房时，这些飞行员喊着日语，冲向机场，准备抢占飞机，强行起飞。王钧指挥机枪班长秦长胜将其击退。当场击毙2人。第3路是龚副官带的一个班，专门破坏飞机。他们遇到麻烦，进展不顺利。战士们用枪打，刺刀刺，只给机身留下一个个洞。有人投去一枚瓜形手榴弹，被反弹落地爆炸，几乎伤了自己人。战斗中有两名日军飞行员乘乱绕到最外侧的一架三菱96式飞机旁，一人登上驾驶舱，一人搬运螺旋桨，启动发动机。龚副官发现后，击毙了地面飞行员。飞机却强行起飞，离开地面。战士们对空射击，他们击中了油箱，飞机在空中燃烧爆炸，坠地时燃起熊熊大火。火光启发了战士们，他们找出汽油，逐机浇泼，逐机投放手榴弹、炸药，又枪打油箱，引发起火。于是乎，跑道上的7架飞机爆炸起火，如同7堆篝火，照亮夜空。第4路是齐排长带的一个班，破坏机场设施。他们炸毁了发电设备，烧毁了待运物资，点燃了建设中的油库，毁掉了一切能毁掉的设施。

史化鹏带领一个班迅速包围了日军守备中队营房，将事先准备好的一袋手榴弹投了进去，并辅以机枪火力，未待日军放一枪一弹，史化鹏和战士们便将营房内的30名日伪军全部歼灭。

这次夜袭嫩江一号飞机场的战斗毁掉日本最先进的菱式战斗机8架，全歼机场守敌，而我军无一伤亡，使我军威震东北大地。在这次战斗中，史化鹏立下了头功。

战斗结束了，战士们带足了日军枪支、弹药、食品、药品，满载而归。临行前，12团接受了13名劳工参加抗联队伍，部队又按战斗方案要求，发出两道白色信号弹，通知打援部队撤离。夜袭嫩江一号飞机场是完全不同于八路军夜袭阳明堡机场的打法，是我军游击战中的精彩战例，抗联军事斗争的杰作，在抗联史上留下了光辉的一页。

战例四：夜袭克山县城。

克山是伪满北安省所辖的治安模范县。地处北（安）黑（河）和哈（哈尔滨）齐（齐齐哈尔）铁路线上，是日伪以重兵把守的县城。城内有伪军一个团，日本关东军70多人，还有一所警察训练学校，守敌约千人。敌人为防联军袭击，在县城周围构筑了城墙，城墙前有一条8尺深、8尺宽的护城河，四门均设有警防所，派有大批警察把守。伪县公署设防更为森严，不但设有高围墙、炮台、电网，大门口还有用沙袋垒起的约一人多高的工事。敌人因此大肆吹嘘：铁打的满洲国，模范的克山县。

抗日战争时期，东北抗日联军第三路军在龙北地区对日作战取得节节胜利，开辟了大片新的游击区，极大地鼓舞了广大爱国同胞的抗日斗争热情。1938年冬，在抗联将领冯治纲、张瑞麟、王明贵、王钧等领导率领下，抗联部队在德都县（今五大连池市）的广大地区，广泛发动群众，宣传共产党抗日救国的主张，积极发展抗日救国会组织。抗日救国会在黑暗的伪满洲国，像一柄火炬，点燃了苦难同胞胸中升腾的抗日烈火。

1939年5月，在抗联第三路军三、九支队的帮助下，地处德都县城西南35公里的老道窝棚屯（今太平乡长庚村南3～4里处）建立了抗日救国会。在建会三年多的时间里，会员们积极为抗日联军拉山带道，送粮筹款，养护伤员，搜集、递送情报，建立了抗联部队的小后方，成为抗联部队转移和休整的营地。

1940年7月19日，日军调动150余人的骑兵讨伐队，偷袭了朝阳山东北抗联第三路军总指挥部和后方基地，我军损失较大。敌人竟误以为其围剿我抗联部队已取得最后胜利。正当敌人吹嘘其所谓胜利的时候，东北抗日联军第三路军总指挥部，在激战突围转移到北安东山南北河一带的密营后，继续发挥着北满抗日救国斗争的指挥中枢作用。抗日联军经过一段时间的休整，又在进行着新的战斗部署。由第三路军政治委员冯仲云和第三、第九支队首长王明贵、边凤祥、王钧等共同制定并执行了智取克山的作战方案。

1940年9月21日，奔袭克山的战斗拉开了序幕。抗联第三路军三、九支队于当夜到达了老道窝棚屯。第三路军政委冯仲云和三支队长王明贵、参谋长王钧、九支队长边凤祥在这里秘密召开抗日救国会员全体会议。讲解这次军事行动的重大意义和战斗、行军的特殊要求：既要绝对秘密行军，不能让敌人有丝毫察觉；又要指战员全部穿着日、伪服装。并且要以伪军身份公开进入县城，出敌不意，里应外合，打击敌人。所以要求抗日救国会要动员全体会员和全屯群众，准时在一天一夜的时间里，完成改制一部分日、伪服装和准备200余人给养的任务，以保证克山战斗的后勤供应。会后全屯便以救国会员为核心，积极行动起来，会员们用两辆车拉上自己家的猪去克山县北兴镇变卖。他们用卖猪钱买回了布匹、秋衣、棉鞋、食物等部队急需物资。许多救国会员家男女老少齐动员，有的烙饼，有的蒸豆包，有的做炒面，有的缝制服装。数十户爱国同胞整宿没有合眼，黑天白天连轴转。还有许多老乡煮了鸡蛋，切了咸菜，把每位抗联战士的干粮袋都装得满满的。9月22日的深夜，整队的抗联战士由老道窝棚屯出发，踏上了北兴镇通往克山县城的公路。拂晓前到达了事先选好的一片高粱地里，在那里隐蔽了两天一夜。24日晚，又继续向县城靠拢，天亮前到达了距克山县城只有八里地远的一片待割的高粱地里，指战员们挖好了工事，做好了战斗准备。天亮后，战士们仍静静地隐蔽在垄沟里，只能听到高粱叶互相碰撞发出的哗哗响声，饿了吃几口炒面和干粮，养精蓄锐，等待侦察克山县城敌军变化情况的情报，便立即投入战斗。

9月25日夜，侦察员回来告知敌情没有任何变化，一切正常，冯仲云政委命令部队向县城进军。部队历经一小时的秘密夜行，克山城墙隐约可见。预定进入城内的是20余名一律穿着伪军服装的抗联指战员，队伍前面打着伪军旗帜，成二路纵队伍迈着整齐的步伐，从城西北方的缺口处进入城里，没有引起敌人的注意。部队一进入北街，便按作战计划分头行动，各自奔向自己的进攻目标。九支队队长边凤祥和政委高禹民率领九支队战士很快逼近了伪军团部。敌人的一个哨兵看见了这支队伍的到来，但由于天黑没有看清，正在张望的时候，我们的两个侦察员已扑到了他的身边，抓住了哨兵的枪，用枪口顶住他的胸前，说道："不许动！我们是抗日联军，缴枪不杀！"那个哨兵还没有弄清楚怎么回事，就被缴了械。支队长边凤祥大手一挥，战士们飞快地冲进伪军团部大院，迅速地杀进各个营房，大声喊道："不许动，缴枪不杀！"敌人看到我军战士的出现有如神兵天降，顿时都被吓傻了，一个个浑身发抖，直求饶命，他们做梦也没有想到设防森严的克山县城竟会出现抗日联军，一枪未发就做了俘虏。九支队顺利地将伪军团部和迫击炮连的敌人全部俘虏。支队长边凤祥命令将这些俘虏关押起来，并进行了抗日教育。同时命令中队长冯魁率人打开武器库，将能运走的武器全部运走，不能运走的就地销毁。又派机枪班的战士扛着两挺机枪到伪团部门口，利用敌人的工事准备阻击进城增援的日军守备队。

在同一时间，三支队八大队中队长任德福带领部队向十字街中央炮台冲去，他们杀进了炮台门，俘虏了十多个伪军，占领了中央炮台，架起了机关枪，做好了阻击敌人的准备。

另一路由政委冯仲云、三支队长王明贵率领的三支队七大队，在接近伪县公署时抓住了一个刚从县公署出来的伪职员，经讯问得知，县公署大门关闭。王明贵支队长决定从后门发起进攻。伪县公署的后门也紧紧地关着，大墙有两米多高，墙上插着玻璃碴子，并设有电网。战士们架起了人梯，用钳子剪断电网。在墙头上架起了机枪，做好了冲锋的准备。过了一会，西南方传来两声枪响，这是九支队偷袭胜利发出行动的信号。支队长王明贵立即发出号令："冲锋!"战士们迅速跃过高墙，向敌人居住的房间冲去。

伪县公署的后院是警察学校，战士们刚冲到敌人的宿舍门口就被发现了，顿时一颗颗子弹从屋内呼啸着射出，我军当即以猛烈的火力回击，手榴弹不断地在敌人的屋内爆炸，炸得敌人鬼哭狼嚎。娄司务长在战斗中不幸被敌人的子弹击中，壮烈牺牲。由于敌人仓促应战，又摸不清我军的实力，在我军沉重的打击下不得不向前院狼狈撤退。三支队七大队长白福厚正率领着战士们向前冲杀，突然发现迎面来了一个挎着战刀的日本警官，白福厚抬手便射，一枪将他击毙，上前缴获了他的手枪和战刀，后来得知这个被击毙的日本警官就是克山县的日本警长依田准。这次战斗仅用了二十分钟就结束了，抗联战士地占领了伪县公署。支队长王明贵和参谋长王钧带人攻占了县公署附近的监狱，将监狱的大门全部打开，砸开了犯人的手铐和脚镣。支队长王明贵高声宣布："我们是抗日联军，打开了克山县，你们得救了!愿意参军打日本人的跟我们走，不愿参军的可以回家，别让日本人再抓住你们!"许多犯人当即领取了新缴获的武器，参加了抗日联军。

在这时，驻在西大营的日本守备队开始出动了。他们头戴钢盔，全副武装，乘两辆汽车从西门外赶来增援，而此时我军已做好了迎击的准备。当日军的汽车行驶到离伪军团部只有30多米时，担任阻击任务的机枪班长于德发大喊一声："打!"战士们的轻重武器全部开火，子弹射向日军，敌人死伤过半，伤亡惨重。日军下车，向我阵地扑来，机枪班的战士们依靠有利地形，一枪一个，弹无虚发，使敌人无法靠前一步。日军无奈，只好爬上汽车逃走了。当敌车驶到十字街炮台附近时，又突然遭到早已埋伏在这里的抗联战士任德福中队更顽强的阻击，机枪、步枪、手榴弹一起开火，打得日军死的死、伤的伤，余下的则乱喊乱叫连滚带爬地逃了回去。

奇兵夜袭克山的战斗仅用了两个小时就胜利结束了。抗联部队"夜袭十九团团部，俘伪军30名，伪县公署俘敌50名，释放监狱犯人300名，击毙日军30人，获步枪150支，手枪7支，弹药1.5万发，占领伪中央银行克山支行"。（引自《东北地区革命历史文件汇集甲59册第140页》——"张寿篯给负责同志并转中共中央政治局的报告"，一九四〇年十二月八日）缴获军马40余匹，击毁日军汽车3台（小车1台）。部队带不走的枪支子弹全部炸毁。吸收100多人爱国群众参加了抗日队伍。而抗联战士伤亡较轻，除娄司务长牺牲和3名战士轻伤外，没有其他损失。

攻克克山县城后，第三路军政委冯仲云和三支队长王明贵指挥部队回到了朝阳山。冯仲云在给海路并转中共中央的报告载明："由于三、九支队在平原游击的汇合，我帮助组织并和他们一起击破了克山县城。破了克山县城后三、九支队在归还朝阳山时，敌人尾追和堵截，以巨大的兵力"围剿"朝阳山。其间大小战役共七次，遭到敌人空军爆炸一次，我军受到少许的损失。归回朝阳山后，布置了三支队西兴安岭远征后，我又随九支队回到总指挥部与寿篯同志会面。"（引自《东北地区革命历史文件汇编甲59册 第11页》——冯仲云给海路并转中共中央的报告：关于三路军党政工作情况，一九四〇年十月三十一日）

龙北部队在抗联第三路军总指挥部的统一指挥下，在黑嫩平原与敌人展开积极、英勇、顽强的斗争，使日本侵略者大吹大擂的"五大连池会师"的预谋彻底破产。对此，日伪当局称："在北安省一带及龙江省北部地区，与诺门汗事件之进展相呼应，疯狂进行频繁袭击与对群众宣传抗日，致使治安不佳地区显著扩大，且使人心动摇。""其中活动最频繁的是冯治纲、姜福荣、耿殿君、王明贵等'匪团'，他们巧妙地运用游击战术，适当及时地离合聚散，奔走纵横数百里的草原上，开辟了广大的游击区。并大胆地在'九一八'纪念日当天袭击了讷河县城；又在11月13日攻击了宁嫩线鹤山车站、北黑线小兴安车站，游击克山县西城镇，占领警察分驻所，解除军警武装，袭击金融合作社，杀死日本人，夺走万余元现金的'罪行'，其'凶恶残暴'，无言可喻，已登峰造极达到顶点。"（引自吉林省档案馆编译：《东北抗日运动概况》，吉林文史出版社1986年版，第106页）敌人的咒骂和哀叹就是抗联部队取得胜利的见证。

抗联第三路军在黑嫩地区开展游击战争中，逐步形成了一套平原游击战术：即灵活地大步前进、大步后退、迂回作战伺机袭扰敌人；在群众未发动起来的地方，采取远距离奔袭，寻找敌人薄弱环节的方式，出其不意地歼灭敌人；在群众已发动起来的地方，采取深入敌人内部，里应外合的方式打击敌人。这些在抗日游击战争实践中形成的平原游击战术在对敌斗争中发挥了巨大效力。

抗联第三路军龙北部队在极端困难的环境中，英勇地开展游击运动，在对敌斗争中开辟了德都、讷河、嫩江、甘南、阿荣旗等县（旗）游击区，建立了后方基地，发展壮大了抗日部队的实力，摧毁许多站镇等敌人据点，消灭了敌人许多有生力量，受到广大民众的热烈称赞。

（3）德都爱国群众支援抗联的抗日斗争

1936年冬，东北抗日联军西征进入德都县境内，开辟黑嫩平原抗日游击区以后，德都县的广大爱国群众积极援助抗日联军，配合部队打击日伪军。并在抗联部队的帮助下建立起抗日救国会组织，发展会员开展抗日斗争。有些爱国者因参加抗日斗争受到日伪统治者的迫害，甚至牺牲了宝贵的生命。据不完全统计，德都县（现五大连池市）参军人数达2 032人，革命烈士96人，被杀害群众2 012人，支前人数5 468人。支前粮食50万吨，谷草251吨，药品51 613件，担架1 536付，鞋、帽、衣服12 846件（双），马匹1 264匹，车辆1 050辆。在德都县这片光荣的大地上，为抗日斗争做出积极贡献的人和事，举不胜举，他们可歌可泣的爱国精神，将永远被发扬光大，名垂史册。

1938年10月，东北抗日联军西北远征队到达德都县开辟游击区，在五大连池地区与尾随的日伪军展开遭遇战，因寡不敌众，撤向北山，将两名隐蔽在石缝中的伤员委托给在五池子打鱼的渔民刘凤和孔德子照料，两位渔民于深夜从隐蔽处接回伤员，连夜护送进北山交给抗联部队。

1939年1月12日，抗日联军第三军参谋长冯治纲率领部队在田家船口打伏击战后，田家船口屯的肖云清、许方洲、张金述、孟繁贵等爱国群众，经常以上山砍柴伐木为名，给抗联部队运送衣服、粮食、食盐等物资，该屯成为支援抗联部队的重点村之一。

6月下旬，抗日联军第三路军三支队路过张大窝棚屯（今团结乡永远村），全村爱国群众给部队做饭，烙油饼，杀小鸡、炖粉条。部队临上北山时，李振山、召学成等4户农民用车将三斗小米、三斗玉米、一石二斗大麦、100多个鸡蛋和油盐等物资送上北山。

7月末，我军再次袭击德都县红霍尔基警察分署。同年8月8日，抗联第三路军九支队在袭击北兴镇途经吴乡佬屯时，爱国渔民吕有、程伯山将抗联部队摆渡过讷谟尔河，保证了部队袭击北兴镇的胜利。后被日伪密探发现，2人惨遭杀害。

8月15日，抗联第三路军二支队攻陷北黑铁路线上龙门火车站，破坏了铁路，烧毁了军用列车。入秋，三支队一部攻克了龙镇飞机场附近的四公里（地名）军用仓库，歼灭了一个班的日军。缴获粮食数千斤，战马20多匹，并将运不走的粮食全部给了当地贫苦老百姓。

9月7日，抗联二支队一部与日伪军激战于唐大火梨屯，同讷河人民抗日先锋队共同击溃了一支日伪混合部队，缴机枪一挺，步枪32支，手枪4支。

1939年，高家窝棚屯的高万山、张凤珍夫妇，带领全屯四户人家，不顾警察、特务的监视和残害，连年为朝阳山抗日后方根据地转送粮食被服以及军需物资，被称为抗联的联络站。（1951年1月7日，黑龙江省军区副司令员王钧率中央人民政府北方老根据地访问团来德都慰问老区人民，在大会上表彰了高万山夫妻支援抗联的模范事迹。为高大嫂佩戴上镌有"中央人民政府北方老根据地访问团"字样的光荣奖章，颁发了印有毛泽东主席题写"发扬光荣传统，争取更大光荣"的奖状。）

1940年8月，东北抗日联军三路军三、九支队在德都进行抗日活动期间，在王大犁屯（现华山农场六分场）建立了秘密的抗日救国会，发展了会员。在东北抗日联军处于极其困难的时期，经过部队和中共地方党组织的努力工作，德都县王大犁屯的抗日救国会会员发展到20多人。1940年10月至1941年初，以该屯抗日救国会会长邹立奎为首的爱国群众，积极为东北抗日联军第三路军第三、九支队筹备粮食、食盐、药品、医疗器械等生活和军需用品。为保守秘密，他们在不同城市购置物品，并把筹集到的物品暂时存放在邹立奎家中，等候抗日部队随时派人来取。不久，此举被暂住邹立奎家中的表兄王有印知晓。1941年2月6日，当邹立奎前往齐齐哈尔为抗联部队购买物品时，王有印趁机将此事报告了北安伪宪兵队和德都伪警务科。翌日，德都伪警务科日伪特务郝喜山等12人来到王大犁屯，将抗日救国会会员韩国臣、陈山、吕玉、于振才4人抓走。四人在德都伪警务科受到严刑拷打和审讯后，被押送到北安日本宪兵队。同年12月22日，邹立奎在其家中被捕，被押送到北安宪兵队。日本宪兵对邹立奎施用各种酷刑逼供，邹立奎誓死不招。7天后，邹立奎被日本宪兵扔到狼狗圈里，被狗活活咬死吃掉。其余4人则被押解到哈尔滨监狱关押。吕玉、陈山因受害严重，不久死于狱中。韩国臣、于振才被判处13年徒刑，直到抗战胜利后获释出狱。

1937年—1942年，抗日联军经常在讷谟尔村一带进行抗日活动，不少爱国群众与抗联部队建立了联系。爱国群众经常利用上山运木材的机会给抗联部队运送粮食，药品和生活日用品。伐木工人冯坤多次帮助抗联部队散发、张贴传单和宣传品。东北抗日联军在德都县境内开辟抗日游击区打击日伪军期间，每到一个地方就广泛宣传共产党的抗日救国主张，发动群众抗日，积极发展抗日救国会组织。前后在马子良屯、腰张家屯、娇立中屯、老道窝棚屯、王大犁屯、托密浅屯、张大窝堡、徐老猫子屯、双龙泉屯、朝鲜屯、务本屯、讷谟尔屯等地建立10多个抗日救国会，发展会员200多人。这些抗日救国会组织团结和发动广大爱国群众投入抗日斗争，在十分艰险的条件下，冒着坐牢杀头的危险，为抗日联军拉山带路，购置运送粮食、被服、药品、各种军需和生活用品，掩护伤员养伤。1941年3月，托密浅屯爱国群众一次给抗联部队送粮3 000多斤。有些爱国开明绅士和伪甲长出于民族良心，也暗中为抗日联军购置物资，筹款送粮。许多抗日救国会员和爱国群众被捕坐牢，受尽酷刑，甚至牺牲了生命。

第五节 东北抗日联军第三路军缩编和战略转移

一、第三路军所属部队缩编

1940年1月24日至3月9日，吉东、北满省委代表联席会议在苏联伯力"55号舍"正式召开（史称第一次伯力会议）。会议分两个阶段进行。第一阶段有周保中、冯仲云、赵尚志参加，主要议题有两个，一是总结东北抗日游击运动的经验，消除吉东和北满党组织内部的分歧，分析形势，确定今后抗日斗争的任务、方针、策略；二是讨论与苏联远东军建立联系及相互合作问题。会议经过深入讨论和研究。通过了《吉东北满党内斗争问题的讨论总结提纲》和《关于东北抗日救国运动的新提纲草案》等两个重要文件。《关于东北抗日救国运动的新提纲草案》总结了东北游击运动发生、发展、挫折的原因和过程，指出了最后胜利的前途。并对抗联斗争的策略、对伪军和归屯并户的策略、党的组织、军队改编、游击活动、干部问题、反奸细斗争等做了规定。还根据斗争形势的需要，为实现对抗日联军的统一领导，对抗联部队实行整编。路军以下军队的编制为：支队、大队、中队、小队。同时强调指出，在敌人实行分离政策使我军失去群众和游击区的困境下，要注重军队活动后方根据地的建设，即在活动的区域中选择秘密的地方，进行自耕和代耕，加强粮食储备，以防粮源断绝。

1940年1月28日，中共北满省委为总结1939年北满抗日游击运动的经验和部署1940年的工作，召开了省委第十次常委会议。省委书记金策、组织部长张寿篯（李兆麟）和省委执委许亨植等参加了会议。会议肯定了1939年北满党的工作，分析了目前东北面临的政治军事形势，提出了党的斗争策略。会议号召各部队以龙北部队为榜样，加强每个战斗单位的战斗性、团结性，依靠群众克服抗战中的各种困难，开创北满抗日游击运动的新局面。会后，为了加强对部队的直接领导，北满省委主要负责人进行了分工。金策在龙南部队后方担任总的领导，张寿篯负责领导龙北部队，许亨植负责龙南部队。

在吉东、北满省委代表会议第一次伯力会议结束后，北满省委常委冯仲云被任命为抗联第三路军总政委。1940年3月22日，他率领一支小部队从苏联伯力出发，渡过黑龙江，经黑河返回东北。途中为了避开敌人，他们不得不在山中齐腰深的积雪中跋涉，风餐露宿，忍饥挨饿，克服重重困难，经过21天，终于到达海伦地区，4月间在海伦后方基地见到了抗联第三路军总指挥张寿篯。冯仲云向张寿篯传达了会上通过的《关于东北抗日救国运动的新提纲草案》的基本精神，介绍了毛泽东著作《论持久战》的主要内容，研究并部署了今后的工作。接着根据抗联领导人在伯力会议上关于统一抗日联军番号，把东北抗日联军编成十二个支队的部署，决定将北满抗联第三路军所属各部队重新编成第三、第六、第九、第十二等四个支队。首先将活动在讷谟尔河、木沟河一带的龙北部队改编为抗联第三、第九支队。

新编成的抗联第三支队，支队长王明贵、政委赵敬夫（赵牺牲后，由高禹民继任）、参谋长王钧。该支队是以原第六军三师和第三军三师八团、七十三团的部分战士为基础合编而成的。下设第三、第六两个大队。第三支队以德都朝阳山为后方基地，活动在嫩江、讷河、德都、甘南、布西、阿荣旗、扎兰屯、景星一带。并与中共龙北特委和讷河县委领导的地方党的工作相配合，广泛宣传组织群众投入抗日斗争。

第六支队长张光迪，副支队长高吉贤（又作高继贤）、政委于天放，由抗联第三军和第十一军的混合部队合编而成。下辖第九、第十二两个大队，共90余人。以庆城、东兴为后方基地，活动于拜泉、明水、青冈、海伦、兰西、呼兰、通北一带。

第九支队长陈绍宾（后逃跑），副支队长边凤祥（后任支队长）、政委周云峰（后叛变）、高禹民，参谋长郭铁坚，副官长由边凤祥兼任。第九支队是由第三军、第六军、第九军部分战士合编而成的。下辖第十五、第十八两个大队，共90人。以通北县南北河为基地，活动于北安、通北、克山、克东、拜泉、明水一带。

第十二支队，支队长李景荫（后为戴鸿滨），政委由许亨植兼任。下辖第三十四、第三十六两个大队，共90人。第十二支队以铁力、庆城山区为后方基地，活动于庆城、铁力、绥化、望奎、巴彦、木兰和伪滨江省三肇（肇源、肇州、肇东）一带。

抗联三支队改编后，为适应平原作战，在支队长王明贵指挥下，想尽一切办法夺取敌人马匹，使部队变为骑兵。1939年1月8日晨，第三支队和第四支队一部共200余人，在王明贵率领下冒雪埋伏在距离诺敏河支流二道河子附近的公路旁，将来自一棵松日满运输株式会社的运输车队截住，没收70余匹马和大批粮食。1月22日晚，第三支队又袭击了位于绥棱县诺敏河上游的一棵松日本人经营的森林采伐作业区一伐木场，缴获100余匹良马。连续两次战斗，使第三支队完全变成骑兵队伍。2月以后，第三支队在王明贵率领下，曾在绥棱县四海店、双泉镇等地与敌人开展战斗，在海伦县袭击了董凌阁屯和孙炮营，击溃伪警察和自卫团武装，在海伦县三圣宫、刘四把棍屯、绥棱张庆屯、克苏里桥与日、伪军展开激战，予敌人很大杀伤。

1940年春，抗联三支队在王明贵带领下，由北安县赵家店来到德都县的十三号屯，召集屯长、小学教员和有威望的老年人开会，彻底揭露日本帝国主义奴役、压迫中国人民的滔天罪行，号召各族人民团结起来，为光复祖国而斗争。王明贵有意让屯长向敌人报告三支队的行动，预计敌人会很快跟踪我军进入朝阳山。在出发后的第三天中午，王明贵率领三支队从容不迫地登上五大连池东部的龙门山。这里特有的火山地形地貌正是抗联部队打击敌人的好战场。王明贵决定在龙门山阻击敌人，然后诱敌深入朝阳山。可是战士们隐蔽了大半天也不见敌人的动静。夜幕降临了，部队就在龙门山露营。一直坚持了三天时间，未见敌人的影子。王明贵和赵敬夫决定部队出发，部队从东、西龙门山中间的一条巨大石缝下穿过，跨过小边河，进入了朝阳山区。

抗联三支队在德都县北部朝阳山区小边河东岸，采取诱敌深入的战术，两次伏击北兴镇"讨伐队"。1940年4月中旬的一天，北兴镇百余名骑兵"讨伐队"分兵两路向朝阳山扑来，敌人来势汹汹，不可一世。在东边山上隐蔽的八大队看见敌人已经从大路上进入伏击圈后，果断打响了第一枪。霎时步枪、机枪一齐射向敌人。在北边山上埋伏的七大队也同敌人接上了火。仅仅几分钟的激烈战斗，打的敌人措手不及，人慌马乱，死伤惨重。可是敌人并不甘心失败，利用短时间重整旗鼓，卷土重来。第三支队又打了一个漂亮的伏击战。经过第二次较量，敌人仍是丢盔卸甲，败下阵来，只得扔下死尸、伤兵，慌忙逃之夭夭。第三支队在小边河东岸经常袭击日伪军，武器装备有了改善，部队素质有较大提高。通过半年的艰苦抗日斗争，部队从250人发展到300多人，成为龙江北部抗日部队的中流砥柱。

抗联第三路军所属部队缩编后，各支队采取机动灵活的游击战术，积极开展平原游击战争。仅1940年1—4月，就与敌人作战

45次，缴获步枪、手枪200余支，子弹12 700多发，毙伤敌人300名，俘虏敌人70名，取得了突出的战绩。

二、第三路军实行战略转移

从1940年秋开始，日伪当局纠集大量兵力，对朝阳山抗联第三路军后方根据地实行分兵包围和持续不断地"讨伐"。敌人采取平原突袭与长追、封锁入山口等"讨伐"办法，特别是发动以空军和陆军相配合的"冬季大讨伐"，采用"铁壁合围、蓖梳山林"等战术，妄图将第三路军困死在渺无人烟的深山老林之中。1940年7月19日，朝阳山后方根据地受到日伪军的袭击，部队伤亡较大，第三路军总指挥部被迫撤离朝阳山转至通北南北河。日伪当局以为东北抗日联军已被最后消灭，但是在龙北活动的抗联第三路军三、九支队主动出击，频繁地打击日伪军。7月29日，三支队长王明贵率领100余名抗联战士进入朝阳山西面的466高地，10月1日、3日、4日，三支队分别在朝阳山的508高地、526高地、467高地与大岛、木村两个日军"讨伐队"激战，有力地打击了敌人。

1940年10月上旬，第三路军政委冯仲云利用战斗间隙在朝阳山召集了三、九支队干部会议（即朝阳山会议）。会议决定第三、第九支队分开行动，第九支队绕道返回南北河，三支队渡过嫩江直插大兴安岭西部民族杂居地区进行游击活动，与日伪军周旋，开辟新的抗日游击区。朝阳山会议后，第九支队向南北河转移，在支队长边凤祥带领下，与日军进行了多次英勇战斗。第三支队到阿荣旗、巴彦旗、布特哈旗、甘南县和景星县一带开辟抗日游击根据地，扩大我军的游击区域，牵制敌人兵力，宣传发动群众参加抗日救国斗争。第三支队在大兴安岭地区活动期间为了开辟新的游击根据地，与日军、伪兴安军、伪满军进行了艰苦卓绝的斗争，消灭了敌人大量的有生力量，但许多抗联将士也长眠在这块土地上。为了继续完成党交给三支队的战略任务，三支队队长王明贵始终牢记政委冯仲云的嘱托——"你们孤军奋战数千里，可想而知困难重重。因此，要根据情况相机行事，不论形势何等险恶，也要保存实力，要知道三支队是一支东北抗日的火种啊"！1940年12月1日，第三支队返回朝阳山。由于敌人尾追到朝阳山附近，仅仅在一天之内就打了几仗，敌人兵力越来越多，部队无奈离开了朝阳山。12月下旬，第三支队采取"夜间大步前进、白天隐蔽休息"的战术，穿过密林到达嫩江县的三站，甩掉了尾追的敌人，赢得了暂时休整的时间。三支队队长王明贵主持召开了第三支队党委会，党委委员王钧、白福厚、许保合、高振华等出席了会议。在党委会议上，大家对第三支队所处现状进行了分析，一致认为，第三支队进入大兴安岭之后，与超过我数十倍之敌辗转搏斗两个月，减员三分之二以上，仅剩60余人，其中还包括许多伤员。人无粮食，马无草料，子弹也极度缺乏，且经常暴露在敌人飞机侦查和轰炸之下。一尺多厚的积雪，给行军带来极大的困难，伤员也急需治疗。因此，全体党委委员都同意去苏联向总指挥李兆麟汇报，部队经过休整，补充弹药，再重返国内开辟抗日游击区。会议结束后，第三支队在当天下午即向苏联边境方向进发，跨过北黑铁路向东北转移，于1941年1月26日，从瑷珲小三家子进入苏联休整。

到苏联后，三支队队长王明贵向李兆麟、冯仲云二位领导同志汇报了三支队在在大兴安岭挺进嫩江西部地区进行游击战争的全部经过以及过境来苏联的原因。李兆麟、冯仲云考虑三支队处在敌人疯狂进行进攻的环境中，敌人阻止这支部队继续活动，曾派出大批部队进行讨伐。但三支队在各阶层群众中的影响和威望都在日益增长。为此，三路军领导决定三支队休整恢复体力后，立即返回东北。李兆麟、冯仲云指示：三支队回国后的任务，仍然赴大兴安岭地区，运用我党的抗日统一战线政策，团结各族人民共同抗日，并吸收各族青年参军，在日伪统治薄弱区域建立我军重要根据地。1941年3月初，三支队在黑夜和风雪的掩护下，艰难地通过了冰封的黑龙江，秘密地从孙吴江边的哈达沿和红毛鸡之间的通道回到了祖国。同时李兆麟决定派陈雷到三支队工作。

1941年初，抗联第三路军总指挥李兆麟，宣传科长陈雷率部队从苏联返回东北，到达南北河附近的山区找到第三路军留守处人员。1941年3月25日，三支队队长王明贵、参谋长王钧率队进攻了位于孙吴县城南28公里处的日军采伐作业区，解决了部队的给养，补充了御寒用具。部队全部变成骑兵，在毛兰顶子山休整后返回朝阳山。1941年5月29日，在朝阳山西北区小边河与科洛河汇合处，陈雷与王明贵会师。随后，向大兴安岭进军，开辟兴安抗日新游击区。

1941年苏德战争和太平洋战争爆发后，日本侵略者调重兵进驻东北，东北抗日联军处境更加困难。在日本侵略军对黑嫩平原"讨伐"加剧，抗日斗争环境不断恶化的形势下，根据伯力会议确定的方针，为保存实力准备反攻，迎接抗日战争的最后胜利，北满省委决定第三路军主力部队转移到苏联境内。"1941年10月25日，李兆麟、金策写信给第三路军参谋长许亨植，并派第六支队长张光迪转达口头指示。信中说：根据东北主客观情形，三路军今年冬季，无论主观上如何努力，总不能克服主力消耗的危机。虽然存在一切冲破敌人讨伐的条件，但是最终自己有生力量仍有缩减的危险。同时处在紧急斗争关头，如果今天仅有的力量再继续被消灭，对于不久将来的斗争，将陷入更困难的境地，为此必须采取暂时迂回的方法。许亨植接到总部通知后，把第六、第九、第十二支队的主力百余人集中起来，由第六支队政委于天放带队，于11月从黑龙江流域的萝北、乌云、黑河等地越境进入苏联境内，编入北野营进行集中学习。不久张寿篯也赴苏到达北野营，负责整训期间的思想政治教育工作。"（引自黑龙江人民出版社1986年出版的《东北抗日联军第三军》218页）

东北抗联第三路军主力部队过境入苏进行整训学习的同时，一部分队伍仍然留在北满地区进行活动。在北满省委书记金策和抗联第三路军参谋长许亨植的领导指挥下，在艰苦条件下坚持抗日游击战争。

1942年8月1日，东北抗联领导人根据全国抗战形势的需要，为了"保存实力、培养干部"将南北两个野营的东北抗日联军指战员，统一编成东北抗日联军教导旅，旅长周保中，政治副旅长李兆麟，下设4个营。9月13日抗联教导旅召开中共党支部大会，成立中共东北党组织特别支部（即东北党委员会），选举崔石泉任书记，实现了东北党组织的统一领导。抗联教导旅在进行政治理论学习和军事训练的同时，坚持派小部队回东北进行军事侦察和开展小规模的游击活动，为反攻东北，迎接抗战胜利准备条件。1945年8月15日，抗联教导旅配合苏联红军、八路军和新四军出兵中国东北，终于打败了日本侵略者，取得了抗日战争的最后胜利。

第六节　在德都县战斗过的东北抗日联军将士

在艰苦卓绝的抗日斗争中，中共北满省委和东北抗日联军第三路军，在极其艰苦的条件下创建了朝阳山抗日后方根据地。林海苍茫的朝阳山见证过东北抗日联军第三路军的辉煌战绩，蜿蜒曲折的讷谟尔河两岸留下了抗联将士的战斗足迹。经过血与火的洗礼，培养了一大批党政干部和军事指挥人才，涌现出一大批以赵尚志、李兆麟、冯仲云、张兰生、金策、许亨植、冯治纲、张光迪、高禹民、王明贵、赵敬夫、陈雷、王钧、李敏等为代表的英雄人物，他们用自己的鲜血谱写出了最伟大的生命赞歌。他们在中华民族面临危亡的严重关头，以大无畏的英雄气概投身到如火如荼的抗战中去，创造了可歌可泣的光辉业绩。

一、赵尚志

赵尚志（1908年—1942年）。热河省朝阳县人。东北抗日联军创建人和主要领导人之一。

1925年6月，加入中国共产党，同年冬考入黄埔军校第四期政治大队学习。1926年"中山舰事件"之后回东北从事革命活动，先后在哈尔滨领导学生运动，在双城从事建党工作，在长春市开辟党的工作。同年10月中共长春支部正式成立，赵尚志在中共长春支部负责党的长春通讯站工作。11月，他利用国共合作的时机，与国民党员一道成立了国民党吉林省党部，并担任常务委员兼青年部长。不久，赵尚志的活动被日本特务机关发现并告密。1927年3月2日，赵尚志被奉天军阀驻长春宪兵逮捕并关进了长春第一监狱，后被押至南京。由于他始终坚持说自己是国民党员，没有暴露共产党员的身份，所以同年5月20日被释放出狱。出狱后，赵尚志又被党组织派回东北工作。

1929年6月，赵尚志被分派在中共满洲省委做团的工作。1930年4月12日，赵尚志第二次被捕入狱，在狱中严守党的秘密，坚贞不屈。"九一八"事变后，经党中央和满洲省委营救出狱。1932年5月，中共满洲省委任命赵尚志为省委军委书记。同年6月，东北大部分国土被日军占领。赵尚志决定尽快成立一支反满抗日武装，以武装斗争直接反抗日本帝国主义。在他的一再要求下，中共满洲省委同意赵尚志离开哈尔滨，秘密前往巴彦县到张甲洲领导的巴彦游击队工作。化名李育才的赵尚志到了巴彦后，帮助张甲洲整顿了队伍，培养了一批抗日骨干。

1932年10月，根据满洲省委指示，巴彦游击队被编为中国工农红军第三十六军江北独立师，张甲洲任司令，赵尚志任第一政委。这支抗日队伍在张甲洲、赵尚志等领导下，深入敌后，开展游击战争。曾攻占巴彦县城，打下康金火车站，进行过西征，横扫过北大荒。后在一次战斗中，部队内部有人擅自缴了两名鄂伦春族牧民的猎枪，此事顿时激起数百名鄂伦春族牧民的围攻，赵尚志只好率领一部分战士临危奔走。不久，部队又遭到日本关东军的包围合击，在接二连三的沉重打击之下，这支刚刚建立不久的抗日武装终于被打散。

1933年1月下旬，中共满洲省委认为巴彦游击队的失败是赵尚志在领导巴彦游击队的过程中犯有"右倾机会主义错误"，不执行少数民族政策的结果，省委决定给予赵尚志以开除党籍处分。尽管因为此事导致他被开除党籍，但考虑到他的革命经历和多年对敌斗争的表现，大部分省委委员仍然主张让他负责群众工作，不久分配他担任哈尔滨市总工会主席职务。

1933年3月，赵尚志来到宾县孙朝阳的反日义勇军参加抗日活动。初为马夫，后在攻打宾县的战斗中，孙朝阳采用了赵尚志的军事谋略攻下了县城，赵尚志因此被任命为该部队的参谋长。

1933年10月10日，赵尚志又投身中共珠河县委领导下的反日游击队，担任县中心大队的队长。一度受到不公正待遇的赵尚志，在珠河一带挥枪抗敌。1934年5月9日，赵尚志率领的反日游击队攻克了宾县县城——宾州镇。这支由中国共产党直接领导的抗日武装在赵尚志的率领下，给了侵华日军以沉重打击，日军因此对他恨之入骨，并曾登报悬赏一万元通缉他。1934年6月29日，珠河反日游击队扩编为"东北反日游击队哈东支队"，赵尚志被任命为支队司令。

1935年1月，中共满洲省委根据赵尚志的多次请求，新的省委慎重考虑赵尚志在离开党组织两年时间的表现，并多次派员亲往宾县和珠河认真倾听赵尚志的意见。同时为慎重起见，省委又找了解赵尚志情况的同志谈话，终于搞清了这起冤案的来龙去脉，于1月12日正式做出《关于恢复赵尚志同志党籍的决定》，恢复了赵尚志同志的党籍。1935年1月28日，任东北人民革命军第三军军长。1936年8月1日，赵尚志任东北抗日联军第三军军长。第三军所属的10个师，在赵尚志的率领下，在半年多时间里就参加了大小百余次战斗，歼灭敌人一千多人。他在统一指挥军事行动、统筹安排给养、培养和调配干部等方面，起了重要作用。开辟了清原、木兰、巴彦、铁力等十余县为根据地。在根据地里，建立了小型兵工厂、被服厂、仓库和军医院，还建立了政治军事干部学校，亲自担任校长。

1936年9月18日，成立中共北满临时省委，当选为省委执行委员会主席。1936年11月，第三军军长赵尚志亲自率领第三军司令部直属部政治保安师、少年连、第一和第五师各一部500人组成骑兵部队，从汤原根据地老钱柜岭西出发，向通北、龙门一带远征。游击于海伦、通北、德都、龙门等北黑线铁路沿线打击日伪军。

1937年3月7日，在通北冰趟子与日伪军展开激战毙伤敌300余人。27日，赵尚志军长亲率部队，冒着零下30多度的严寒，在德都县龙门（龙镇）东南12公里的山口树林伏击敌人，将汀田队长（少佐）以下21名日军全部击毙。缴获日本军车一辆，三八式机枪1挺，新马炮10余支，掷弹筒1具，步枪20余支，手枪数支。

战后抗联部队开始在龙门、讷谟尔、二龙山一带打击日伪军。1937年5月，赵尚志率领部队徒步翻山越岭，克服重重困难，绕道返回汤原后方根据地休整。龙门镇伏击战，大振了抗日联军的军威，大煞了日军的嚣张气焰，扩大和提高了抗日联军的声望和政治影响，为后来开辟以朝阳山为依托的黑嫩平原抗日游击区奠定了基础。

1939年5月，共产国际任命赵尚志为东北抗日联军总司令。

1940年1月28日，中共北满省委第十次常委会，以赵尚志推行反党"左倾"关门主义路线，企图捕杀北满省委领导人等罪名，做出"永远"开除赵尚志党籍的决议。

1940年3月中旬，周保中、冯仲云、赵尚志"三人讨论会"研究了赵尚志将来的工作问题。周保中出于团结的愿望，考虑到赵尚志已被北满省委开除党籍，处境艰难的情况，欢迎他到吉东工作。最后，决定调赵尚志到抗联第二路军总指挥部，任副总指挥。

1940年3月20日，赵尚志在没有看到省委关于永远开除他党籍决议全文，不清楚开除的具体原因的情况下，给北满省委写了一封言辞诚恳的《请求书》。在承认自己确曾犯有错误的同时，又声泪俱下地要求北满省委把他留在党内。他写道："党籍是每个共产党员的生命，因为我参加党作革命斗争已将近十五年，党的一切工作，就是我一生的任务，我请求党重新审查，同时我认为党不能把我从党的部队中清洗出去，那将是同使我受到宣布死刑一样，我万分地向党请求党的审查，给我从组织上恢复党籍。领导我的工作，我一天不能离开党，党也不要一天放弃对我的领导。""因为已离开北满工作，所以暂不能与诸同志会面。谨以多年的工作关系向党各级组织、各党同志联军各干部及战士同志们，致极热烈的希望和最高的革命敬礼。"

1940年3月31日，在抗联第七军驻屯地，周保中召集由第七军政治部主任王效明所率第七军人员参加的大会，宣布赵尚志同志任抗联第二路军副总指挥。

1940年6月20日，当时的中共北满省委书记金策在收到赵尚志《请求书》后，给赵尚志写了答复信。答复信中说："北满省委首先告诉尚志同志，北满省委从来没怀疑过尚志同志是奸细，所以，开除尚志党籍绝不以此决定，也不是根据三八年度以前的错误，而是根据三九年度尚志同志在下江严重的企图策划反党的错误而决定永远开除党籍的。""但北满党尊重上级的提议，尊重兄弟党代表之提议，北满党大多数同志重新讨论决定：只取消'永远'的字样而改为'开除赵尚志党籍'，其他不可能减轻的，现在金策同志代表北满党通知尚志同志希知照。"

赵尚志一贯坚持党的正确路线，两次被错误地开除出党，撤销党内军内职务，但他丝毫没有消沉，依然对党赤胆忠心，继续坚持抗日武装斗争。

1942年1月，赵尚志带领小分队从苏联回到东北，在梧桐河一带活动。2月12日在袭击梧桐河警察分所时，被打入小分队的日伪特务刘德山击伤，昏迷中被俘。8小时后英勇牺牲，年仅三十四岁。

赵尚志被杀害后，敌人割下他的头颅庆功，将他的躯体扔进松花江冰窟。赵尚志牺牲后，日本关东军大肆鼓噪，曾将他的头颅由黑龙江空运至伪满首都新京（长春），和在南满牺牲的另一抗日英雄杨靖宇的首级一起陈列。2004年，赵尚志的颅骨在长春护国般若寺被发现。2008年10月25日，赵尚志的颅骨安葬于烈士家乡辽宁省朝阳市"赵尚志烈士陵园"。东北抗联老战士李敏和中共辽宁省委书记张文岳等领导同志出席了安葬仪式。

赵尚志壮烈牺牲，他的党籍问题始终没有得到解决。1982年，党的十一届三中全会后，中共黑龙江省委根据中央组织部的指示，对赵尚志同志1940年遭受党内处分一事进行认真的复查。同年6月8日，黑龙江省委做出《关于恢复赵尚志同志党籍的决定》（中共黑龙江省委员会 黑发干字〔1982〕103号）。该决定指出："赵尚志同志的一生忠诚党的事业，是个坚贞的共产主义战士，他在反对日本帝国主义侵略中国的民族解放斗争中，坚强不屈，英勇奋斗，做出了重大贡献，直至献出了自己宝贵的生命。因此，开除赵尚志同志的党籍的决定是错误的，是一起历史冤案。省委决定，撤销1940年1月中共北满省委常委《关于开除赵尚志党籍的决定》，恢复赵尚志党籍，推倒强加给赵尚志同志的一切不实之词，恢复名誉。"

新中国成立后，为了表彰赵尚志的抗日功绩并永远缅怀这位抗日英雄，黑龙江省珠河县第一届工农代表大会通过决议把珠河县改名为尚志县，把他的牺牲地改为尚志村，把哈尔滨的一条主要街道命名为尚志大街。

2009年9月10日，在中央宣传部、中央组织部、中央统战部、中央文献研究室、中央党史研究室、民政部、人力资源社会保障部、全国总工会、共青团中央、全国妇联、解放军总政治部等11个部门联合组织的"100位为新中国成立做出突出贡献的英雄模范人物和100位新中国成立以来感动中国人物"评选活动中，赵尚志被评为"100位为新中国成立做出突出贡献的英雄模范人物"。

二、李兆麟

李兆麟（1910—1946），原名李超兰，化名张寿篯。辽宁省辽阳县人。1930年底加入中国共产主义青年团，1931年7月在北平加入中国共产党。1932年3月在李兆麟主持下，成立辽阳义勇军。1933年9月中共满洲省委正式任命李兆麟任省委军委负责人。1934年6月29日，组建东北反日游击队哈东支队，任总政委、政治部主任兼第一总队政委，在珠河和宾县一带开辟新抗日游击区。1935年1月28日，在珠河成立东北人民革命军第三军，任一师二团政治部主任。1935年3月初，成立东北反日联合军总部，任总政治部主任。1936年1月29日，任北满抗日联军总司令部总政治部主任。1936年1月30日汤原反日游击总队扩编为东北人民革命军第六军，任代总政治部主任。1936年8月1日，东北人民革命军第三军改编为东北抗日联军第三军，任政治部主任。

　　1936年9月18日，珠河、汤原中心县委和三、六军党委在汤原帽儿山北坡三军被服装厂举行联系会议，李兆麟缺席当选为执行委员。9月东北人民革命军正式改编为东北抗日联军第六军，任政治部主任。1937年7月上旬，北满省委调李兆麟任第三军政治部主任。1938年6月初，北满临时省委在通河县内召开第八次常委会议，决定三、六、九、十一军突围向西北方远征。为此成立西北指挥部，指定李兆麟参加该机构准备会议。省委决定李兆麟以北满抗联总政治部主任身份领导三军工作。1938年7月，在萝北县麻花林子召开三、六、九、十一军各部队师以上干部会议。会议分析研究了下江地区斗争形势，一致拥护省委第八次常委会关于组织部队远征黑嫩平原的决定。中共北满省委决定三江地区的抗联主力部队到小兴安岭西麓开辟新的根据地，李兆麟积极认真贯彻这一正确的西征决定。这期间，他日夜奔波于松花江两岸，巩固了抗日联军的各部队并先后组织了三批部队西征，为保持抗联实力、创造新的根据地和游击区做出了突出的贡献。

1939年3月8日，李兆麟率军部教导队亲临德都地区到以冯治纲为支队长的第二支队检查指导工作。1939年3月至5月，抗联第二支队在李兆麟、冯治纲的指挥下，先后攻克老龙门车站，龙门附近的紫霞宫伪警察分署和军用飞机场。先后攻打龙镇飞机场、讷谟尔伪警察所和自卫团，缴获了许多物资和马匹，装备了部队。同时，在讷河、克山、嫩江、阿荣旗等地广泛发动群众，积极依靠人民开展了机动灵活、出奇制胜的平原游击战。

1939年4月12日，北满临时省委在通河召开第二次全体会议，决定改为中共北满省委，选举金策为省委书记，李兆麟为组织部长。会议决定改组北满抗联总司令部，成立东北抗日联第三路军及总指挥部，同时，任命李兆麟为第六军军长。

1939年5月30日，东北抗日联军第三路军在德都县朝阳山正式成立，李兆麟任总指挥。他领导东北抗日联军第三路军在广阔的松嫩平原上开展游击战争，攻击敌人薄弱环节并屡屡取胜，增强了人民的抗战信心，牵制了日本关东军大量兵力，有力地配合了全国抗战。1940年7月19日，日伪军突袭朝阳山，李兆麟在战友们的掩护下脱险，转至通北南北河领导指挥三路军各部开展游击战争。1941年11月底，第三路军总指挥部决定由李兆麟等抗联将领率主力部队入苏整训。东北抗日联军第三路军除留部分小分队继续坚持活动外，基本上转移到苏联境内的中苏边境地区进行整训学习，为迎接抗日斗争的胜利准备条件。

抗日战争胜利后，以中共代表身份任滨江省副省长，兼任哈尔滨市中苏友好协会会长等职。1946年3月9日，被国民党军统特务杀害于哈尔滨市，时年36岁。李兆麟将军不朽的英雄业绩，将永远激励炎黄子孙，为振兴中华、捍卫祖国疆土而战斗。

三、冯仲云

冯仲云（1908—1968），江苏省武进县人。1926年夏考入清华大学数学系，1927年5月，冯仲云加入中国共产党，任清华大学党支部书记。1932年10月，冯仲云以中共满洲省委驻下江代表的身份，到松花江下游汤原组织和领导抗日武装斗争。1933年8月任满洲省委秘书长。1935年1月，东北人民革命军第三军成立，任政治部主任，在哈尔滨以东珠河一带从事抗日武装斗争。1935年4月任中共珠河县委宣传部长。1936年9月18日，在中共珠河、汤原中心县委及东北抗日联军第三、六军常委联席会议上，被选中共北满临时省委书记。

1937年6月28日，在中共北满临时省委会议执委扩大会议上被选为宣传部长。1937年10月，在中共北满临时省委第六次常委会议上，被任命为省委秘书长。1939年4月12日，中共北满临时省委在通河召开了省执委第二次全体会议，冯仲云被选为中共北满省委常委、宣传部长。1939年5月30日，以抗联三、六、九、十一军为基础，组建东北抗日联军第三路军，李兆麟任总指挥，1940年5月冯仲云任政委。9月21日，冯仲云率领抗联第三路军三、九支队到达德都县老道窝棚屯，秘密召开抗日救国会员全体会议，讲解攻打克山军事行动的重大意义和战斗行军的特殊要求，并指挥部队攻打克山县城，于9月25日取得了智取克山战斗的胜利。之后，部队在嫩江、讷河、德都、北安一线打击日伪反动势力，纵横驰骋于黑嫩平原上，给敌人以沉重打击。李兆麟、冯仲云指挥的抗联第三路军，是当时东北抗日队伍中力量强、战斗频繁，对日军打击很大的一支抗日武装力

量。他们的活动牵制了数十万日伪军，有力地配合了全国的抗
战。

抗日战争胜利后，被派往沈阳、哈尔滨等地工作。1946年
4月24日，任松花江省人民政府主席，1949年3月兼任哈尔滨工
业大学校长。1953年3月27日，被国务院任命为北京图书馆馆
长。1954年9月15日—28日作为人民代表参加第一届全国人民
代表大会。1954年10月31日，被国务院任命为水利部副部长。
1955年9月27日，在北京怀仁堂隆重举行的授勋仪式上，荣获
中华人民共和国主席毛泽东颁发的"一级独立自由勋章"和
"一级八一勋章"。1959年8月25日，任水利电力部副部长，
在发展水电事业、造就人才、改进工程技术等方面发挥了卓越
的领导才能。

冯仲云曾被选为中共"八大"代表和一、二、三届全国人民
代表大会代表。由于长期为革命奔波，积劳成疾，于1968年3月
17日离世，终年60岁。1977年11月24日，冯仲云骨灰安放仪式于
八宝山革命公墓举行。1980年1月17日，水利部党组给中共中央
呈报《关于冯仲云同志问题复查情况的报告》，党中央为冯仲云
平反昭雪，推倒强加的罪名，恢复名誉，冤案得以彻底平反，对
他的光辉一生作了充分肯定和公正评价。

四、张兰生

张兰生（1909—1940），原名包巨魁，满族。呼兰县城人。
1932年2月，日本帝国主义侵占哈尔滨，张兰生积极参加电车厂工人
的罢工斗争。1932年哈尔滨电业局成立了秘密党支部，张兰生首批
加入中国共产党，并当选为支部委员。1933年4月2日，哈尔滨电车
工人举行大罢工，他是罢工的组织者之一。1934年2月，哈尔滨电业
局党支部遭到破坏，受中共哈尔滨市委派遣，赴珠河抗日游击根据

地工作。1935年2月，张兰生任中共珠河中心县委书记，领导珠河、五常、方正、延寿等地的党团工作。在1934年冬和1935年春日伪当局发动的"大讨伐"中，他率领珠河地区的广大军民，粉碎了日伪的围剿。1935年10月，组建珠河县人民政府，壮大了游击队，在道北、道南、亚布力、双东、苇河成立了区委，在延寿、方正成立了延方特支，党员达到300人。1935年夏，日伪当局加紧"讨伐"珠河游击根据地，根据地和反日群众组织遭受严重破坏。张兰生于9月10日主持召开了珠河中心县委执行委员会议，决定把游击队改编为东北人民革命军第三军主力，由珠河地区向松花江下游的汤原、依兰、勃利地区转移，开辟游击新区。张兰生与珠河中心县委成员则去老区开展恢复根据地的斗争。

1936年9月18日，出席中共珠河、汤原中心县委及抗联三、六军党委联席会议，会上成立了中共北满临时省委，张兰生当选为常委、宣传部长。1937年6月28日，中共北满临时省委召开执委扩大会议，张兰生当选为中共北满临时省委书记。1938年东北抗日斗争进入艰苦时期。张兰生和省委其他领导人，共同指挥抗日联军第三、六、九、十一军主力部队向海伦地区远征，胜利地粉碎了日伪妄图将抗联"围歼"在三江的阴谋，开辟了黑嫩平原新游击区。1939年4月12日，中共北满临时省委召开第二次执委会，将临时省委改为北满省委，张兰生任抗联第三军政治部主任。为贯彻执行省委执委会议精神，与三军军长许亨植召开了三军军部会议，总结三军党政工作，整顿党的组织，加强党在军队中的领导作用。会后，率领三军二师在依兰、通河、汤原一带开展游击活动。

1940年6月，张兰生受中共北满省委的委派，赴讷（河）嫩

（江）地区，与东北抗联第三路军总指挥李兆麟研究开展此地区的群众工作问题，在此主办北满省委军政干部训练班。张兰生亲自给学员讲授了毛泽东的《论持久战》中关于游击战的战略战术，中国抗战前途等重大问题。1940年7月，张兰生在德都县朝阳山与抗联第三路军总指挥李兆麟，共同商讨开展讷嫩地方党的工作问题。7月19日，日伪骑兵"讨伐"队突然包围了德都县朝阳山抗联第三路军总指挥部驻地，在突围战斗中，张兰生壮烈牺牲。时年31岁。"我的头颅、我的热血是献给民族革命，是献给党的事业"是他的伟大誓言。

五、金策

金策（1903—1951）朝鲜咸镜北道城津郡人。别名金洪善、金印、金城、金印植，化名罗东贤。1910年由朝鲜随家人迁居中国吉林延吉县平岗基成村，1925年在延吉参加革命活动。1926年冬，金策加入了朝鲜共产党组织，参加东满区域局下属平岗基成村党支部活动。1930年7月27日，在宁安县加入中国共产党，担任中共东京城支部组织干事。8月，宁安县委决定将东京城支部扩大为东京城区委时改组为中共宁安行动委员会，10月，金策被选举为该行动委员会的书记。11月中旬，兼任宁安县苏维埃政府主席职务。1932年秋，中共满洲省委派金策到珠河中心县委，中心县委指定金策担任蚂蚁河东党支部书记工作。1933年1月，中共满洲省委调金策到珠河县担任中共珠河县委委员。同年6月，珠河中心县委改组，金策被调到县委机关秘书处工作。后来任中心县委秘书长。

1934年6月29日，珠河反日游击队扩编为东北反日游击队哈

东支队时，珠河中心县委同意调金策到哈东支队第三大队担任政治指导员。7月，又被调至哈东支队司令部任军需处长。

1935年1月28日，组建了东北人民革命军第三军第一师（即第三军独立师），金策担任第二团政治部主任。3月，金策调任第三军第一团政治部主任。1935年11月，第三军各团扩编为师，金策任第四师政治部主任。1937年10月，中共北满临时省委第六次常委会决定金策调到省委工作，任省委常委、宣传部长兼抗联第三军政治部主任。

1938年5月和6月，中共北满临时省委相继召开了第七、第八次常委会议，决定组织抗联第三、六、九、十一军向西北进行远征，开辟黑嫩平原新游击区。金策参加领导队伍西征，于1938年10月8日（农历八月十五）到达绥棱县张家湾河口一带的白马石。

10月10日金策主持召开三、六军干部会议，研究部署西征部队的行动计划，决定组成远征部队，由军事负责人张光迪，政治负责人陈雷率领，远征到德都、五大连池、嫩江沿岸一带，主要与红军游击队及马占山挺进军打通联系渠道，更有效地牵制敌人与响应中国抗战前方作战。

1939年4月12日在通河召开了中共北满临时省委第二次执委会，会议决定改中共北满临时省委为北满省委，选举金策为书记。1939年5月30日，以原第三、第六、第九、第十一军为基础，在德都县朝阳山正式成立东北抗日联军第三路军。随着抗联第三路军在朝阳山编成和第三路军总指挥部的成立，省委书记金策亲自主持编写了抗联第三路军训练处《关于党政工作问题》，作为第三路军第一期训练班的教材。他经常到德都朝阳山抗联部队中去指导工作或巡视，到军政干校讲课，运筹和指挥着龙北地区的抗日斗争，对统一北满党和军队的思想，提高抗联和地方工作人员的思想觉悟及政策水平、军事技能等都起到了重要作用。1941年7月10日，金策任第三路军政委，第三路军小部队由金策直接领导。1944年1月进入苏境，在苏联边防部队的安排下，从戈萨什克边防哨所来到一边防城市，乘火车到伯力城，之后到达抗联教导旅北野营整训。

1945年9月19日，朝鲜共产主义者回到了祖国朝鲜。金策返回朝鲜后，当选为朝鲜劳动党中央委员会政治局委员，朝鲜民主人民共和国内阁副首相。1951年1月13日病逝，享年49岁。

六、许亨植

许亨植（1909—1942）又名李熙山，朝鲜族，1909年生于朝鲜庆尚北道善山郡。1930年初加入中国共产党。1931年12月底，根据中共满洲省委指示，他到宾县工作任特支委员。1932年2月，日军占领了哈尔滨，3月开始进攻宾县一带义勇军。许亨植冒着危险组织秘密武装，处置敌探和汉奸，保护了党的组织。1933年春，许亨植根据中共满洲省委的指示赴松花江下游通河、汤原和珠河县铁北黑龙宫一带，从事组织抗日游击队工作。1934年6月东北反日游击队哈东支队成立后，许亨植从地方调到哈东支队任第三大队政治指导员。同年秋，又被任命为第一大队长。

1935年1月28日，根据中共满洲省委指示，以哈东支队为基础，吸收地方青年义勇军编成了东北人民革命军第三军，许亨植被提升为第二团团长，在恶劣的环境中与强敌搏斗。9月中旬，珠河中心县委召开扩大会议，分析哈东形势，做出了新的斗争部署。第三军扩编为六个团，许亨植调任三团政治部主任，在珠河铁道南和五常、双城地区活动。1936年初，第三军司令部决定将原有各团逐步扩编为师，三团扩编为第三师，许亨植任三师政治部主任。1936年9月，珠河、汤原中心县委和三、六军党委，在汤原附近帽儿山召开了联席会议，成立了中共北满临时省委，许亨植被选为省委执行委员，并调任三军一师政治部主任。1937年初，中共北满省委和北满抗联总司令部为了加强这一地区抗联各军之间的协同作战和统一征收、分配给养问题成立了依东（后改为哈东）办事处，任命许亨植为办事处主任。同年六月许亨植调任抗联第九军政治部主任。

1938年6月初，中共北满临时省委召开了第八次常委会，做出了整顿缩编三军为四个师，北满抗联部队冲出敌人的包围，向西北远征的决定。根据省委指示，成立了新编三军三师，许亨植任师长。他率队从依兰出发向海伦地区进行远征，开辟了这一地区的群众工作。同年10月金策主持下召开了三、六军干部会议，决定成立西北指挥部，派西北远征队到德都、五大连池地区建立后方基地，抗日部队以小兴安岭为依托，为开展黑嫩平原游击战争创造条件，筹备工作由许亨植负责进行。

1939年1月，中共北满省委召开第九次常委会，为统一领导成立了嫩海地区代表团，在军事方面成立临时指挥部，许亨植为副指挥，负责指挥三、四支队和独立一、二师。同年4月中共北满省委召开第二次执委扩大会议，改组北满省委，成立了以金策为书记的新省委。

1939年5月30日，以北满抗联三、六、九、十一军为基础，在德都县朝阳山成立抗联第三路军，张寿篯为总指挥，许亨植为参谋长。并建立以德都县朝阳山为中心的后方基地，创办军政干部学校和后方医院，建立抗日后方根据地。1940年春，许亨植兼任十二支队政委。1942年8月3日清晨，许亨植率领战士与敌人激战时壮烈牺牲，年仅33岁。

七、陈雷

陈雷（1917—2006），男，黑龙江省桦川人。原名姜士元，曾用名陈雨田。1933年在学校参加抗日活动，1936年2月加入中国共产党。1936年2月至1938年3月任佳木斯市地下党支部组织委员、支部书记、市委书记。1938年3月至1942年5月任东北抗联第六军政治部组织科科长、宣传科科长、六军二师政治部负责人、游击队队长。1938年7月派往第一批西征部队做政治工作，后又派第一支队，即西北远征队任政委。1938年10底到达德都、五大连池，11月中旬到达朝阳山，参与开辟黑河、嫩江、德都、五大连池等抗日根据地。陈雷所在的先遣队改编为抗联西北临时指挥部一支队，张光迪为支队长，陈雷为政治部主任，部队所到之处，打击敌人，宣传救国抗日，扩大了抗日联军的影响，为后来部队开辟游击区，建立朝阳山抗日后方根据地起到了前导的宣传作用。

1939年夏，跟随东北抗联总司令赵尚志开展下江游击战争。1940年冬，率部队入苏联修整，并进驻苏联伯力地区北野营。1941年3月，奉命返回东北进行游击战争。同年5月，他以三路军总指挥部宣传科科长身份负责三支队政治工作，在呼玛、塔河、甘河、阿荣旗等地区开展抗日活动，开辟大兴安岭根据地。1942年5月至1945年9月任苏联红军独立步兵八十八旅三营六连副连长、一营党支部宣传委员、政治教员。1945年9月至1952年8月任苏联红军绥化卫戍区副司令员、绥化中心县委书记，龙南纵队政委，黑龙江警卫一旅政委，龙南专署专员，西满第三地委副书记兼三分区副政委，黑龙江省委秘书长。1952年8月至1954年8月任黑龙江省委常委、省政府副主席、主席。1954年8月至1966年8月任黑龙江省委常委、省委基建部部长、省委工业部部长、副省长兼经委主任、计委主任、省委书记处候补书记、书记。1975年8月参加哈尔滨轴承厂基本路线教育工作队，任党支部副书记。1977年6月任黑龙江省建委主任、党委书记。1977年12月任省革委会副主任、省委书记（当时设有第一书记）。1979年12月任省委书记（当时设有第一书记）、省长。1982年8月任省委副书记、省长。1985年5月任中共黑龙江省顾问委员会主任。

陈雷同志是中共八大代表、十二届中央委员、十三大当选为中央顾问委员会委员，他是第一、五、六届全国人大代表，黑龙江省第五、六、七届党代会代表，第三、五届黑龙江省人大代表。还曾担任黑龙江省地方志编纂委员会主任、名誉主任长达21年。1988年离休。2006年12月5日在哈尔滨逝世，享年89岁。

八、冯治纲

冯治纲（1908—1940），吉林省怀德县（今公主岭市）人。1932年他到格金河，被金矿局经理刘纪三采用做文书、会计工作。1932年下半年，数十股大小不同的抗日义勇军在松花江下游两岸风起云涌，冯治纲加入了经理刘纪三组织的十余人的护矿队，汇入抗日斗争的激流。1933年冬，冯治纲得到夏云杰同志的帮助，使他认识到共产党是真正领导中国人民抗日救国的党，共产党领导的游击队是真正的抗日队伍。1934年4月，冯治纲组建了一支名为"文武队"的抗日小部队，随从汤原游击队与日伪军展开了坚决的斗争。1934年5月至6月，冯治纲率领的"文武队"配合汤原游击队，攻克了姜家屯，以此为据点，又连续攻破了长发屯和二道岗，创造了汤原太平川根据地。同年

10月，冯治纲协助汤原县各级党组织和抗日救国会，完成了接应张传福及其自卫团反正抗日的光荣任务。1934年9月，冯治纲的"文武队"在党和群众的支持下，加入了汤原游击总队，被编为一个中队，冯治纲任中队长。1936年1月30日，汤原游击总队改编为东北人民革命军第六军，冯治纲被任命为三团团长。1936年3月间，冯治纲与夏云杰共同领导六军3个团，袭击了鹤岗煤矿警察队，并两次伏击了敌人的军用火车。同时，运用游击战术与日伪军进行了针锋相对的斗争。1936年6月，冯治纲任东北人民革命军第六军参谋长，并加入中国共产党。7月，他指挥六军三团一支手枪队，潜入凤翔镇，出其不备，迅速解除了伪军营部两个步兵排和自卫团的武装。同年秋，根据军部的决定，率部队到松花江南岸开辟了依兰、桦川抗日根据地。1936年9月，东北人民革命军第六军改编成东北抗日联军第六军，冯治纲任参谋长。

1937年5月28日，冯治纲率队袭击了汤原县城，击毙了罪大恶极的日本副县长及伪警官、伪职员多名，缴获了很多武器弹药，解救了70名"政治犯"。1938年，日本关东军增兵近30万，"讨伐"三江平原，中共北满省委决定，号召抗日联军第三、六、九、十一军转移到嫩江平原，开辟并建立新的游击区和根据地。同年5月，六军决定分两批西征，军事指挥由冯治纲负责。7月，冯治纲率领首批西征部队向小兴安岭地区进行战略转移。10月初，他与金策、王明贵率领的第2批西征部队在海伦八道林子胜利会师。12月下旬，与李兆麟、李景荫率领的第3批西征部队会师。这期间，冯治纲指挥六军二师十二团袭击了一辆满载伪警察队的汽车，解除了25名伪警察的武装，打死了日本警尉一名，扩大了共产党的政治影响，提高了抗日联军的军威。

1939年1月，冯治纲和王钧率领抗联龙北部队第二支队，由北安进入龙镇以北，横跨北黑铁路，到达龙门山，建立龙门山兵站。1939年1月12日至2月14日，依托龙门山兵站，取得了田家船口屯伏击战和谷家窑突围战两次重大战斗的胜利。1939年2月中旬，冯治纲与王钧率领抗联第二支队挺进朝阳山，3月初在朝阳山小边河创建抗日后方基地。4月27日，攻占了龙门附近的紫霞宫伪警察分署和军用飞机场，5月5日进攻龙门火车站。同时配合地下党，广泛发动群众，创建了朝阳山抗日后方根据地，打开了龙北抗日游击战争的新局面。7月10日，冯治纲指挥部队将北兴镇伪警察署和自卫团缴械，并武装了讷河青年救国军。9月18日，冯治纲率三军八团、六军十二团攻打讷河县城，活捉了伪团长，缴获了几百支步枪，3万多发子弹和大批给养，解救了300名"政治犯"，壮大了抗日队伍。转移时，又缴了龙河警察署和自卫团的械。攻击讷河的胜利，给予了日伪统治政权以沉重打击，提高了讷嫩平原人民群众抗日必胜的信心。1939年9月27日，中共北满省委召开龙北高级干部会议，决定冯治纲任龙北指挥部临时代理指挥。1939年12月，冯治纲就职宣誓，正式担任东北日联军第三路军龙北指挥部指挥。

1939年12月末，冯治纲率骑兵120余名跨越冰封的嫩江，深入伪兴安东省的布西、巴彦期、阿荣旗等少数民族居住的地区开展游击活动。

1940年2月4日，冯治纲率队在阿荣旗一带三岔河上游的任家窝堡与日伪军遭遇，在这次战斗中，冯治纲同志壮烈牺牲，时年32岁。

九、张光迪

张光迪（1906—1986），别名，张凤山。河北省广宗县人。1934年6月，加入中国共产党。东北抗联第三军第六师和抗联第三路军第六支队领导人。"九一八"事变后，1933年12月，参加珠河抗日游击队。历任游击队分队长、执法处长、团长等职。

1935年9月，率部参加北上汤原等地开展抗日游击作战。1936年7月，任抗联第三军第六师师长。同年12月，在赵尚志的率领下，向海伦等地远征。1937年3月7日参加了著名的冰趟子战斗，战斗共毙伤日伪军300余人，缴获大批武器弹药。1937年3月27日，在抗联第三军赵尚志军长率领下，西征挺进德都县龙门镇，参加了龙门伏击战的战斗。之后，赵尚志令张光迪率六师一部留在龙镇、朝阳山、德都、南北河和嫩江等地活动，打击敌人，为后来开辟以朝阳山为依托的黑嫩平原抗日游击区播下了抗日火种。1938年10月，根据中共北满省委的决定，由三、六军部分部队组成西北远征队，由张光迪、陈雷率队向德都、五大连池等地远征，首先到达德都县朝阳山开辟新的游击区。1939年1月，任龙北指挥部第一支队支队长，1940年任第六支队队长，先后参与松嫩平原游击战，给日伪军以很大打击。1942年初，奉命率队到苏联境内进行整训，任东北抗联教导旅第三营第五连连长，授上尉军衔。1945年9月初，东北抗联大批干部随苏联红军返回东北，张光迪随苏军进驻海伦县，任苏军驻海伦卫戍司令部副司令，并在海伦、绥化等地开展扩军建政工作。解放战争期间，先后担任黑龙江省剿匪指挥部副总指挥、黑龙江省第二分军区和第三分军区旅长、副司令员、司令员，合江军事部副部长，内蒙古骑兵师副师长，黑龙江省行政委员和省委执行委员等职。新中国成立后，历任天津军分区副司令员、邯郸军分区司令员等职。1986年11月1日，因病在河北保定逝世。

十、高禹民

高禹民（1916—1940）原名单忠义，又名高升山。山东省高密人。1924年，因生活所迫，高禹民随父母和姐姐一起，远离家乡来到黑龙江省依兰县土龙山落户，后又搬到勃利县。1934年冬，高禹民考入了依兰县立中学。1935年秋，高禹民加入了中国共产党，担任了依兰中学党支部书记。

1936年底，高禹民接任中共依兰县委书记，领导依兰党组织继续坚持地下活动。不久，高禹民被调到中共北满省委做宣传工作。1938年3月15日，敌人在汤原、依兰、桦川、富锦、绥滨和佳木斯等地进行了大搜捕，有359人在这次搜捕中被逮捕，下江地区的地下党组织和群众抗日救国会等组织大部分遭到破坏。中共北满省委派高禹民到下江担任特委书记，面对敌人的白色恐怖，高禹民更加坚定了抗日救国打击敌人的决心。他到下江后，很快地就恢复了部分遭敌破坏的党组织和抗日救国会组织。

1938年6月，中共北满省委决定高禹民留守下江坚持斗争，负责领导下江地区的全部工作。他数次率领战士深夜打开敌人的仓库，缴获很多大米和面粉，给部队解决给养问题。

1938年10月初，抗联六军政委李兆麟和中共北满省委宣传部长冯仲云率部队来到宝清县与高禹民所在的六军一师会师。1940年1月28日，高禹民在中共北满省委第十次常委会议上，被选为省委执行委员。

1940年2月，东北抗日联军第三路军重新整顿，编成三、六、九、十二共4个支队，高禹民志被调到改编后的第九支队担任政治委员。同年9月25日，他率九支队参加了攻克克山县城的战斗。此后，高禹民从第九支队调到第三支队任政治委员。同年10月3日，高禹民指挥部队缴了霍龙门镇百余名"讨伐队"的全部枪支弹药和马匹，捣毁了敌人仓库六处，烧掉了许多日伪军用物资和器材。

　　1940年11月9日，高禹民率三支队尖兵班10人经阿荣旗入鸡冠山，与数十倍于我之敌遭遇，高禹民等奋起反击，同敌人展开了一场肉搏战。在激烈的战斗中，他献出了宝贵的生命，年仅24岁。

十一、王明贵

　　王明贵（1910—2005），吉林省伊通县人。1931年"九一八"后，中共汤原县委在金矿工人群众中进行抗日救国的宣传活动，王明贵开始接受抗日救国的思想。1934年5月，王明贵满怀对侵略者的仇恨，参加了共产党员冯治纲领导的抗日部队，后并入夏云杰领导的汤原游击队，走上了抗日救国的革命道路。1935年4月，在黑金河东北山战斗中被炮弹炸伤，头部一直残留着数枚弹片。1936年4月，王明贵任人民革命军第六军第三团青年连连长，参加了3次袭击鹤岗的战斗。同年7月，进入东北抗日联军政治军事干部学校学习。8月，加入了中国共产党。12月毕业后，任抗联第六军第三师八团团长。1937年2月，在没有师长的情况下，任师副官长的王明贵带领第三师跨越汤旺河冰道，穿过小兴安岭，克服无数艰难险阻，经历大小战斗10余次，胜利到达松嫩平原，完成西征先遣队任务。1938年5月，任抗联第六军第三师代理师长、师长，率领第二批西征队伍，克服了种种困难，冲破了重重险阻，摆脱了日伪军的围追堵截，行程1 500里，跳出敌人重围，胜利到达海伦，在松嫩平原开辟了新的抗日游击区。1939年1月，任东北抗日联军西北临时指挥部第三支队队长。他率部活跃在海

伦、绥棱、绥化、望奎、德都、讷河、嫩江、克山等地区开展抗日游击活动。经常以奇袭、奔袭、伏击等游击战术，给日伪军以有力打击。在夜袭一棵松战斗中，夺得200多匹战马，使部队由步兵改装为骑兵。4月，他率部深入龙北地区，充分利用青纱帐的有利条件，采取长途奔袭、声东击西、出奇制胜的游击战术，连续攻克了讷河县的讷南镇、拉哈站、通宽镇。1940年4月，他采用长途奔袭的战术，一举消灭了百余人的伪北安省"讨伐"队，并攻克了北兴镇，击毙伪自卫团团长。

1940年9月21日，率领抗联第三路军三支队到达德都县老道窝棚屯，9月25日，他和冯仲云共同指挥，取得了攻克克山县城的胜利，打破了日本人宣扬的"铁打的满洲国，模范的克山县"不可攻破的神话。王明贵被抗联第三路军总指挥部誉为"优秀军事指挥员"，第三支队被誉为"模范支队"。

1940年10月，他率第三支队在德都朝阳山击退了日本关东军大岛、木才"讨伐"队的疯狂进攻后，北上攻克日军重要据点霍龙门车站，然后率部西渡嫩江，突破了日本关东军渡纲部队、阿苏部队和伪第三军管区秋行部队的层层封锁和围追堵截，经过莫力达瓦旗和阿荣旗，穿过中东铁路，向索伦方向迂回。与日伪军激战2个多月后，部队损失很大，后经朝阳山撤到苏联境内进行休整。1941年3月，王明贵奉命率第三支队返回东北，指挥了袭击辰清站、罕达气金矿和八站腰站等战斗，然后深入到甘南、阿荣旗和巴彦旗等汉族和少数民族居住地区，宣传党的抗日政策，发动群众打击日伪势力。在大兴安岭毕拉河流域，王明贵等第三支队干部与鄂伦春部落首领盖山等人结拜为抗日结义兄弟。从此，在毕拉河南岸鄂伦春地区建立了抗联后方基地。日伪军以数十倍的兵力，布下层层包围圈，都未能阻挡第三支队的活动。王明贵率第三支队深入嫩江平原，转战数百里，进行大小战斗20余次，攻克了震威庄、宝山镇和甘南县，有力地打击了日伪军。同年11月，他带领第三支队奔袭敦河木营，解除了喜桂图旗伪森林警察大队的武装，有近百名受苦受难的中国劳工参加抗日部队，为第三支队增加了新的血液。尔后，又攻克了呼玛县境内的会宝沟、闹达罕、青龙沟等小金矿。1942年2月，在大兴安岭库楚河一仗，第三支队最后只剩下12人，突围后过江撤退到苏联境内。8月1日，王明贵任东北抗联教导旅第3营营长，尔后进行了3年的军事训练和政治整训。

1945年8月，苏联红军配合东北抗日联军解放了东北。王明贵任嫩江省军区司令员，组建了嫩江省人民自卫军和民主同盟，对日伪残余势力进行了坚决清剿，仅3个月的时间就解放了齐齐哈尔市以外的城镇，消灭了万余残匪。1946年4月23日，在兄弟部队的配合下，他指挥嫩江省人民自卫军一举解放了齐齐哈尔市。1948年2月，王明贵调任为第四野战军骑兵师师长。8月，任独立第八师师长，在辽沈战役中参加了长春围困作战。后任第四十七军第一六师师长。1949年1月，他率部入关参加了平津战役。4月，任第四野战军南下工作团第三分团团长。10月，任解放军军政大学广西分校第一副校长，参加广西剿匪斗争。1950年8月，任南铁道运输司令部副司令员，后任公安第十九师师长。1957年任黑龙江省军区副司令员。1983年离休，为副兵团级离休干部。

1955年被授予少将军衔，是第五届全国政协委员，黑龙江省第四、五届政协副主席。荣获二级八一勋章、二级独立自由勋章、二级解放勋章、一级红星勋章，获苏联红旗勋章、俄罗斯朱可夫纪念章。著有东北抗日联军革命回忆录《踏破兴安万重山》和《忠骨》。2005年6月22日，王明贵将军病逝于哈尔滨，终年95岁。

十二、赵敬夫

赵敬夫（1916—1940），原名叫白长岭，黑龙江省桦川县人。1930年，他考入桦川中学。"九一八"事变后，在中学读书的赵敬夫积极参加各种抗日活动，经常和进步同学一起到街头巷尾组织讲演，宣传抗日主张。1935年，加入了中国共产党，不久担任了党支部宣传委员，1935年党组织把他派到中共依兰县委工作，担任县委委员，负责共青团工作。1937年他到海伦做地下工作。1938年7月，组织批准赵敬夫到东北抗联三军五师任宣传科长。同年冬，他随第三军第五师的先遣队向通北远征。1939年5月，东北抗联三军召开领导干部会议，决定将三军缩编为三个师。三师七十三团改编为八团，赵敬夫任该团政治部主任，率部在克山以北、讷河以东、嫩江东南的平原地带坚持游击战。同年12月，赵敬夫任三军三师代理政治部主任，并率部驰骋在黑嫩平原与日军作战。

1940年春，东北抗日斗争进入了极其艰苦的阶段。为了有效地打击敌人，李兆麟代表中共北满省委将所属的部队整编为三、六、九和十二支队，赵敬夫被任命为三支队政治委员。三支队成立后，率部奔赴克山、嫩江、德都等县，开辟抗日游击区，并以德都县朝阳山为抗日后方根据地，取得了袭击北兴镇伪警署战斗的胜利。在红五月杀敌竞赛中，第三支队从木沟河出发，途经老龙门，击溃尾追的日伪军，跨入讷河、德都、嫩江地区展开游击活动，取得多次战斗胜利。当年4月初，赵敬夫率部队夜间袭击了伪山林警察大队一个警察所，缴获了一挺机枪、几十支大枪和许多弹药。7月14日，部队又迅速地打下了嫩江东的科洛站，俘房了10余名伪军，缴获了一台油印机和大量纸张。7月19日，赵敬夫在朝阳山战斗中为了保护抗联第三路军总指挥部干部突围，护送李兆麟脱险中弹牺牲。在生与死的选择上，他把生存的希望留给了别人，最后将青春热血洒在朝阳山上，年仅24岁。

十三、王钧

王钧（1914—2000），原名王捷民，黑龙江省汤原县人。1932年春，日军侵占了汤原县，到处烧杀抢掠。热血青年王钧义愤填膺，誓以"驱逐日寇，还我中华"为己任。在外号"宋货郎"的引导下，开始接受党的教育，并在屯中张贴和散发"打倒日本帝国主义"的传单。随后党派他去游击教导队学习。这时改名王钧。1933年10月，王钧参加刚组建的汤原游击队。因领导人缺乏经验，新生的抗日武装失败，王钧参加了涟区青年义勇军。王钧经受战争的锻炼，由战士逐步成长为班长、排长、连长。1935年加入中国共产党。1936年初，按照赵尚志的指示，在李兆麟的率领下，王钧和一百余名抗联战士奔赴800里外小兴安岭腹部老钱柜，在解除"岔巴气"伪森林警察大队武装时，王钧奋不顾身地抓捕了黄毛。在去老钱柜的路上，王钧用手枪逼降了狭路相逢的伪中队长于五炮，参加了老钱柜除掉汤原县伪森林警察大队全部武装的战斗。使小兴安岭成为抗联第三、六军巩固的后方基地，为长期坚持抗日斗争创造了条件。

为扩大抗日游击区，按中共北满临时省委指示，王钧随同部队两次西征。1937年6月，第六军保安团政治部主任王钧率部队开始第一次西征，从依兰东白石砬子渡过松花江，穿

越小兴安岭原始森林，到达通北、海伦等地，在叶家窝堡、李刚烧锅、大宋家站等地狠狠地打击敌人，打破了敌人的"围剿"，开辟了新的游击区，解决了冬装和其他物资后，10月26日返回汤原游击区。1938年7月末，李兆麟决定由第六军参谋长冯治纲任西征部队负责人，王钧任第六军二师十一团政治部主任兼团长和西征部队党委委员。8月，王钧随军进行第二次西征，在部队行到汤原境内黑金河西沟岔一带，他指挥十一团打退敌人进攻，打死日本指挥官东丸俊一郎少将及七十余名日军。突围后，在冯治纲领导下王钧率部继续西征。按上次西征路线，经过一个多月的时间，穿过了人迹罕至的小兴安岭密林，到达海伦县东山八道林子，与第三军政治部主任金策会合。而后，部队又开赴通北、北安一带去开辟龙北新游击区。

1939年1月，王钧和冯治纲率领抗联龙北部队第二支队，由北安进入龙镇以北，横跨北黑铁路，到达龙门山，建立龙门山兵站。1939年1月12日至2月14日，依托龙门山兵站，取得了田家船口屯伏击战和谷家窑突围战两次重大战斗的胜利。1939年2月中旬，王钧与冯治纲率领抗联第二支队挺进德都朝阳山，3月初，在小边河创建抗日后方基地。 1939年5月，诺门汗事件爆发后，王钧按李兆麟破坏敌后方的指示，率部队先后攻入龙门附近的紫霞宫机场、嫩江机场，各炸毁敌机六架。王钧乘胜又率部连续攻打了讷河县城，痛歼了火烧于屯的日军，击溃了日伪以四个师团代号"五大连池合围工程"的"讨伐"。

为坚持抗日持久战，中共北满临时省委准备在加格达奇、阿里河一带建立抗日联军后方基地。为此，以参谋长冯治纲为总指挥、王钧为政治部主任，于1939年12月率第六军教导队和十二团进军呼盟，在太平桥屯与达斡尔步兵警察队遭遇，为避免造成少数民族群众的伤亡，按冯治纲"全部捉活的，不许打死一个达斡尔人"的命令，在王钧的直接指挥下，把该警察队全部俘虏，经教育后释放。

1940年1月末，在阿荣旗北部的任家窝堡与日本"讨伐"队展开激烈战斗，王钧率队突围后，继续在呼盟境内坚持斗争。4月初，率部到达德都朝阳山，与第六军一师一团会师。两团联合攻打了北兴镇，除获得枪支子弹外，还收缴大量布匹、衣物。随后第六军一师一团和二师十二团编为抗联第三路军三支队，王明贵任队长、赵敬夫任政委，王钧任参谋长。6月，王钧到第三路军总指挥部在朝阳山办的党校学习。

1940年9月21日，王钧与抗联第三路军三支队到达德都县老道窝棚屯（今五大连池市太平乡长庚村）。王明贵和王钧研究决定攻打克山镇，在来克山视察的第三路军政委冯仲云支持和领导下，与九支队一举攻克克山县城。10月初，三支队按照冯仲云的指示，在王明贵、高禹民（政委）、王钧率领下再次进军呼盟开展游击战斗。

1941年7月，按上级指令，由支队长王明贵和政治部主任王钧率队第三次进入呼盟开展游击战争。在讷河境内，在嫩江，在八站腰站村，在呼盟阿荣旗均给敌人以沉重打击，开拓了呼盟游击区。

1942年初，在同日军一四九步兵师团作战时，王钧左腿负重伤，却一直没离开战场。同年随队一起进入苏联休整。1945年8月15日，王钧受命赴北安担任苏联红军驻北安卫戍区司令部副司令。同年12月，王钧任黑龙江省军区副司令员兼参谋长、黑龙江省议会参议长、省剿匪总指挥，率领人民子弟兵清剿了盘踞在省内的各股土匪。1954年9月任黑龙江省军区副司令员，被授予大校军衔。1958年2月任黑龙江省军区参谋长，1959年8月任黑龙江省体委主任，1964年8月任省人委视察室副主任、省委视察研究室副主任。1983年7月任省顾委委员。先后荣获中华人民共和国二级八一勋章、二级独立自由勋章、二级解放勋章及新中国体育开拓者奖、体育工作贡献奖。1995年反法西斯战争胜利50周年，被授予"俄罗斯朱可夫纪念勋章"。1994年出版东北抗联回忆录《血荐轩辕》。1998年离休。2000年7月23日病逝于哈尔滨。

十四、张瑞麟

张瑞麟（1911—1999），原名张秉文。辽宁省锦州市人。1933年加入中国共产党。先后任中国工农红军第三十二军南满游击总队中队长、大队长，三岔河地下党支部书记，中共哈尔滨特委组织部部长兼哈尔滨市委书记，抗联第三路军第十二支队教导员，"八八独立旅"三营党总支专职副书记。抗战胜利后任齐齐哈尔市民主同盟主任委员，嫩江省军政干校教育长，黑龙江省军区政治部副主任，齐齐哈尔市委常委、秘书长、市委副书记、市委书记，黑龙江省委统战部长，省委常委、省政协副主席，省人大常委会副主任等职。黑龙江省第一至四届政协副主席和第五、六届人大常委会副主任。第二至五届全国人大代表，第二、三、五、六届全国政协委员。1995年、1996年，张瑞麟分别荣获俄罗斯总统亲自签署、俄罗斯政府颁发的"伟大的卫国战争胜利50周年纪念奖章"和"朱可夫勋章"。1999年5月，张瑞麟因病在哈尔滨逝世，享年88岁。

十五、李景荫

李景荫（1904—1969），黑龙江省富锦县人。1937年加入中国共产党。李景荫早年参加自卫团保卫乡里，曾任富锦县三区自卫团排长，县保卫团分队长、队长。"九一八"事变后，任吉林自卫军第二混成旅第一团第一营第四连连长，参加了抗击日军的哈尔滨保卫战和依兰阻击战，因勇敢善战，晋升营长。1933年后任县伪警察大队副大队长。在共产党员张甲洲等人的帮助下，决心抗日救国，曾冒着生命危险为抗联部队购买军需物资。1937年6月15日，率部在富锦县头道林子正式"起义"，参加东北抗日联军独立师任师参谋长、东北抗日联军第十一军第一师师长。

1937年12月，军长祁致中过江去苏联请求军需援助，被苏方扣留。1938年在下江抗日斗争环境极端困难下，李景荫与其战友们率领抗联第十一军在富锦、宝清、集贤、双鸭山一带与日伪军进行多次战斗。根据中共北满临时省委决定，他率东北抗联第十一军主力部队进行西征，在不见人烟的茫茫林海雪原里艰苦跋涉，在严重缺衣少食的艰苦环境下，经过一个多月的艰苦行军，战胜了饥饿和严寒，翻越白雪皑皑的小兴安岭，到达海伦县境内。

1939年5月，任东北抗联第三路军龙南指挥部指挥，率部避开日伪军正面进攻，深入到海伦、绥棱平原地区的农村，发动群众，宣传抗日，并对伪保甲长和自卫团进行分化瓦解工作，大力开展平原游击战。

1939年中共北满省委在《北满抗日游击运动新方略》的报告中，称李景荫为"下江的勇士"。1939年秋季，下江抗联三、六、九、十一军西征到海伦地区后，李景荫任龙南战区指挥员，独当一面，成为著名抗日将领。

1940年10月，李景荫病重无法带队，组织送他到苏联治疗。1942年8月，回东北进行侦察工作，先后在长春、绥化、方正等地进行潜伏、侦察和秘密组织活动。

1945年8月，正在执行潜伏任务的李景荫主动配合苏联红军对日作战。解放战争时期和新中国成立后，先后担任富锦地区专署保安处长、公安局长，后被调去合江军政大学学习。毕业后，李景荫参加地方工作，先后在双鸭山和阜新煤矿任副矿长。1954年，李景荫脑病复发，瘫痪15年。1969年1月29日，因病去世，享年65岁。

十六、于天放

于天放（1908—1967），抗联著名将领。原名于树屏，又名王文礼。1931年加入中国共产党。

1908年5月生于黑龙江省呼兰县白奎堡三道沟屯，祖籍山东登州。清咸丰十一年（1861年）东荒开禁，于家从山东逃荒来东北定居，经过几十年辛勤经营，成为三道沟屯当地的一个大户。1925年上海发生了"五卅"惨案。正在黑龙江省齐齐哈尔甲种工业学校读书的于天放和同学张甲洲、魏祖舜找到法专、农校和一中学生串联，共同组织全市中等学校的学生上街游行示威，抗议日本帝国主义枪杀中国工人的暴行，声援上海工人的反帝斗争。1928年秋，于天放以黑龙江考生第一名的成绩考入北平清华大学第四级经济系。

1929年他加入中国共产党外围组织反帝大同盟。1931年5月经中共北平市委代理书记张甲洲介绍加入中国共产党并任清华支部书记。"九一八"事变后，他参加了北平大学生南下向南京国民政府请愿示威的抗日救亡活动。1932年春，他和张甲洲、张文藻、张清林、郑炳文、夏尚志等五名东北籍大学生踏上了"打回老家去"的悲壮路程。在中共满洲省委指示下，5月16日在巴彦县七马架子成立了打响中共武装抗日第一枪的"东北民众抗日义勇军江北独立师"（党史、军史称巴彦抗日游击队），张甲洲任总指挥，于天放任特派员及交通情报站负责人。1933年3月于天放被中共满洲省委派遣到齐齐哈尔组建中共满洲省委龙江特别支部并任书记。1933年10月起，于天放到下江富锦和在当地潜伏的张甲洲二人在富锦"野火春风斗古城"，建立中共秘密组织；策反富锦头道林子警察署长李景荫，带出87支枪投奔抗联独立师；为松花江下游各抗联部队提供军事情报及物资援助。著名的抗联独立师七星砬子兵工厂的技术绘图设备，即是张、于通过独立师输送的。1937年，"七七事变"后，于天放历任十一军随军教育长、十一军一师政治部主任、第三支队政治部主任、第六支队政委等职。率部在绥棱等地开展游击活动，与敌交战无数次。1938年11月，于天放随李兆麟将军指挥的由东北抗联六军教导队与十一军一师组成的第三批西征部队，从绥滨薄鸭河远征至海伦八道林子。西征部队历尽险阻，转战千里，减员几近三分之一，终于达到预期目的，保存了北满抗联的主力部队和骨干力量，为后来在广阔的黑嫩平原依托大兴安岭开展平原游击战奠定了基础。

1940年2月6日（农历腊月廿九）傍晚，于天放指挥西北河战斗。北满抗联第三支队52人在支队政委于天放的率领下，冒着卷着烟泡般的大雪，从庆城（今庆安县）老金沟出发，准备去铁骊县日本营林署大依吉密河成林场袭击伪警察队，目的是夺取粮食、武器。1940年5月，任六支队政治委员。1941年，于天放以第三路军特派员身份指挥六支队在海伦、绥棱，北安、庆城（今庆安县）一带秘密发展救国会，建立抗日根据地。

1944年初，于天放领导的抗联留守小分队陷入了艰险的危困之中。为了战胜困难与群众取得联系下山，1944年1月，于天放派孙国栋、赵文友与拉山的伐木农民取得联系，解决粮食问题。建立了宋万金屯村民张录抗联小分队的活动据点。1944年春，于天放决定带小分队部分人员转移到宋万金屯。化名王文礼，假称张录表哥。1944年6月，于天放率领于兰阁、孙国栋、杜希刚秘密进驻宋万金屯。结识宋万金屯小学教员王明德（绥棱上集厂人，毕业于克山师范中学，时在宋万金小学校代课，思想进步，有爱国热情），介绍王明德入党。在附近村、屯秘密组建抗日救国会。1944年7月，宋万金屯抗日救国会成立。会员以上山运木材为掩护，为山里的部分抗联队员购买、运送粮食和日常用品，以各种方式为抗联小分队侦察敌情，提供情报，为抗联订购伪满报刊，通过其他秘密据点与各地抗日地下工作者接头，向群众宣传中国共产党的抗日主张。1944年12月，山里雪大，日伪顺着抗联的"脚溜子""讨伐"。决定在村里隐蔽。于天放、孙国栋、于兰阁、杜希刚下山，来到宋万金屯，在王明德的小学校（宋万金小学旧址）住了下来。1944年12月初，伪警务科派特务来到宋万金屯，空手返回。1944年12月17日，王山东子来到张录家，听到了于天放、孙国栋、于兰阁、杜希刚的活动计划，告密。1944年12月18日，孙国栋和杜希刚奉于天放之命，从宋万金屯出发，去小五部屯检查抗日救国会的工作情况。1944年12月19日，于天放在宋万金屯小学校，被捕入狱。此后，孙国栋、于兰阁、杜希刚、王明德、张录等人及抗日救国会的一些会员相继被逮捕入狱。于天放被敌人逮捕后，被送往庆安监狱。后关押在北安监狱。

1945年1月上旬，敌人把于天放从庆安监狱转移到北安监狱。敌人用打板子、鞭子抽、灌凉水等酷刑折磨于天放。然而于天放仍然对党和抗联的秘密守口如瓶。1945年6月上旬，伪警务厅思想股长永井拿一张小兴安岭的地图，要于天放画，其故意拖延时间。1945年7月12日（11日深夜），与抗联战士赵忠良一起乘机打死日本看守石丸，越过了铁窗和三道铁门，逃出北安监狱。留诗于监内：

中日世仇不共天，十载抗战破万难，

行动失慎遭逮捕，中国男儿入牢监；

威迫利诱逼降策，救亡信念铁石坚，

图圄铁窗寒冬度，草木葱茏虎归山。

1945年7月12日，日军开展了拉网式搜捕。在北安县自民乡刘家窝棚刘二嫂、刘国祯等9名群众掩护下，顺利脱险。到讷河、嫩江去寻找队伍。1945年8月16日，走到讷河县的老莱村，得知日本投降，东北解放了。

1945年抗日战争胜利后，于天放重新回到革命工作岗位，先后任中长铁路护路军总监、黑龙江省军区副司令员、黑龙江省参议会议长、黑龙江省人民法院院长、黑龙江省军事部长、黑龙江省军区副政委、司令员等职。

1946年新政权建立后，为了纪念于天放抗联小分队在宋万金屯的抗日活动，绥棱县人民政府将宋万金屯更名为天放村。1954年8月，黑龙江、松江两省合并，于天放转业到地方，任黑龙江省政府副主席兼哈尔滨师范学院院长。

1958年8月，任中共牡丹江地委第二书记兼行政公署专员。1964年9月，当选为黑龙江省政协副主席兼黑龙江大学校长。1967年"文化大革命"中受迫害。1967年5月3日含冤去世，时年59岁。1982年9月，中共黑龙江省委做出决定，为于天放彻底平反。

十七、郭铁坚

郭铁坚（1911—1941），原名郭成文。黑龙江省林口县大通沟人。1930年，他以优异成绩毕业并考入依兰县立中学。1931年"九一八"事变后，日本侵略者占领东北三省，全国掀起抗日救国的群众运动。依兰县中学里聚集了一批爱国知识分子，其中有些是中国共产党党员，他们在爱国青年学生和教师中积极宣传抗日救国运动。

1935年初，中共党员金京石受组织派遣来到刁翎地区开展地下革命活动，建立反日救国会。金京石注意到郭铁坚的抗日救国活动，主动与郭铁坚接触。金京石讲述的道理使郭铁坚耳目一新，思想不断升华。他通过与金京石交流思想对中国共产党及其理论、主张了解得越来越多，对中国社会现状和苏联的社会主义制度了解得越来越多。随着思想觉悟的迅速提高，他决心加入中国共产党，在党的领导下为中华民族的解放和祖国的独立事业，贡献自己的一切。经金京石介绍，1935年5月加入中国共产党，任家乡刁翎镇中共支部书记。同年8月，率两名中共党员智取大通沟伪大排队，带着缴获的9支枪和20多人参加东北人民革命军第三军。

1935年9月，他带领这支由二十多人组成的抗日游击队离开家乡大通沟屯投奔抗日武装队伍。这支游击队被编为东北反日军联合总指挥部所属的游击连，全连六七十人，郭铁坚任指导员，根据总指挥部指示与三军一师一团三连配合行动。不久游击连划归三军一师一团领导，郭铁坚任连长。

1936年7月，经东北人民革命军第三军军长赵尚志同意，联合总指挥部将郭铁坚游击连划归抗联九军领导。郭铁坚任连指导员，九月，又调到九军军部任科长，主要从事政治思想教育工作，为提高九军战士的政治和文化素质做出了重要贡献。

1938年1月，抗联九军整编时，郭铁坚任第一师政治部主任，兼任九军训练班教官。1938年5月，九军重新整编二师，任命郭铁坚为二师师长。6月下旬，按照中共北满临时省委关于三、六、九军进行西北远征，跳出敌人包围圈，向敌人统治薄弱、尚未建立"集团部落"的小兴安岭西部山区和松嫩平原转移的决定，郭铁坚率二师四团、五团百余人与三军常有钧部向西北远征，部队从依兰县东部渡过松花江，一同向海伦远征。11月经四海店到达海伦县八道林子原三军六师开辟的后方基地，与王明贵率领的第六军一部会合。年底，九军二师五团、六军十九团、十一军九团、三军机枪排共八十余人，合编为第四支队，支队长雷炎、政委郭铁坚。

1939年5月末，以原抗联第三、六、九、十一军为基础，成立东北抗日联军第三路军。原九军第二师五团郭铁坚部分编入九支队所属的二十五、二十六两个大队。支队长陈绍宾、参谋长郭铁坚。1941年8月初，为了保存抗联有生力量，开辟新的游击区，建立新的根据地，郭铁坚率抗联第九支队二十六大队从讷河向嫩江远征，当部队经过嫩江西岸莫力达瓦旗郭泥河屯时，与大批日伪军遭遇，陷入重围，在敌我双方争夺制高点的激战中，他不幸中弹牺牲，时年三十岁。

十八、李敏

李敏（1924—2018），女，朝鲜族。黑龙江省萝北县人。1931年，在梧桐河村由崔石泉（崔庸健）领导组建的松东模范小学校读书时加入列宁主义儿童团。父亲李石远由于反对日本帝国主义侵略朝鲜，在20年代初流亡中国东北，"九一八"事变后，在抗联六军一师任后勤处长，1938年牺牲。李敏的哥哥李云峰在抗联六军一师六团任政治部主任，1942年为国捐躯，父子成为抗日战争的烈士。受父亲影响，1936年冬，李敏参加了东北抗日联军。先后在第六军第四师当战士、炊事员，并在军部密营被服厂、临时医院工作。1937年加入中国共产主义青年团。1939年1月转为中共正式党员。1940年2月，到达德都县朝阳山区第三路军总指挥部驻地，先后在被服厂和后方医院工作。

1940年秋，被派往苏联学习，先后在位于苏联远东地区的抗联驻地野营护士排学习医疗和无线电专业技术，1942年8月，抗联部队编为教导旅后，在通讯营任旅部广播员、政治教员、营党支部副书记等职，曾连续三年被评为旅优秀战士，被授予战斗功勋奖章，并从上等兵晋升为准尉。

1945年8月，随苏联红军进入东北后，参加绥化建政、建军、妇女群众等工作，曾任黑龙江省军区警卫连副指导员兼党支部书记、北安团县委副书记、省中苏友协副总干事长。1952年8月在东北局党校学习，毕业后任省政府文教办副主任、省教育厅副处长、厅党组成员。1957年被选为中共黑龙江省第一届党代会代表。1958年11月至1973年6月，任哈尔滨第一工具厂党委书记兼道外区党委书记处书记等职。

1973年至1982年，被选为黑龙江省总工会第三、四届副主席、党组副书记，省人大第四届常委，中华全国总工会第九届代表、执行委员会委员，全国政协第四届委员会委员。1982年11月至1987年，历任第五届黑龙江省政协副主席兼省委统战部副部长，并兼任省民族事务委员会主任、党组书记，中共黑龙江省第四届委员会候补委员、第五届委员会委员。1987年至1993年，任第六届黑龙江省政协副主席、党组成员兼省政协提案委员会主任、民族宗教委员会主任。

作为东北抗联老战士，李敏同志曾先后受到了胡锦涛总书记、习近平总书记，李克强总理等中央领导同志的亲切接见。曾多次与抗联老干部回访德都县，传承抗联精神。1985年11月12日，德都县委、县政府邀请李敏一行三人来德都视察，回访大横山原中共北满省委和抗联第三路军总指挥部驻地，寻找战斗遗址，缅怀长眠于朝阳山的抗联将士。同时，在朝阳乡向乡村干部做了抗联在朝阳山区进行抗日斗争活动的报告。1986年6月14日，德都县举办抗联老干部回访座谈会。李敏与抗联老干部陈雷、王明贵、王钧、马云峰等重访朝阳山，用亲身的革命斗争经历向老区人民进行生动的革命传统教育。 2009年5月25日，五大连池市委、市政府隆重举办纪念东北抗日联军第三路军成立70周年活动。李敏带领部分抗联将士子女参加了纪念活动。2014年5月30日，抗联老战士李敏带领抗联将士子女等30人应五大连池市委、市政府邀请，参加了五大连池市举办的纪念抗联第三路军成立75周年纪念活动，并在朝阳乡召开了座谈会，踏查认定了抗联遗址。

1993年李敏同志离休以后，组建了黑龙江省东北抗联精神宣传队，大力宣传东北抗联历史；弘扬东北抗联精神，多次带领专家学者及宣传队员到黑龙江省山区、林区探访踏查东北抗联战斗和活动的地点并寻找烈士的遗文遗物，深入到部队、工厂和机关企事业单位进行专场文艺演出。李敏同志多次到大专院校，及相关单位做东北抗联的专题报告，宣传和弘扬爱国主义精神，受到了社会各界和广大人民群众的一致好评。

自2002年起，李敏同志多次向全国政协及中央有关部门，提出了关于将中国人民抗日战争光辉历史，由八年改为十四年并纳入全国中小学教科书的建议，并请我省有关全国政协委员每年以提案的形式向全国政协会议提出。经十几年的不懈努力，终于得到了中央有关部门的认同，使这一问题得到了根本解决。她为弘扬东北抗联精神，大力宣传我党领导的中国人民为之浴血奋战十四年的抗日战争光辉历史做出巨大的贡献。

李敏同志生前曾荣获苏联授予的斯大林勋章，朱可夫勋章，苏联卫国战争胜利勋章，苏联卫国战争胜利50周年、60周年、70周年纪念章，中国人民抗日战争胜利60周年、70周年纪念章。2010年荣获哈尔滨市"百年风采女性"荣誉称号，以及红军长征胜利80周年纪念章等三十余枚奖章。李敏同志的一生是革命的一生，战斗的一生，是为共产主义事业无私奉献、鞠躬尽瘁的一生。

十九、史化鹏

史化鹏（1922—1969）。黑龙江省汤原县人。1935年6月参加革命，加入了由中国共产党领导的抗日游击队。1937年编入抗日联军，成为抗联第六军二师少年班战士。1939年进入东北抗日联军第三路军第三支队，同年光荣加入中国共产党成为一名共产党员。先后历任副班长、警卫员、侦察连长。参加了松江省西湖井攻击战、松江省畸形啦子攻击战、嫩江省攻破克山战、嫩江一号机场破袭战、嫩江省配合苏联红军大岭战。由于他善于侦察，作战机智勇敢，不怕流血牺牲，在抗联中被誉为"独胆英雄""铁孩子"。

抗战胜利后，他参加了东北剿匪战斗、辽沈战役、平津战役、渡江解放中南战役。历任警卫排长、连长、侦察参谋等职

务。1949年8月进入朱瑞炮校学习。之后参加了抗美援朝战争，任连长。1955年被授为上尉军衔。1956年8月转业到北京，在国家电力部工作。后来，由于身体伤痛发作，他不得不回到黑龙江省休养。当身体稍有好转时，他就要求继续为党为人民工作。于是组织上安排他到黑龙江省体委工作。具体负责五大连池冰上训练基地建设工作。后于1969年7月18日病逝于哈尔滨，享年47岁。由于战功卓著，曾荣获三级"八一"勋章一枚、独立自由奖章一枚、解放奖章一枚，其他纪念章数枚。

二十、崔玉洙

崔玉洙（原名崔清洙，化名崔清秀），朝鲜族，1935年参加抗日队伍，1936年加入中国共产党。1938年后，历任中共北满省委秘书处长。东北抗日联军第三路军成立后，任第三路军总指挥部机要主任兼电台台长。他对党忠诚，勇敢顽强。因为他不大爱说话，同志们亲切地称他"吹（崔）不响"。

1940年7月19日，日、伪军偷袭了朝阳山区第三路军总指挥部驻地。在突围战斗中，他身负重伤，为了保守党和军队的机密，他毁掉电台、密码。在击毙猛扑上来的敌军之后，壮烈牺牲，时年33岁。

二十一、邢德范

邢德范，女，1939年加入中国共产党，1936年参加东北抗日联军第三军，曾任战士、班长、东北抗联第三路军朝阳山后方根据地被服厂厂长、东北抗日联军第三路军第九支队机枪班班长，抗联教导旅时期学习无线电报务。1945年任指导员。新中国成立后任哈尔滨电车公司副书记，黑龙江省化工研究所副所长、黑龙江省石化厅纪检组长。

二十二、金玉坤

金玉坤，女，朝鲜族，1934年参加抗日，1938年加入中国共产党。曾任东北抗联第九军、东北抗联第三路军朝阳山后方根据地被服厂战士，东北抗日联军第三路军第六支队被服厂作业班班长。

第三章　传承抗联精神 凝聚发展力量

东北抗日联军在长达14年的艰难岁月中，与穷凶极恶的日本侵略者展开艰苦卓绝的斗争，是中国人民抗日战争这部壮丽史诗中最惨烈、最令人动容的篇章之一。在白山黑水之间，中国共产党肩负民族希望和历史责任，推动和领导东北人民走上抗日最前线，在生与死、血与火的磨砺中熔铸成伟大的东北抗联精神。在我国发展的新阶段，回顾救亡图存的悲壮历史，缅怀民族先烈浴血奋战的英雄业绩，弘扬历久弥新的抗联精神，具有重要现实意义。

1949年5月14日，毛泽东主席在为中央起草的对抗联总评价电文时指出："抗联干部领导抗联斗争及近年参加东北的斗争是光荣的，此种光荣斗争历史应当受到党的承认和尊重。"为了传承这段刻骨铭心的抗战光荣斗争历史，自二十世纪八十年代以来，德都县（今五大连池市）坚持不懈挖掘整理朝阳山抗战史实、弘扬东北抗联精神，始终坚定不移推进朝阳山爱国主义教育基地建设事业。抗联将领、老战士、党史军史专家多次踏访朝阳山抗日后方根据地，采取多种形式开展纪念活动，重温朝阳山抗日斗争历史，传承抗联精神。

第一节　抗联老干部回访德都

在中国共产党六十五周年生日来临之际，应德都县委、县政府的邀请，抗联老干部陈雷、王明贵、王钧、李敏、马云峰等同志，不远千里，风尘仆仆来到他们曾浴血战斗过的德都县回访。回顾和宣传党的革命斗争业绩和优良传统作风，审阅座谈地方党史资料；踏查朝阳山东北抗日联军革命联遗址，建立纪念标记。

1986年6月14日，德都县委、县政府召开抗联老干部回访德都座谈会。抗联老干部、黑龙江省原省长陈雷同志在座谈会上做了"在德都朝阳山、五大连池战斗的岁月"的讲话；抗联老干部王明贵做了"抗日联军在德都地区主要的抗日活动"的讲话。抗联老干部王钧以"与德都人民共同抗日的年代"，抗联老干部李敏以"我随抗联下江留守部队政委冯仲云同志到朝阳山"为题和亲身的革命斗争经历向德都人民进行生动的革命传统教育。抗联老干部在战火纷飞的战争年代，他们战斗的足迹，遍布了讷漠尔河畔、朝阳山区，与老区人民结下了鱼水情谊，建树了丰功伟绩，在革命斗争史上写下了光辉的一页。昔日抗联老干部视察德都县时的音容笑貌和许多感人的故事，依然铭刻在老区人民的心中。

抗联老干部回访德都座谈会

陈雷同志在座谈会上发言

李敏同志在座谈会上发言

黑河市委和县领导在座谈会上

王明贵同志在座谈会上发言

王钧同志在座谈会上发言

陈雷同志在为德都县委题词

德都县委领导陪
同老干部视察青
山镇

　　1986年6月16日，微风和煦，鸟语花香，朝阳山大地一片新绿，到处充满勃勃生机。曾在朝阳山战斗过的抗联老干部，原黑龙江省省长陈雷、原黑龙江省军区副司令员王明贵、原黑龙江省体委主任王钧和抗联老战士李敏、马云峰等同志，在上午10时来到了革命老区朝阳乡，重访已阔别数十年的朝阳山抗日后方根据地，寻找抗联遗迹，踏查抗联遗址。

　　陈雷、王明贵、王钧、李敏、马云峰等抗联老干部，在地、县委领导的陪同下，徒步登上大横山，来到了抗联第三路军总指挥部遗址。

朝阳山抗联总指挥部遗址

　　陈雷省长深情地说："在抗日战争时期，我们的部队以朝阳山为依托，取得了很多战绩。为了保卫朝阳山一草一木，许多先烈洒尽了鲜血，长眠在朝阳山区的旷野之中，这里掩埋着数十位有名和无名的革命先烈。他们的鲜血染红了朝阳山……"陈省长面对县里的领导说："历史虽然已经成为过去，但是创建朝阳山抗日根据地的战斗业绩更加令人怀念，愈益夺目生辉。我们这些老战士永远不会忘记在朝阳山战斗的日日夜夜，我们是在这里与敌人拼搏而幸存下来的。"

　　朝阳山保卫战遗址，是原中共北满临时省委书记张兰生，抗联三支队政委赵敬夫和总指挥部机要主任、电台台长崔清洙牺牲的地方。三位烈士牺牲地的周围，长满了不知名的红色小花，绚丽多姿，散发着阵阵清香，点缀着这片英雄的土地。陈雷、王明贵、王钧、李敏、马云峰等抗联老干部们采撷了一些小花，放在烈士牺牲的地方。老英雄们脸色凝重起来……

陈雷与王明贵、王钧、李敏、马云峰等抗联老干部们来到了当年的军政干校遗址。这个干校遗址在1940年7月19日的战斗中，被敌人的炮火摧毁。虽四十多年过去了，仍能模糊地看出校址的轮廓。陈雷省长和抗联老干部们情不自禁地唱起了当年的三路军的军歌：

举国鼎沸兮，全民总抗战。

烈焰炽，战争烽火，延烧遍中原。

东北抗联齐奋斗，统一指挥建，

三路军建立，军民齐腾欢！

厉兵秣马，慷慨赴火线。

勇敢冲锋，寇氛一扫完。

民族革命成功日，红旗光灿烂。

高歌欢唱庆凯旋。

在朝阳乡乡政府，陈雷、王明贵、王钧、李敏、马云峰等抗联老干部们，听取了朝阳乡领导关于继承抗联先烈遗志，开发建设朝阳乡的汇报。陈雷省长对朝阳乡人民开发建设新朝阳山所取得的成就给予高度的赞扬。然后即兴挥毫为朝阳乡人民写下了"继承抗联先烈遗志，建设繁荣富裕的新朝阳山"的题词。

陈雷、王明贵、王钧、李敏、马云峰等抗联老干部，千里重访朝阳山，虽然时间短暂，但抗联老前辈们的风采和对革命事业的执着，给朝阳乡人民留下了永久的回忆。他们不论在战火纷飞的年代，还是在社会主义建设时期，都为党和人民做出了积极的贡献，建树了丰功伟绩。在革命斗争史册上，写下了光辉的一页。我们的老省长和他的战友们在朝阳山的战斗岁月，建立的卓越功勋和对朝阳山人民鱼水深情，永远留在人们的心中，永远激励老区人民为"继承抗联先烈遗志，建设繁荣富裕的新朝阳山"而努力奋斗！

抗联老干部在朝阳山踏查

抗联老干部在朝阳山踏查抗联烈士牺牲地

抗联老干部踏查抗联三路军总指挥部遗址

抗联老干部在朝阳山踏查

抗联老干部在朝阳山踏查

抗联老干部在踏查中共北满省
委遗址

抗联老干部在朝阳山踏查

抗联老干部在朝阳山踏查

抗联老干部在朝阳山踏查

抗联老干部在朝阳山踏查

陈雷、李敏同志在朝阳山合影

抗联老干部在朝阳山踏查

张兰生牺牲地

军政干校遗址

抗联第三路军总指挥部遗址

第二节　纪念东北抗联第三路军成立70周年活动

巍巍朝阳山，苍茫壮丽，向人们诉说着抗联第三路军那段艰苦卓绝的光辉岁月。2009年5月30日，是东北抗日联军第三路军成立70周年。为了缅怀东北抗联第三路军的丰功伟绩，弘扬抗联精神和光荣传统，展示新中国成立以来特别是改革开放以来五大连池市老区经济和社会取得的伟大成就，激发全市人民的爱国、爱市热情，积极投入到"矿泉旅游名城、休闲养生之都"的建设中来，五大连池市委、市政府隆重举行各种集会，纪念东北抗日联军第三路军成立70周年。

纪念大会会场

5月25日，五大连池市隆重召开大会，纪念东北抗日联军第三路军成立70周年。在全场热烈的掌声相衬下，抗联老干部、原省政协副主席、省老区建设促进会副会长李敏带领抗联老战士和抗联老战士子女挥舞第三路军军旗，高唱东北抗日联军第三路军军歌进入会场，广大少先队员为他们献花献词。

原省人大常委会副主任、省老区建设促进会会长于万岭，抗联老干部原省政协副主席、省老区建设促进会副会长李敏，省党史研究室主任李景文，省老区建设促进会副秘书长常好礼，黑河市委副书记赵洪生，省扶贫办老区工作处处长刘航及抗联老战士的子女和黑河老区建设促进会的领导及全市党政机关干部600余人参加了会议。

少先队员在大会上与参会者共同缅怀革命先辈卓越的历史功绩，弘扬不朽的革命精神，向革命前辈致以崇高的敬意。

五大连池市委副书记、市政府市长徐飞同志主持会议，并在会上宣读了黑龙江省老区建设促进会发来的贺信。

在抗联老干部李敏同志的深情追忆中，人们仿佛看到了朝阳山上战斗的硝烟正浓，抗联战士的激情在澎湃，东北抗日联军第三路军的将士们用鲜血和生命创造的抗联精神光照千秋，成为不朽的历史丰碑。

李敏同志指出：今天，应中共五大连池市委、市人民政府的邀请，重返五大连池这块抗联将士鲜血染红的土地，参加纪念东北抗日联军第三路军成立70周年活动，和同志们齐聚一堂，共同回忆往事，缅怀先烈，心情激动，倍感亲切。我作为东北抗日联军第三路军的一名老战士，感到十分荣幸。借此机会，我代表抗联老战士，向五大连池市的党政领导和全市人民表示崇高的敬意和亲切问候。

东北抗日联军11个军，有9个军在黑龙江组建成立，对日本侵略者进行了最为顽强的抵抗与最为惨烈的战斗。从1931年9月18日至1945年8月15日，日本无条件投降，坚持了14年的艰苦卓绝的斗争。在血与火、生与死的残酷斗争中涌现出了杨靖宇、赵尚志、李兆麟、周保中、金策、崔石泉、冯仲云、李延禄、夏云杰、张兰生等优秀抗联将领。其中东北抗联第三军所辖的三、六、九、十一军经过千辛万苦的西征，到达德都县（现五大连池）等县区，转战在这片土地和崇山峻岭之中，建立了朝阳山抗日游击根据地。在条件最为困难，天气最为严寒，环境最为恶劣，生存最为艰苦的情况下，创造了惊天动地的英雄事迹。抗联将士鲜血染红了这片热土，朝阳山上留下了不少让日伪军闻风丧胆的战例，谱写出了悲壮篇章，在东北抗联史上留下了光辉灿烂的一页。五大连池的朝阳山是中共北满省委和抗联第三路军领导指挥北满地区抗日斗争的中心枢纽。五大连池老区人民为支援抗联第三路军对日军作战付出了重大牺牲，为革命胜利做出了巨大贡献，他们的丰功伟绩将永载史册。我们为此感到骄傲，引为自豪。

今年5月30日，是东北抗联第三路军在朝阳山成立70周年的纪念日。1937年7月7日，日本侵略者在卢沟桥发动了"七七事变"，开始全面侵华。从此，全国范围内展开了抗日斗争。日本侵略者一方面向关内大量派兵，一方面为巩固其对东北大后方的统治，对北满地区的抗日根据地和游击区进行疯狂的"围剿"。并实行了并村清野，净化山区的残酷统治和"烧光、杀光、抢光"的罪恶政策，致使北满三江地区党的组织和我党所领导的抗日武装力量遭受了严重损失。

为了保存和发展抗日武装，中共北满临时省委于1938年秋决定，战斗在三江地区的抗联三、六、九、十一军分别向敌军统治薄弱的小兴安岭以西远征，建立新的根据地。从1938年的6月起，西征部队行程2 000多里，历时半年多的时间，历尽千辛万苦，于1938年底分别到达庆城、铁力、海伦、五大连池一带山区。同年10月份，到达德都县（现五大连池市）朝阳山区，并建立了朝阳山抗日游击根据地。1939年5月30日，根据中共北满省委的指示，东北抗日联军第三路军宣告成立。由李兆麟任总指挥，冯仲云任政治委员，许亨植任总参谋长。大会发表了成立宣言和通电，提出第三路军要"以积极勇敢的精神，来破坏日军在东北的一切设施，截夺武器供给，领导民众斗争，争取东北抗日运动的新发展"。

东北抗日联军第三路军在朝阳山成立后，这里也成为中共北满省委的驻地。省委主要领导李兆麟、冯仲云、张兰生、金策等都曾在这里战斗和生活过。因此，朝阳山也就成为我党领导整个北满地区军民进行抗日斗争的中心枢纽。抗联第三路军以朝阳山抗日根据地为依托，战斗、驰骋在辽阔的松嫩平原上。为了打击日本侵略者，争取民族独立与解放，与五大连池人民一道与敌人开展了积极、英勇顽强的斗争。终于取得了东北抗日斗争的最后胜利，在我国的抗战史上写下了光辉的一页。70年过去了，昔日已去，青山依旧。弘扬伟大的抗联精神，就是牢记历史，不忘过去，深切缅怀抗联第三路军的先烈们，追思他们的历史功绩，继承革命意志。学习抗联将领、烈士们矢志不渝、坚韧不拔、不畏强敌、宁死不屈的崇高民族气节和为国捐躯的英雄气概。让东北抗联和老区人民留下的这份宝贵文化遗产和精神财富光照千秋，传承万代，转化为我们改造客观世界与主观世界的强大动力。坚持实践科学发展观，进一步解放思想，深化改革，扩大开放。在创新中发展，在发展中创新。促进五大连池市的经济社会又好又快发展，加快脱贫致富奔小康的步伐。让人民幸福乐业，社会和谐安宁。一个经济崛起、人民富足、事业兴旺、文化繁荣的五大连池明天会更美好。这是对抗联先烈最好的告慰，也是勤劳勇敢的五大连池人民在市委、市政府坚强领导下，发扬抗联精神，肩负重任，不辱使命的最好回报。

过去，由于受社会传统观念影响和习惯势力的制约，发展存在历史的局限性。加之大部分抗联将领战死疆场，存活下来的抗联将领，特别是高级将领寥寥无几。尤其是"文化大革命"中东北抗联的抗日斗争历史也遭到了破坏，造成了那段历史的沉寂，同时，对东北抗联和那段历史宣传也比较少，致使全国人民知道得不多，留下了缺憾。以胡锦涛为总书记的党中央充分肯定了东北抗日联军的历史功绩，明确了东北抗联的历史地位。指出中国共产党领导的八路军、东北抗日联军、新四军坚持抗战14年，从1931年9月18日开始，在中国共产党领导下的东北抗日联军，对日军作战是世界反法西斯战争和中国抗日战争英勇的先驱者。14年的艰难抗战，据统计，东北抗日联军师以上将领177名，战死疆场的就有101位；对日军作战7万余次（据敌伪档案记载），消灭了日伪军18万余人（据周保中日记记载）。牵制了日军向关内的进攻，有力地配合了全国的抗战。缅怀先烈，弘扬伟大的抗联精神，我们肩负着恢复那段历史本来面目和东北抗日联军形象的重大使命。任重而道远，时不我待，需只争朝夕。尽快让东北抗联的斗争史和可歌可泣的英雄事迹走向全国，面向世界，做到家喻户晓，将这段历史传给后代，代代相传。

当前，尚健在的东北抗联将领和老战士已经很少了，对东北抗联时期的史料、文物、战绩地、密营地和遗址带有抢救性质。面临着紧急搜集、抢救的态势，这块空白亟待填补。不忘过去，真实再现那段历史是我们义不容辞的责任。弘扬伟大的抗联精神，就是要抓住这些健在的抗联将领和老战士，会同研究东北抗联历史的党史部门、专家学者和有志之士，尽最大努力，为解读全、解读深、解读透东北抗联的历史、文化和精神提供机遇和条件。这项工作，希望五大连池走在前面，积极深入挖掘东北抗联精神内涵的历史见证和老区人民支援第三路军真诚奉献的动人故事。树标立注，创建爱国主义教育基地。在五大连池这片土地和朝阳山上为抗联第三路军树立起一座丰碑，永垂青史。把五大连池市建设成红色旅游胜地，弥补过去被人们忘却的历史遗憾！

光阴似箭，七十年弹指一挥间。五大连池这片土地发生了翻天覆地的变化，朝阳山这座英雄山显得更为壮观。回首往事，历历在目。抗联第三路军将士浴血奋战的情景仿佛就在眼前，思念和眷恋永留心间。成千上万的先烈，为了革命的胜利和人民的利益在我们前头英勇地牺牲了，使我们每个活着的人想起他们就心思难过。让我们高举起他们的旗帜，踏着他们的足迹前进吧，为实现我们中华民族的伟大复兴努力奋斗。

李敏同志号召人们要学习他们百折不挠，艰苦奋斗的优良作风，要继承抗联先烈的遗志，发扬伟大的抗联精神，为革命老区发展而努力奋斗。

抗联老战士李敏同志在纪念大会上讲话

省老区建设促进会会长于万岭、省党史研究室主任李景文、黑河市委副书记赵洪生分别在大会上致辞。

五大连池市委书记范志国在会上向前来参加纪念大会的各级领导表示衷心的感谢。号召全市人民在隆重纪念东北抗日联军第三路军成立70周年之际，大力弘扬抗联精神，褒扬先烈，教育后人，掀起爱国主义教育新高潮。激发广大干部群众建设家乡的热情。与此同时要整理和挖掘革命历史文化资源加快推进矿泉旅游文化名城建设步伐，努力把五大连池这座英雄之城建设得更加美好。

2009年5月26日，抗联老战士、原省政协副主席、省老促会副会长李敏和抗联子女，应朝阳乡党委、政府邀请，在朝阳山参加了纪念东北抗日联军第三路军成立七十周年活动。

在朝阳山，抗联老战士李敏同志缓步来到大横山朝阳山革命烈士牺牲地，向长眠的烈士敬献了花篮，还瞻仰了中共北满省委和抗联第三路军驻地遗址。李敏主席望着朝阳山的山山水水，情思绵绵。真是当年山河今犹在，无数英灵上九天。缅怀战友，感慨万千。李敏满怀深情地说："当年李兆麟、于天放、陈雷谱写的激昂悲壮的《露营之歌》的目的如今已达到了，旧貌换新颜。可谓，过去处处响马蹄，如今处处展红旗；壮志挥泪应笑慰，先烈遗志激后人。"在抗联烈士张兰生墓前，14名身穿东北抗联军装、头戴布琼尼帽的抗联老战士及抗联子女，为烈士高歌。"起来，不愿做奴隶的人们，把我们的血肉筑成我们新的长城……"雄壮、嘹亮的歌声萦绕在朝阳山上，令人心情澎湃激荡。84岁的李敏同志深情地说："战友们，我带着东北抗联的后代来看你们了。"为烈士敬献鲜花后，李敏同志又带头唱起了《抗联三路军军歌》。

在朝阳山上，李敏深情地说："朝阳山是抗联第三路军的诞生地，每座山峰都好像是在企盼迎接我们，又好像是抗联将士在浴血奋战，气势磅礴。朝阳人民没有忘记那段抗战史和抗联精神，令人十分感动。革命先烈为创建新中国立下了不朽功勋，也留下了宝贵精神财富。要弘扬抗联优良传统，为全面建设小康社会、加快推进朝阳山老区建设提供坚强保障。"整个现场沉浸在对英雄的缅怀中。

抗联老战士李敏一行人，还参观了朝阳学校和朝阳乡卫生院，并赠给孩子们一些抗联歌曲书籍和抗联娃娃，鼓励孩子们要好好学习，不忘抗联精神。在抗日战争中，东北抗联第三路军英勇善战，为抗日战争的全面胜利做出了突出贡献，无数先烈为了抗日的胜利献出了宝贵生命，他们的英雄业绩永载史册，他们的英灵永垂不朽。

抗联后代在纪念大会主席台上

张兰生烈士子女祭奠
张兰生烈士

抗联老战士李敏和市委领导等
同志在祭奠张兰生烈士

抗联老战士李敏及抗联
后代祭奠赵敬夫烈士

抗联老战士李敏和市领导祭奠
崔玉洙烈士

李敏同志率抗联后代视察朝阳
学校

李敏同志率抗联后代视察朝阳
学校

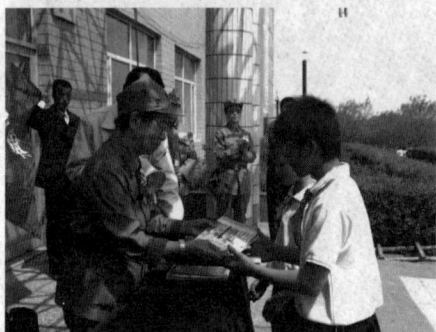

李敏同志在向朝阳学校学生赠
送抗联书籍

李敏同志在朝阳学校高唱抗联
歌曲

李敏同志到朝阳乡
卫生院视察

第三节 纪念朝阳山抗日后方根据地创建75周年活动

在东北抗日联军第三路军创建朝阳山抗日后方根据地75周年之际，应五大连池市委、市政府邀请，黑龙江省政协原副主席，省老促会副会长、抗联老战士李敏带领抗联将士子女30多人，参加了五大连池市举办的纪念抗联第三路军成立75周年纪念活动。

2014年5月29日，抗联老战士李敏主席重访革命老区朝阳乡。在朝阳山李敏主席及抗联将士的后人们，踏着老一辈革命家留下的历史足迹，追寻那段艰苦卓绝的革命战争年代，缅怀先辈的丰功伟绩，感受历史的脉动，重新探访巍巍群山。来到先烈们曾经战斗过的地方，大家情绪都非常激动。在朝阳乡政府门前，小学生代表向抗联老战士李敏敬献鲜花，以表崇敬之情。李敏叮嘱孩子们，一定要好好学习，铭记历史，长大后为国争光。

在朝阳山抗联纪念馆共同追寻那份红色记忆，共同追寻这段难忘的历史。抗联老战士李敏在沙盘前，为当年一起战斗过的老同志的后人们，讲述着那段催热泪下的难忘岁月。抗联老战士及抗联将士子女代表为表示感谢，将自己先辈们曾经穿过的衣服、戴过的眼镜及相关字画等珍贵物品赠予了朝阳乡抗联纪念馆。

在朝阳乡召开的座谈会上大家共同追忆抗联岁月，讲述先烈们的英雄事迹。75年前，东北抗日联军在朝阳山，建立了抗日后方革命根据地。在极其艰难困苦的环境中，抗联将士们以朝阳山抗日后方根据地为依托，驰骋战斗在广袤的白山黑水之间，与装备精良的日本侵略者浴血奋战，给予日军沉重的打击，充分显示了朝阳山后方根据地的战略地位和重要作用。在抗联老战士及抗联将士子女代表举行完隆重的签名仪式后，李敏带领大家来到了当年抗日联军战斗过的地方，踏查认定抗联遗址，并在朝阳山抗联第三路军后方医院遗址地拍照留念。

李敏主席踏查抗联第三路军后方医院遗址

李敏主席一行人又来到了发现抗联将士遗骨地点，为这些抗日英烈们敬献鲜花，以寄托哀思。

在朝阳山发现抗联将士遗骨

5月30日，五大连池市召开纪念东北抗日联军创建朝阳山抗日后方根据地75周年大会。李敏主席及抗联将士子女代表，市四大班子及有关领导和市直机关干部600余人参加了大会。

纪念朝阳山抗日后方根据地创建75周年大会会场

市委书记王锋做了重要讲话，他指出：要继承和弘扬抗联精神，就是要坚定理想信念，增进爱国情怀。我们弘扬抗联精神，就是要学习革命先辈对崇高理想矢志不渝、对党和人民无比忠诚、对革命事业锲而不舍的坚定信念。激发广大群众热爱祖国、建设家乡的积极性和主动性。要充分发挥东北抗联第三路军朝阳山根据地的革命传统教育基地作用，把抗联精神作为青少年理想信念和思想道德教育的重要内容，使之薪火相传、不断发扬光大。

继承和弘扬抗联精神，就是要积极投身发展实践，努力建设美丽五大连池。在新的历史时期，把家乡建设得更加美好，让人民群众生活得更加幸福，是我们对革命先烈最好的纪念，也是对抗联精神最好的继承和发扬。全市各级党组织和党员干部要牢固树立科学发展理念，扎实推进招商引资和项目建设。要深入实施"南扩、中兴、北跃、强镇"战略，加快推进滨水新城建设，加强城乡基础设施建设，实施城市绿化、美化、亮化工程，推进国家级卫生城市创建，建设环境优美、生态宜居的美好家园。

继承和弘扬抗联精神，就是要保持密切联系群众的优良作风，认真践行党的群众路线。我们要始终把人民群众的根本利益作为工作出发点和落脚点，心里装着群众，凡事想着群众，进一步密切党同人民群众的血肉联系。当前，要把弘扬抗联精神与开展党的群众路线教育实践活动结合起来，解决好发生在群众身边的不正之风，把改进作风的要求真正落实到基层，真正让群众受益。王锋号召全体干部，要在

抗联老战士李敏主席讲话

市委的坚强领导下，大力弘扬抗联精神，以只争朝夕的紧迫感、开拓进取的责任感和争创一流的使命感，积极投身"矿泉旅游名城、休闲养生之都"建设，为创造五大连池更加美好的明天做出新的贡献！

会上，抗联老战士李敏就当年抗联艰苦的事迹及她再次来到当年抗战过地方时心里受到的震撼，为参会人员做了生动的讲述。

市委副书记政府市长杨剑波主持了会议，并做了会议小结。他说："我市正处于深化改革、加快发展的重要时期。我们要把学习和弘扬抗联精神与党的群众路线教育实践活动结合起来，与促进工作作风转变结合起来，与加快市域经济发展、改善群众生活结合起来，以良好的精神状态积极投身到五大连池各项发展事业上来，为推动全市经济社会实现跨越发展贡献力量。"

参会人员一同观看了《红色热土育和谐》专场文艺演出。

第四节 纪念东北抗联第三路军成立80周年活动

2019年5月30日，是东北抗日联军第三路军在朝阳山成立80周年。五大连池市委、市政府为进一步发掘抗联历史、完善抗联文献、学习建设发展红色文化事业产业的先进经验，缅怀民族先烈浴血奋战的英雄业绩，弘扬伟大的抗联精神，激发干部群众推进"矿泉旅游名城，休闲养生之都"建设的创业豪情，举办系列纪念、研讨、考察活动。

5月29日晚7时，纪念东北抗日联军第三路军成立80周年大会隆重开幕。国内知名党史军史专家学者、红色旅游专家、抗联家属代表、黑龙江省老区建设促进会常务副会长杜吉明、宣教部长张利国、副部长李勃、秘书孙靖淮，黑河市老促会副会长闻喜才、秘书长战勃涛及省市相关部门领导与青少年学生、各界群众1 000余人参加了纪念大会。

纪念东北抗日联军第三路军成立80周年大会会场

全国政协常委、十一届青海省政协副主席马志伟，黑龙江省老区建设促进会常务副会长杜吉明，黑河市委常委、宣传部部长马春波,五大连池市委书记王玉涛先后在大会上致辞,市委副书记、市长马勇主持会议。

纪念大会结束后,与会嘉宾同五大连池市部分群众共同观看了由黑龙江省龙江剧艺术中心精心编排的演出。演出在情景歌舞剧《松花江上》的震撼表演中拉开帷幕。演员们通过舞蹈、诗朗诵、情景剧等形式,展现了由中国共产党创建和领导的东北抗日联军与日本侵略者展开长达14年艰苦卓绝斗争的壮阔历史。

文艺演出

在5月30日举办的"纪念东北抗日联军第三路军成立80周年历史文化论坛"上,20位著名党史军史专家学者、红色旅游专家分别就"关于东北抗联精神的历史基础和深刻内涵""东北抗日联军的光辉业绩与历史地位""东北抗联第三路军开展的平原游击战争及其历史意义""论中国共产党领导东北抗日民族统一战线的历史作用"等课题做了论文发言交流。市委市政府安排专人将20余篇研讨论文汇编成《纪念东北抗日联军第三路军成立80周年学术研讨会论文集》。

在纪念东北抗日联军第三路军成立80周年历史文化论坛进行的同时10余位抗联将士后代讲述了抗联英雄故事。之后,与会人员考察了我市博物馆抗联分馆在建项目并提出了指导意见。

纪念东北抗日联军第三路军成立80周年历史文化论坛会

5月31日，与会人员驱车60多公里踏访朝阳山抗联根据地，参观了朝阳山抗联纪念馆；为"黑龙江省抗联历史文化研究会五大连池市朝阳山研究宣传基地""五大连池市朝阳山东北抗联遗址群干部党性教育现场教学点"揭牌；为东北抗联烈士纪念碑敬献了花篮、祭奠抗联烈士；寻访了当年抗联第三路军将士战斗过的路线和遗迹。

自5月份以来，还举办了"红色经典故事会""'弘扬抗联精神、传承革命薪火'爱国主义影片放映周''烽火岁月'东北抗联第三路军在朝阳山图片展"等系列纪念活动，吸引了市民广泛关注和积极参与。同时，在尊重历史、保护遗迹的理念指导下，五大连池市着眼于发展全域旅游的总体布局不断加大力度挖掘素材、修缮设施，科学规划建设爱国主义教育和红色旅游服务场所，力争把以中共北满省委驻地、东北抗联第三路军总指挥部驻地为核心的朝阳山根据地建成比肩延安、井冈山的党政干部教育培训基地、学校和青少年冬夏研学基地、抗联文化研究基地。

第五节　弘扬抗联精神，保护开发抗联文化资源

一、传承东北抗联精神

五大连池市朝阳山这座抗联将士曾经战斗过的英雄山，从1937年开始西征到达朝阳山的北满抗联部队，在中共北满省委的领导下孤悬敌后在极其艰难困苦的环境中，以朝阳山抗日后方根据地为依托，在广袤的黑嫩平原纵横驰骋，所到之处遍燃抗日斗争烈火，这是东北抗日斗争艰苦阶段的一个壮举。

北满抗联部队的西北远征和黑嫩平原游击战争的开展，是一次具有战略意义的军事转移。它不仅开辟了黑嫩平原游击区，而且将南满、北满、热河等局部运动联合起来，以便组织集中更大的力量牵制敌人。也就是说，西北远征的战略意图是从黑嫩平原南下，沿洮南、索伦一线前进，以期与热河、河北的我八路军和马占山挺进军会师，打通与关内的联系线。这一战略意图后来虽然因各种原因未能实现，但东北抗日联军第三路军像在黑暗中点亮的灯塔，在讷谟尔河两岸人民最艰苦无望的关头驰骋于黑嫩平原抗日游击战场，其本身的意义是十分重要。他们是一支无俸饷、无装备、无援助的"三无"军队，武器给养只能靠从歼敌中获得。而他们面对的却是拥有飞机、大炮、装甲车的精锐日军。即使这样，他们仍然坚持与日本侵略者斗争到底，不惜以血肉之躯来面对敌人的飞机大炮，直到抗战的胜利。这场斗争不仅在中华民族解放斗争史上占有重要地位，而且堪称是一部壮丽的英雄史诗。

在这部史诗中，从始至终经历这场战争的抗联将领冯仲云，在抗战胜利后不无感慨地说："东北抗联默默地与敌人搏斗了十四年，在这悠久的岁月里，谱写了许多可歌可泣的故事。他们

当中有许多人在战斗中牺牲了。对这些为祖国而流血的先哲烈士们，我们当怎样去纪念他们。他们都是我们勇敢的同袍，他们以他们的鲜红而赤热的血，栽起来我们祖国复兴的花。他们用他们的血肉之躯，铺平了我们光复的大道。他们没有一个人是为了自己的，他们为的是被日本侵略者奴役的同胞。他们的精神是不朽的，他们的志气是超卓的，他们的毅力是坚决的，他们代表了我们中华民族的光荣和勇敢的精神。他们的确发挥了我们那强韧的民族性，他们在这沦陷期中，尤其是从"七七事变"以后，几乎被人忘掉了，他们好像一些被弃的人们，被抛在东北的森林中、雪原上和松花江的两岸旁，但他们往来和敌人们，争夺着全民族的自由。有时候他们聚在那儿唱着雄壮悲惨的抗日军歌，有时看着那秋岭上的归云，眼中含着痛泪忧望着祖国的天野。那时他们不屈不挠的精神，曾安慰了以往为抗日救国而牺牲了的地下先烈，他们何尝不在那个时候怀念着父母妻子？何尝不想到自己的生命可贵？但是那个伟大而又重要的任务是担在了他们的身上，为了大众的解放，全民族的更生，这个高尚的思想竟整个地操纵了他们的神经主宰，他们受尽了饥渴、风霜之苦，而方盼到今天这颗胜利的果实。但是可惜，有的竟没能亲眼看见祖国的光复，未能亲眼看见盘踞在这十四年的倭寇离开这块土地。甚至于他们死了，连个名也未曾被人知晓，想起来是很恸心的事，现在我个人代表一群尚在的抗联人们向已死的同志们致敬！"（引自《东北抗日联军十四年苦斗简史》第92—97页）

这段感慨之言，足以说明抗联战士们超越极限的战斗精神是绝无仅有的。在日军日夜不停的军事"围剿"、时刻不在的政治诱降、严密残酷的经济封锁下，东北抗联的旗帜始终不倒，其精神、毅力已超出了常人的认识范畴。在极端艰难斗争的岁月里，抗联战士们面对看不到尽头的战争，毫不动摇，没有放弃最后的抗争。他们为了中华民族的尊严与独立，在接连不断，无休止的惨烈战斗中，付出了巨大的牺牲。

在这部史诗中，在朝阳山诞生的东北抗日联军第三路军，以为国捐躯的气概书写了光辉的篇章。在战火纷飞的岁月里，以赵尚志、李兆麟、冯仲云、张兰生、金策、许亨植、张光迪、冯治纲、王明贵、赵敬夫、陈雷、王钧、李敏等为代表的中共北满省委和东北抗日联军第三路军指战员，始终坚定驱逐日本侵略者出中国，实现民族的自由、独立和解放的信念。正是有了这种信念，他们才能勇敢地与数量上和装备上都远远超过自己数十倍的敌人展开殊死搏斗；正是有了这种信念，才使他们于枪林弹雨中、于艰难困苦中，出生入死，不畏艰险，为民族独立而战；也正是有了这种信念，中华民族才筑起了钢铁般的长城，团结一心，共御敌侮，取得了抗日战争的伟大胜利。在那场残酷而又血腥的战争中，在那种用笔墨难以形容的艰难困苦的斗争环境下，英勇的东北抗日联军第三路军创造了人间的奇迹，在斗争中形成了伟大的东北抗联精神。

2015年7月30日，黑龙江省委书记王宪魁在中共黑龙江省委、中共辽宁省委、中共吉林省委在哈尔滨联合举行弘扬伟大东北抗联精神座谈会指出，东北抗联精神就是："抗联将士们用鲜血和生命铸就了忠贞报国、勇赴国难的爱国主义精神；勇敢顽强、前赴后继的英勇战斗精神；坚贞不屈、勇于献身的不畏牺牲精神；不畏艰苦、百折不挠的艰苦奋斗精神；休戚与共、团结御侮的国际主义精神。这是民族精神的生动体现，是中华民族宝贵的精神财富，永远值得后人学习、传承和弘扬。"

东北抗联精神是在中国共产党的正确领导下，东北抗联将士在实践中形成的具有明显地域属性的革命精神，是中国共产党成立以来，不忘宗旨的又一伟大实践；是在中国共产党的领导下，东北抗日联军和老区人民历经血与火的洗礼，积淀而成的革命精神，是我们党的红色基因和精神族谱的重要组成部分。

东北抗联精神不仅是中国抗战史上气贯长虹的英雄史诗和华彩乐章，是中华民族自强不息、百折不挠革命精神的彪炳彰显，是人类为了正义事业挑战自身极限的传奇典范，更是始终鼓舞中华民族实现伟大复兴的强大精神动力。

东北抗联精神成为中华民族宝贵的精神遗产，是我们取之不尽用之不竭的力量源泉。忘记历史就意味着背叛，铭记历史就是要以史为鉴、珍爱和平。作为与东北抗联将士结下鱼水深情的五大连池老区人民，绝不能忘记日本侵略者对东北乃至全中国的肆意践踏，没有外敌入侵，东北人民就不会遭受如此深重的苦难；绝不能忘记东北抗联将士为驱逐日本侵略者付出的流血牺牲，没有他们的英勇抗争，就没有打击日本侵略者的一次又一次胜利；绝不能忘记中国共产党对东北抗日斗争的坚强领导，没有党的领导，就没有东北抗联这段光辉历史；绝不能忘记伟大的东北抗联精神，没有这一精神支撑，就战胜不了各种困难和挑战。永远不要忘记东北抗联的光辉历史，而且还要在弘扬伟大东北抗联精神上走在前列、做出表率，以实际行动告慰长眠在黑土地上的无数革命先烈，让抗联精神永远成为推动五大连池广大党员干部群众艰苦奋斗、干事创业的强大精神动力。

习近平总书记在纪念中国工农红军长征胜利80周年大会上深刻指出："精神是一个民族赖以长久生存的灵魂，唯有精神上达到一定的高度，这个民族才能在历史的洪流中屹立不倒、奋勇向前。"习总书记还指出，"无论是革命战争年代还是改革开放新时期，老区人民为党和国家做出了巨大贡献。老区人民对党无限忠诚、无比热爱"。他反复要求，革命老区"这种牺牲、这种贡献要永远铭记，我们传承的就是红色基因，我们不能忘本。""要发扬红色资源优势，深入进行党史军史和优良传统教育，把红色基因一代代传下去。"他多次强调，"我们要沿着革命前辈的足迹继续前行，把红色江山世世代代传下去"。

为了认真学习贯彻落实习近平总书记的指示，传承伟大的东北抗联精神，按照省、市委的要求，2018年7月25日，五大连池市委八届28次（2018年第9次）常委会会议，讨论通过了《五大连池市开展"红色先锋工程"深化创边疆特色党活动实施意见》。意见要求"全市广大党员干部群众要学习和传承伟大的抗联精神，并把其作为继承和弘扬习近平总书记总结的'天下兴亡、匹夫有责的爱国情怀；视死如归、宁死不屈的民族气节；不畏强暴、血战到底的英雄气概；百折不挠、坚忍不拔的必胜信念'的抗战精神的具体行动。按照'创边疆特色党建'的部署，围绕新时代乡村振兴、老区发展的工作重心，利用朝阳老区抗联遗址群、龙镇'红灯记'故事原型地、太平长庚老道窝棚遗址等红色革命资源，从党员干部党性教育入手，打牢全面从严治党和党建伟大工程的基层基础，切实发挥好党建在各项工作中的统揽地位和引领作用，力争用两到三年时间在全市形成以红色党建品牌为示范，串点成线、以线促面的党建工作格局。完善东北抗日联军军政干校抗联纪念馆设施，挖掘并讲好抗联故事，广泛开展各类红色文化活动。通过组织'重走抗联路'等系列活动，以抗联精神影响和提升全市广大党员干部群众的文化品位和精神追求，激励广大青少年树立崇高远大理想。坚持红色文化传承与培养广大党员干部社会主义核心价值观结合起来，带头开展移风易俗，积极倡导社会文明新风尚。挖掘和整理红色文化、知青文化、少数民族文化，建设'红灯记'故事原型地展馆，结合'红色先锋工程'建设一批村史馆。依托市国际文体交流中心定期举办红色文化巡展活动，编排'红灯记'等传统剧目，打造地方红色文艺特色，在市博物馆设立红色文化展厅，追寻红色记忆，传承革命精神。"

同时意见还指出要"创造性开展红色历史、红色文化宣教活动，加强活动主阵地红色标识、红色元素设置，市直和乡镇党组织可利用办公楼、活动室、楼梯间、院墙等一切场所，把党建工作融入红色教育主题，挖掘特色载体，总结红色亮点。要采取在党建活动室悬挂党旗、入党誓词、党员权利和义务、党组织工作制度等方式，营造浓厚的党建工作氛围。在合理位置布置'红色展墙'，打造'红色走廊'，建设'红色展室'，设置'红色书屋'，让广大党员、干部群众通过看图板、听讲解来接受最直观红色教育。坚持线上与线下相结合，依托政府网站、政务微博、党建微信平台开展宣传教育，邀请老干部、老党员、老战士、老模范深入街道社区、学校、医院、机关事业单位和群众身边讲活'好故事'、传播'好声音'、传递'正能量'，使党员群众在'微时间'中受熏陶、从小故事中悟大道理、从先进先辈中感受信仰力量。充分利用网络党建APP，全面推广'掌上'红色党建、红色社区、红色支部和红色人物等宣传引导，借助网络、微信、微博等媒介进行传播覆盖"。

按照《五大连池市开展"红色先锋工程"深化创边疆特色党活动实施意见》的要求，2018年8月2日，五大连池市第二期执政骨干"不忘初心、牢记使命"党性教育专题培训班在抗联红色教育基地朝阳乡军政干校遗址举行。市委常委、组织部长胡洪涛主持专题培训开班式。

在朝阳山抗联红色景区，市委书记王玉涛为培训班学员授旗，有关人员讲解了朝阳山抗联史及军政干校历史。培训班上，市委书记王玉涛以"继承和弘扬伟大抗联精神 走好新时代'抗联路'为推动五大连池市全面振兴发展努力奋斗"为题做了专题党课讲解。

王玉涛从回顾东北抗联在朝阳山的革命历史、学习东北抗联精神的深刻内涵和新时代如何继承、弘扬抗联精神三个方面，运用大量数据和事例，全面系统地讲述了东北抗联发展的艰辛历程、参与抗日战争的惨烈过程，为全市党员领导干部弘扬抗联精神指明了方向。他结合自己的学习体会，怀着对抗联革命先辈无比敬仰之情，与学员们共同回顾了东北抗日联军第三路军的光辉历史，缅怀抗联的丰功伟绩。

王玉涛指出：继承和弘扬伟大的东北抗联精神，就要深刻理解抗联精神的内涵，深刻理解抗联精神蕴含的坚定信仰信念、高尚的爱国情操、伟大的牺牲精神和超越时空的永恒价值。全市广大干部群众要以抗联精神为引领，更好地肩负起历史赋予的光荣使命，走好新时代的"抗联路"。要继承和弘扬抗联精神，就是要坚定理想信念，坚守崇高精神追求，就是要积极投身发展实践，努力推动五大连池全面振兴发展，就是要改进工作作风，下大力气优化营商环境。

王玉涛号召：抗战硝烟早已散尽，但抗联的革命精神永存。我们大力弘扬伟大抗联精神，以只争朝夕的紧迫感、开拓进取的责任感和争创一流的使命感，为全面建成小康社会、推动我市全面振兴发展做出新的贡献！

学员纷纷表示，要深刻领会党课的精神要义，"不忘初心，牢记使命"，争做抗联精神的继承者、弘扬抗联精神的传播者、践行抗联精神的实践者。勤奋学习、扎实工作、勇于担当，为我市经济社会发展做出积极贡献。

全市部分科级班子主要领导和处级单位科级副职聆听了党课。党课结束后，学员们在朝阳山抗联纪念馆和抗联烈士陵园，分别考察学习了抗联第三路军及中共北满省委、朝阳山保卫战历史。并向烈士纪念碑敬献了花篮，现场齐唱《国歌》《没有共产党就没有新中国》，表达对党和祖国的热爱。

保护朝阳山抗联遗址。朝阳山东北抗联遗址群是东北抗日联军第三路军诞生地、东北抗日联军第三路军总指挥部所在地、中共北满省委驻地、北满抗联干部培训基地、北满抗联部队后方根据地、重大战事战斗地和北满抗联部队抗日斗争指挥中心。是目前全国唯一的级别最高、设施最多、机构最全、时间最长的东北抗联遗址，也是我省目前唯一成体系、成线路的专门抗联红色景区。

这个遗址群区域面积60多平方公里，位于五大连池市东北60公里的朝阳乡境内，地理坐标为东经126°22′36.64″，北纬49°02′70.10″，海拔547米，是东北抗日联军第三军、第三路军抗日游击活动区域。较为集中分布在边河前沿遗址区、大横山总指挥遗址区、石莹山零点岗鹰嘴崖遗址区、金山乌库因河遗址区。主要由中共北满省委、抗联第三路军总指挥部、朝阳山抗联总指挥部警卫部队宿营地遗址、朝阳山将军树、朝阳山保卫战主战场遗址、抗联烈士张兰生牺牲地、抗联烈士赵敬夫牺牲地、抗联烈士崔玉洙牺牲地、后方医院、修械所、被服厂、军政干校、克查山抗联遗址、边河村山洞抗联六军后方基地遗址、零点岗抗联遗址、金山旧金矿抗联遗址、乌库因河密林抗联遗址、抗联战士徐紫英遗骸发现地组成。该遗址群是至今为止发现的较大规模的抗联密营遗址群，是集密营、军事基地、后方基地于一体的多功能综合性军事设施。

为了传承和弘扬抗联精神，使抗联精神融入五大连池人的精神血脉，黑龙江省委、省政府，黑河市委、市政府，五大连池市委、市政府高度重视积极营造保护东北抗联遗址，建设朝阳山抗联红色教育基地的良好氛围。

2005年1月31日，《黑龙江省人民政府关于公布黑龙江省第五批省级文物保护单位的通知》（黑政发〔2005〕5号）文件中，把东北抗日联军朝阳山抗联遗址确定为省级文物保护单位。

2007年6月11日，东北抗日联军朝阳山抗联遗址被黑河市委、市政府公布为市级爱国主义教育基地。2012年10月10日，《黑河市人民政府关于公布黑河市省级文物保护单位保护范围和建设控制地带的通知》（黑市政字〔2012〕43号）将东北抗日联军朝阳山抗联遗址确定为黑河市省级文物保护单位。

2013年3月27日，五大连池市人民政府第一次常务会议，做出了关于做好朝阳山红色资源搜集、整理、保护和开发，抓好朝阳山抗联遗址景区景点建设的决定。

2019年10月，为了打造东北抗联精神品牌，进一步扩大朝阳山的知名度，东北抗日联军朝阳山抗联遗址又晋升为第八批国家级重点文物保护单位。

几年来在市委、市政府的大力支持下，朝阳乡筹集资金1 000万元，建起了朝阳山抗联斗争史陈列室，埋设了400多个界桩，树立了18处抗联遗址纪念碑，在大横山东北抗日联军第三路军总指挥部遗址建成了烈士陵园，开通了朝阳山11处遗址道路，设立了遗址保护设施。同时，建成了朝阳乡红色旅游景区大门，初步规划和建立了60多平方公里的朝阳山抗联遗址群，全面再现了东北抗联斗争历史，是开展红色教育和爱国主义教育打开的历史教科书。

2017年初，朝阳山抗联红色旅游景区被全国旅游景区质量等级评定委员会确定为国家4A级国家级旅游区知名品牌。

2017年7月1日，朝阳乡建成了中共北满省委、东北抗日联军第三路军朝阳山纪念馆。纪念馆占地面积3 000平方米，建筑面积400平方米，馆陈文物及图片、场景、沙盘、雕塑，还原了东北抗联第三路军斗争史及朝阳山总指挥部的战斗生活。

二、开发朝阳山红色资源

五大连池市委、市政府利用朝阳乡得天独厚的红色资源优势，采取各种有效措施，弘扬抗联精神，开发朝阳山抗联红色资源。

2018年五大连池市委、市政府将朝阳山抗联红色教育基地建设，作为今后一个时期的重点工作。10月18日，市委决定成立朝阳山抗联红色教育基地建设领导小组。王玉涛市委书记，马勇市委副书记、市政府市长任组长。

2018年12月6日，五大连池市委召开朝阳山抗联红色教育基地建设领导小组第一次会议。市委书记王玉涛就做好朝阳山抗联红色教育基地建设工作做了重要讲话。

2019年3月12日，五大连池市委召开朝阳山抗联红色教育基地建设领导小组第二次会议。听取朝阳山抗联红色教育基地建设领导小组办公室近期工作情况汇报，研究部署下一段时期工作任务。9月11日，朝阳山抗联红色教育基地建设领导小组召开第三次全体会议，对当前一段时间基地建设的重点工作进行研究部署。市委书记王玉涛强调指出：朝阳山抗联红色景区建设总体规划编制已经初步成型，规划思路清晰，符合朝阳山实际。要根据总体规划逐步完善细化，列出详细项目清单，逐个进行可行性研究和立项，逐步完善朝阳山红色教育基地项目库。要努力打造好朝阳山红色旅游品牌，让更多的游客来旅游，让更多的企业来投资，让更多的培训班来培训学习。要学习借鉴井冈山培训模式。要积极争取与各大高等院校合作研发专题课程，逐步培养我们自己的优秀师资队伍，同时要建立严格规范的培训管理办法，确保培训流程有条不紊。

2019年9月，东北抗日联军朝阳山抗联遗址群，在省委史志研究室组织开展的第三批"黑龙江省中共党史教育基地"评选活动中，被黑龙江省委命名为"黑龙江省中共党史教育基地"。10月22日，"黑龙江省中共党史教育基地"揭牌仪式在东北抗日联军第三路军朝阳山纪念馆前举行。

黑龙江省中共党史教育基地揭牌仪式

省委史志研究室副主任陈春雷、省农垦总局史志办主任曲伟，黑河市人大常委会副主任杜久武、黑河市委史志研究室主任田桂珍，五大连池市委书记王玉涛、副书记南极及四大班子主要领导及分管领导，省委史志研究室、大庆市委史志研究室、省直机关工委、省直机关办公区运行保障中心的有关同志，嫩江市、孙吴县、逊克县、爱辉区史志研究室相关同志，朝阳乡党委政府领导和乡党员干部、群众以及朝阳乡学校中小学生代表60余人参加了本次活动。揭牌仪式由五大连池市委副书记南极主持。

省委史志研究室宣传教育指导处处长王道宣读命名决定

揭牌仪式上，省委史志研究室宣教处处长王道宣布了省委关于命名"黑龙江省中共党史教育基地"的决定，省委史志研究室副主任陈春雷和黑河市人大常委会副主任杜久武为东北抗日联军朝阳山遗址群"黑龙江省中共党史教育基地"揭牌。

省委史志研究室宣传教育指导处处长王道在讲话中指出，东北抗日联军朝阳山遗址群被命名为"黑龙江省中共党史教育基地"是朝阳山的又一大亮点，希望这一历史遗迹能充分发挥"黑龙江省中共党史教育基地"的作用，面向全省，面向社会，在弘扬革命传统、发扬东北抗联精神，加强党性教育、做实党建工作，推动党史研究成果转化、汇聚社会向上正能量上发挥重要作用。

五大连池市委书记王玉涛表示，将充分利用好朝阳山抗联红色资源，发扬好红色传统，传承好红色基因，以基地命名为契机，动员全市各级党组织和广大党员干部在"不忘初心、牢记使命"主题教

市委书记王玉涛致辞

育中深化党史学习、加强党性教育、做实党建工作，提升朝阳山中共党史教育基地传承和弘扬抗联精神的立体效果，推动党史研究成果转化，汇聚社会向上正能量。五大连池市将进一步加大朝阳山抗联遗址群的保护和开发力度，努力把朝阳山抗联遗址群打造成为党员干部加强党性锻炼、传承红色基因的重要场所，打造成为人民群众增强爱国情感、发扬抗联精神的重要阵地，打造成为青少年学习革命传统、陶冶道德情操的重要课堂。

朝阳山抗联红色教育基地建设工作开展以来，为传承红色基因、弘扬抗联精神，为革命老区建设事业凝聚了强大的正能量。据了解，在2018年6月至年末不到半年的时间，朝阳山抗联红色教育基地就接待省内外各类培训、活动人员达97个班，共5 300

余人次。其中，省委选调生等周边市、县培训班7期，培训学员2 100人次；黑河市优秀中青年干部、处级干部进修班2期，培训学员80人次。省外有关单位党员干部12批、700人次。省内有关单位、五大连池区域内农场、隔离戒毒所等单位党员干部1批、100余人。

五大连池市各单位在朝阳山举办的各类专题培训班40期，培训党员干部1 000余人次；五大连池市委组织部组织执政骨干培训班2期，培训执政骨干65人；五大连池市各单位开展党日活动32批，参与活动党员1 260余人次。

2018年8月中旬，广东省珠海市委组织部组织由15名处、科级后备干部组成的"三同（同吃、同住、同劳动）实践队"入驻朝阳乡边河村，实地体验老区人民生活，考察抗联遗址，开展红色教育。黑龙江省委组织部、宣传部、省内高校也派人到朝阳山考察。

2019年据不完全统计，截止11月份，朝阳山抗联红色教育基地共培训69个班次，其中培训地市级以上学员10个班次，培训周边市县11个班次，培训市内班次48个（其中住宿9个班次），总人数达18 000余人次。通过开展抗联精神宣传教育活动，社会各界一致反映朝阳山红色教育活动的开展不但启迪了心灵、凝聚了力量、广泛深入地宣传了抗联精神，而且也为打赢脱贫攻坚战，全面建成小康社会，不忘初心、继续前进，奉献伟大事业凝聚了强大的正能量。

现在朝阳山抗联红色教育基地已经成为传承抗联精神，开展党员干部红色教育的革命圣地；成为学习革命知识，汲取历史智慧的爱国主义教育基地；成为人民以史为镜、弘扬社会主义核心价值观的精神家园；成为人们亲近自然、休闲度假、放飞心情的梦想之地。

　　五大连池市朝阳山留下了东北抗日联军第三路军将士们的战斗足迹，他们当年浴血奋战的疆场，如今已发生了翻天覆地的变化；他们曾为之流血牺牲的奋斗目标，现在已成为美好的现实。忘记历史就等于背叛，回忆过去是为了开拓未来，缅怀先烈是为了传承和弘扬抗联精神。朝阳山红色基地建设工作任重而道远，在项目申请、资金筹措、规划设计、建设实施、保护开发、利用维护等方面还存在很多的难题，需要一代代连池人坚持和拼搏，以不忘初心、牢记使命的时代担当，以时不我待、砥砺前行的政治勇气统筹推进。

　　我们要像先辈那样为民族解放、社会进步和人民幸福去奋斗和创造，像先辈那样以忘我的工作精神顽强拼搏，为建设"矿泉旅游名、休闲养生之都"，为实现中华民族的伟大复兴的中国梦努力奋斗！

第四章　老区建设与发展

第一节　新中国成立后到党的十一届三中全会前生产和经济发展

1949年以前，德都县（现五大连池市）的经济落后，生产力低下，县内多数人民生活贫困。1949年以后，在中国共产党的领导下，人民生活逐步改善，过上了丰衣足食的好日子。德都县经济建设的发展，先后经历了国民经济恢复和社会主义改造、"大跃进"和国民经济调整、"文化大革命"、经济建设稳定发展这四个时期。

一、国民经济恢复和社会主义改造时期

1948年8月，德都县全面建立和巩固地方人民政权，经过土地改革，剿匪、反奸清算、减租减息、镇压反革命和抗美援朝，组织和发动群众医治战争创伤，恢复生产，胜利完成国民经济恢复任务。1949—1957年，是粮食生产恢复发展时期。进行了对农业、手工业和资本主义工商业的社会主义改造，开展整风和反右派斗争，实施国民经济第一个五年计划。把推广农业科学技术、科学种田作为农业生产的关键措施，大力改革耕作制度，推广优良品种、精耕细作、科学施肥等栽培技术，使农业连年获得好收

成。这一时期，全县粮豆年平均亩产179斤，平均总产12 526.6万斤。依靠工人阶级，整顿改造老企业，建设新企业，逐步发展工业、商业，使全县经济逐步走上健康发展的轨道。1952年全县有私营工业企业83个，职工159人，产值万元。1954年全县共有24个自然行业，私营工业户72户，从业人员184人，比1952年增加15.72%，年产值20.9万元。人民生活得到初步改善。这一时期是德都县经济发展的第一个"黄金时代"。

二、"大跃进"和国民经济调整时期

1958年5月，在北京召开的中国共产党八大第二次会议，通过了"鼓足干劲，力争上游，多快好省地建设社会主义"的总路线。"这条总路线的提出，反映了广大人民群众迫切要求尽快改变我国经济文化落后状况的普遍愿望，然而它忽视了客观的经济发展规律，否定了国民经济计划的综合平衡，夸大了主观意志和主观努力的作用。"（引自《中国共产党的七十年》363页）1958年8月，中央政治局在北戴河举行扩大会议，这次会议对实际生活中已经为害的浮夸和混乱现象，不仅没有作任何努力来加以纠正，反而正式加以支持。（引自《中国共产党的七十年》364页）这次会议把"大跃进"和人民公社化运动迅速推向高潮，以高指标、瞎指挥、浮夸风、"共产"风为主要标志的"左"倾错误严重地泛滥开来。（引自《中国共产党的七十年》365页）

这期间，德都县全面贯彻党的社会主义建设总路线。由于当时忽视客观经济规律，急躁冒进，弄虚作假，强迫命令和"一平二调"等歪风盛行，极大地挫伤了人民群众的生产积极性，破坏了原来正常的生产秩序，加上严重的自然灾害，国民经济受到严重挫折。粮食减产，工业生产下降，集市物价暴涨，经济建设和人民生活都遇到了严重困难。1960年，认真贯彻执行中共中央关于调整、巩固、充实、提高的方针，加强农业、财贸工作，稳定物价，促进生产，使遭受破坏的经济迅速恢复和发展。1963—1966年，年粮豆平均亩产176斤，粮食总产年均10 948.6万斤。1966年，全县粮食总产14 187万斤，交售粮食6 124.6万斤，商品率38.6%。

三、"文化大革命"时期

1966年5月至1976年10月的"文化大革命"，使党、国家和人民遭到新中国成立以来最严重的挫折和损失。由于林彪、"四人帮"的严重干扰，压抑了广大农民的生产积极性，农业生产发展缓慢。但是在中国共产党的领导下，德都县广大干部群众对林彪、"四人帮"的倒行逆施竭力抵制和反对，使农业生产得以维持和发展。1975年全县粮豆年平均亩产223斤，粮豆平均年总产16 132.9万斤。向国家交售粮食10 190.9万斤，商品率44.9%。粮食生产取得了一定的发展。

四、经济建设稳定发展

1976年10月粉碎"四人帮"后，全县广泛开展揭批"四人帮"的斗争。大抓落实干部政策、知识分子政策和平反冤假错案工作。深入开展关于真理标准的讨论，批判"两个凡是"的错误思想，从而有力地推动了各个领域的改革和发展。

1978年12月召开的中共十一届三中全会，确定把全党工作重点转移到社会主义经济建设上来，实行改革开放的方针政策。德都县认真贯彻党中央和省委省政府各项优惠政策和扶贫措施，经济运行机制由高度集中统一的计划经济，逐步向社会主义市场经济转变。全县农村实行了各种形式的农业生产责任制，开辟了多渠道筹集资金进行经济建设的新途径。打破了封闭型的经济格局，逐步向多层次、多形式的开放型和外向型经济转化，加快了全县经济发展步伐，有力地促进了粮食生产的发展。1978年全县粮豆年平均亩产254斤，总产达到23 068万斤。向国家交售粮食9 876.9万斤，商品率达42.78%。

1949年以后，德都县财政收支一直保持在"大体平衡，略有节余"的水平上，是黑龙江省财政收支比较稳定的县份之一。1949—1985年，德都县财政收支额增长了156倍。工商税收额比1950年增长了76倍。

第二节　党的十一届三中全会以后到党的十八大前的成就和发展

1978年12月18日到22日召开的中国共产党十一届三中全会，是1949年以来党的历史上具有深远意义的伟大转折。全会以后，党的各项经济政策得到了全面落实，德都县人民生产积极性空前高涨。经过几十年的自力更生、艰苦创业，德都经济发生了沧桑巨变，各项事业蓬勃发展并取得了令人瞩目的成就。

粮食生产大发展。1983年全县农村普遍实行了家庭联产承包制，调动了广大农民的生产积极性，粮豆作物的亩产、总产、商品率（除去人口增长因素）都成为历史的最好时期。1985年粮豆总产12 761.3万公斤，亩产149公斤；向国家交售粮食7 254.6万公斤，商品率56.85%。全县粮豆亩产比1949年增长87%，平均年递增2.42%；总产增长184.44%，平均年递增5.07%。1985年县属工农业总产值13 308万元，是1952年的15.7倍。农村多种经营收入达1 882.8万元，占农业总收入的20.99%，比1982年增长3.61倍。全县农村人均收入443元，是1981年的3.7倍，是1955年的6.7倍。

1996年，是"九五"计划的起始年，也是市县合并的第一年。全市国内生产总值63 573万元（现价），比上年增长8.4%。其中，第一、二、三产业增加值分别为32 894万元、12 498万元、18 181万元，比上年分别增长 10.5%、5.8%、7.1%，占国内生产总值比重分别为51.7%、19.7%、28.6%。全市非国有经济增加值为49 459万元，比上年增长0.3%，占国内生产总值的77.8%。全年消费品市场繁荣活跃、商品货源充足，但购买力下降。市政府对物价采取了各种有效措施，使物价涨幅由近3年来的两位数降为一位数。零售物价涨幅为6%，比上年回落9.7个百分点。居民消费物价涨幅为7%，比上年回落 7.7个百分点。农民收入增加，据农村住户抽样调查，全市农民人均收入2 165元，比上年增加431.68元，增长24.33%，扣除物价上涨因素实际增长16.2%。

大力发展五大经济。2000年，五大连池市进一步发展五大经济（特色农业、山口区域经济、旅游、矿泉和非公有制经济），取得了一定成效。2000年，国内生产总值（按1980年、1990年不变价计算）40 361万元，比1987年增加了27 008万元，增长了202.26%；人均国内生产总值比1987年增加了2 102元，增长了275.13%。市统计局2000年在全市范围内抽样调查农民80户，农民人均总收入2 766.53元，比1986年增加了1 972.49元，增长了8.25倍。2000年全市职工年人均工资6 496元，比1986年增长了4.66倍。

调整结构优化环境。2006年至2010年的"十一五"时期，全市人民在市委、市政府的正确领导下，以邓小平理论和"三个代表"重要思想为指导，深入贯彻落实科学发展观，大力实施"特绿色农业和矿泉旅游兴市"战略，调整结构、创新体制、优化环境，经济社会发展取得了显著成效。地区生产总值年均增长12.6%，2010年达到40.6亿元。全口径财政收入达到11 794万元，年均增长26.4%，其中一般预算收入达到7 758万元，年均增长31.2%。万元GDP能耗年均降低3%。城镇居民人均可支配收入和农民人均收入分别达到10 878元和8 200元，年均增长22.8%和22.3%。社会保障体系不断完善，城镇职工养老保险和医疗保险覆盖率分别达到98.2%和90%，新型农村合作医疗参保率达到100%。实施产业发育、基础设施、民生工程等重点建设项目150余项，完成投资30多亿元，落实招商引资项目290余项，到位资金24.3亿元。城镇固定资产投资累计完成40.7亿元，是"十五"时期的四倍。新建改建农村公路通达通畅工程879公里，所有乡镇和89%行政村通上了水泥路，五大连池市被评为全省农村公路建设先进市。科技教育投入不断增加，公共文化服务健康发展，新建扩建了高级中学、第二小学、团结中学、第一中学、萌芽幼儿园、市广播电视中心、体育馆和老干部活动中心等有重大影响的公共文化设施。公共卫生体系逐步完善，新建改造了市人民医院、中医院、10个乡镇卫生院和1个社区医疗服务站，就医条件和医疗卫生水平进一步提高。

做大做强主导产业。2013年，是实施"十二五"计划的关键一年，是五大连池市经济社会全面快速发展的一年。全市人民在新一届市委、市政府的领导下，坚持以科学发展观为指导，团结带领全市各族人民，实施"南扩、中兴、北跃、强镇"战略，狠抓招商引资和项目建设，大力培育主导产业，加强城乡基础设施建设，深入开展"心连心、促和谐"千名干部下基层活动，切实保障改善民生，各项工作取得了新的成效。

全市地区生产总值实现67.6亿元，同比增长8.1%；全口径财政收入实现25 071万元，公共财政预算收入实现16 866万元，同比分别增长17.1%和18.1%；固定资产投资完成28.6亿元，同比增长26.6%；社会消费品零售总额实现12.8亿元，同比增长14.8%；规模以上工业增加值实现12 935万元、利税2 327万元，同比分别增长26%和1.2%；城镇居民人均可支配收入实现16 663元，农民人均纯收入实现9 864元，干部职工工资标准达到全省同类地区最高水平；2013年，市域经济在全省排名前移5位，综合实力明显增强。现代农业稳步发展，通过调整种植结构、增加高产作物面积实现了高产稳产，粮豆薯总产达到8.36亿斤。规模经营土地191万亩，占总播种面积的66%，6个村实现整村推进。建设现代农业示范园区20万亩，高效农业生态园典型示范作用突出。新组建现代农机合作社2个，发放农机购置补贴744万元，更新农机具355台，农业综合机械化程度达到97%。场市共建深入开展，落实"三代"面积155万亩，与农场共建农业科技园区4处。实施了节水增粮行动、病险水库除险加固等水利项目，抵御自然灾害能力不断增强。畜牧养殖规模逐步壮大，畜禽养殖专业户达到602户，养殖小区发展到7个，实现增加值2.2亿元，同比增长12%。新转移农村劳动力4 000人，累计转移农村劳动力4.9万人，实现劳务收入6.2亿元。新增造林3.5万亩，补植1万亩。野猪养殖、食用菌和北药种植规模持续扩大，林产经济实现产值3亿元，同比增长21%。工业经济发展势头良好，北大荒矿泉水、宝泉啤酒等重点企业平稳运行，沾河木材加工园区和矿泉工业园区享受省级开发区政策。旅游产业加快发展，双泉旅游新区东区道路、排水等基础设施完工，山口湖列入全国江河湖泊生态环境保护规划，山口饮用水水源地污染防治工程、地质公园能力建设项目稳步推进，青山公园基础设施不断完善，温都水城养生会馆投入使用。外事工作取得新进展，成功举办了五大连池和俄布市缔结友好城市十周年庆祝活动，我市与汤加王国首都努库阿洛法建立了友好关系，对外交流空间进一步扩大。

　　强力推进招商引资。坚持把项目建设作为加快发展的支撑和动力，齐心协力抓招商，合力攻坚上项目，以招商引资和项目建设的新突破，促进经济社会又好又快发展。重点围绕滨水新城、双泉旅游新区、矿泉工业园区开展招商活动，制定完善了招商优惠政策，修订了招商引资奖励办法，为做好招商工作奠定了基础。先后组团赴北京、江苏、浙江、广东、山东等发达地区招商推介，积极参加香港周、哈洽会、绿博会、大黑河岛国际经贸洽谈会，取得了丰硕成果。全年共引进超千万元项目42个，总投资49.56亿元，到位资金25.42亿元，实现了新的突破。成立了五大连池（北京）经济发展促进会，打造了交流合作平台，为招商引资注入了新的活力。在青岛市举办了五大连池重点产业项目推介会，与青岛市李沧区企业联合会签订了友好协议。项目建设成效明显，建设重点项目19个，完成投资12.5亿元，比去年增长了19%。新兴商贸粮食仓储物流、鸿盛粮油一期工程投产，圣丰种业项目试生产，带动了农业种植结构调整，促进了农民增收。大沽河尚元薯业项目主体完工，新邮通矿泉产品开发、东谕饮品等项目积极推进，富民种业、五连发矿泉饮品项目开工建设，奥奇丽矿泉产品开发等项目正在开展前期工作。向上争取各类资金11亿元，涵盖城乡建设、社会事业、民生保障等领域，有力推动了经济社会发展。

　　加快基础设施建设。滨水新城建设全面启动，总体规划和启动区控详规划编制、征地补偿、地热资源勘测、河道疏浚等前期工作完成，城区段讷谟尔河治理工程获省发改委批复，拦河闸、沙滩浴场等支持性工程扎实推进。城市路网不断完善，环城公路一期、五道街开通和兴隆大街翻修工程完工，朝阳大街西段开通工程进入收尾阶段，青山大桥项目前期准备工作完成。实施了市区楼体亮化改造工程，加大了主要街道、青山公园绿化美化力度，建设了以抗联第三路军、红灯记等为主题的6组街景雕塑，城市形象和品位逐步提升。"三供两治"项目建设成效明显，城市给水扩建、龙镇污水处理、双泉镇污水管网项目开工建设，污水处理二期工程和垃圾填埋场项目竣工。改造城市棚户区2.85万平方米，建设保障性住房326套、2.1万平方米，改造农村泥草房5 050户、危房900户。"三带百村工程"建设稳步推进，扶贫开发力度加大，农村生产生活条件进一步改善。

统筹发展社会事业。教育事业加快发展，投资4 400万元新建了实验中学、第一小学、青山幼儿园等教学楼，改扩建乡镇幼儿园3所，黑河技师学院通过省人社厅专家组初评，我市被确定为省部共建国家现代农村职业教育改革试验区试点县。医药卫生体制改革不断深化，讷谟尔卫生院投入使用，为医疗机构配备了一批先进设备，群众就医条件明显改善。文体事业繁荣发展，薛氏剪纸、火山矿泥陶制作技艺列入省级非物质文化遗产，博物馆文物征集工作启动，全民健身运动深入开展。就业再就业工作成效明显，城镇新增就业2 420人，开发公益性岗位110个，城镇登记失业率在省控目标以内。发放下岗失业人员、妇女创业小额贷款1 987万元，为城乡群众创业提供了资金支持。社会保障体系不断完善，城镇职工、城镇居民医疗保险以及新农合报销比例稳步提高，城乡居民社会养老覆盖面持续扩大，廉租住房租赁补贴足额发放，城乡低保实现应保尽保。投入2 530万元回购了山口湖旅游经营权、双泉天然矿泉水有限公司以及青山粮食有限公司部分资产，为长远发展打下了坚实基础。人口计生工作深入开展，人口自然增长率控制在1.9‰以内，拖欠的城镇无业、下岗职工独生子女奖励费全部兑现。行政审批服务中心成立，便民110服务热线开通。异地新建了建安、天鹅社区服务中心，龙镇第二社区服务中心改建完成。实施了环卫免费早餐工程，环卫工人生活和工作条件明显改善。改造农村贫困残疾人危房40户，残疾人综合服务中心改造完成，免费向残疾人开放。灾后重建工作顺利推进，向受灾群众发放补助金199万元，修复受损房屋85户，重建损毁房屋12户，水毁道路修复完成。人民武装工作继续加强，民兵训练基地主体完工，民兵装备仓库投入使用。认真解决群众合理诉求，妥善化解矛盾纠纷，实现全国"两会"期间进京零非访目标。政法工作切实加强，社会治安综合治理不断深入，依法打击各种违法犯罪活动，我市连续八年获省级平安市荣誉称号。

第三节　党的十八大以来革命老区的巨大变化

2012年11月8日至14日，召开的中国共产党第十八次全国代表大会，是我党在全面建设小康社会的关键时期和深化改革开放、加快转变经济发展方式的攻坚时期召开的一次十分重要的会议。我党以强烈的历史使命感和责任感，站在历史和未来的交汇处，引领着拥有伟大复兴梦想的中华民族，开启了全面深化改革新的伟大征程。习近平总书记指出：改革开放是决定当代中国命运的关键一招，也是决定实现"两个一百年"奋斗目标、实现中华民族伟大复兴的关键一招。十八届三中全会通过的《关于全面深化改革若干重大问题的决定》，着眼于经过近40年的改革发展，强调改革从主要推进经济体制改革扩展到全面深化经济体制、政治体制、文化体制、社会体制、生态文明体制等改革，提出完善和发展中国特色社会主义制度、推进国家治理体系和治理能力现代化的全面深化改革总目标。我国进入"五位一体"全面深化改革新阶段，中国特色社会主义走进新时代。五大连池市委、市人民政府认真贯彻十八大会议精神，团结带领全市人民以脱贫攻坚统揽经济社会发展全局，主动适应经济发展新常态。切实加快推进新型工业化、农业产业化、红色旅游品牌化建设，在超前谋划、科学应对中破解发展难题，在扩大开放、改革创新中寻求发展动力，在统筹城乡、区域协调中形成发展优势，在改善民生、构建和谐中优化发展环境，全力推动市域经济持续、快速、健康发展，为全面建成小康社奠定了坚实的基础。

抢抓机遇借势发展。党的十八届三中全会提出加快构建新型农业经营体系、完善城镇化健康发展体制机制。在国务院制定的《全国资源型城市可持续发展规划（2013—2020年）》中，五大连池市被列为67个资源衰退型城市之一，国家将加大对我市的政策支持力度，扶持接续替代产业发展。省委、省政府深入实施"两大平原"现代农业综合配套改革试验、大小兴安岭生态保护与经济转型、老工业基地调整改造等"五大规划"，加强水利、铁路、城镇"三大基础设施"建设；五大连池支线机场列入《黑龙江和内蒙古东北部地区沿边开发开放规划》，上升为国家战略，这些政策都为五大连池市借势发力、顺势发展带来千载难逢的发展机遇。

经济实力明显提升。全市人民在市委、市政府的正确领导下，认真贯彻习近平总书记对我省重要讲话精神，围绕建设"矿泉产品、绿色食品、康养旅游"三个百亿级产业基地，凝心聚力、攻坚克难、改革创新，全市经济社会发展迈上新台阶。坚持培育主导产业，扩大经济总量，市域经济保持平稳健康发展。2015年，全市地区生产总值实现82.5亿元，完成"十二五"目标的101.6%，公共财政收入完成2.4亿元，完成"十二五"目标的113.7%，固定资产投资完成34.4亿元，社会消费品零售总额实现16.5亿元，分别是2010年的2.26倍和2倍。农业经济稳步发展，实施了"节水增粮"行动、病险水库除险加固等农田水利项目，农村合作经济组织发展到311个，五大连池大豆、大米、面粉、鸭蛋通过农业部农产品地理标志认证。大力推进造林绿化，完成封山育林9.3万亩、人工造林3 708亩，义务植树63.8万株，绿化村屯146个，北药种植、食用菌栽植、特色养殖等林产经济快速发展。畜牧业发展迅速，养殖专业户达到535户，2015年畜牧产值实现6.3亿元、畜牧增加值实现2.8亿元，比2010年分别增长了110%、112%。劳务经济不断壮大，累计转移劳动力24.4万人次，劳务经济成为农民增收的重要渠道。工业经济稳步发展，北大荒矿泉水、宝泉矿泉啤酒、五连发矿泉水等重点项目建成投产，农林产品加工企业发展到28家，矿泉水生产企业发展到27家。2015年规模以上工业企业实现增加值1.4亿元、利税完成1 710万元，分别是2010年的1.4倍和2.1倍。举办了"首届世界三大冷矿泉水资源国际论坛"，成立了矿泉饮品企业联合会，规划建设了矿泉工业园区。旅游经济蓬勃发展，山口湖风景区晋升国家AAAA级景区，我市荣获"中国十佳文化旅游明星城市"称号。

2017年地区生产总值实现83.1亿元，增长7%；公共财政预算收入实现2.7亿元，可比口径增长5%；固定资产投资完成40.3亿元，增长6%；社会消费品零售总额完成19.7亿元，增长10%；城镇和农村常住居民人均可支配收入分别达到2.4万元、1.37万元。在2016年度全省县域经济主要社会指标考评中，我市位列第23位，比2015年前进13位，比2014年前进25位，其中地方税收收入增幅居全省第5位。项目建设成效显著。全市招商引资和项目建设工作扎实推进，累计引进投资超千万元项目89个，其中超亿元项目45个，引进到位资金111.6亿元，是"十一五"时期的4.6倍。建设重点产业项目27个，总投资49.8亿元，累计完成投资35.1亿元。建设重大基础设施及民生工程24项，总投资14.3亿元，累计完成投资12亿元。北京宏福集团投资6.5亿元的国际旅游接待中心项目，北大荒集团投资7亿元的百万吨矿泉水项目，黑龙江鑫昌泰集团投资2.7亿元的宝泉20万吨矿泉啤酒项目，山东圣丰种业有限公司投资1.1亿元的生物育种项目等一批投资或产值超亿元的大项目相继建成投产。

2017年引进落地超千万元项目31个，其中超亿元项目11个，总投资52.42亿元，到位资金29.57亿元，增长21.7%。向上争取各类资金17.3亿元。实施重点建设项目14个，完成投资10.39亿元。科迪60万吨稻谷综合加工项目建设完工，热电联产项目主厂房建设完成，1台150吨锅炉即将投入使用。五大连池德都机场建成通航，开辟了对外开放空中通道。广州番禺与我市对口合作有效开展，广汽寒地试车项目达成意向性投资协议。华滨饲料加工及生猪养殖项目饲料生产线投产，建成猪舍6栋，养殖母猪5 000头，存栏仔猪2.1万头。吉黑高速龙镇互通工程基本完工，长讷公路二龙山农场至五大连池段工程交工通车。北五铁路项目、科迪100万吨非转基因大豆加工等项目稳步推进。

综合实力稳步提升。2017年农村经济持续向好，农林牧渔服务业增加值实现33.1亿元，增长8%。种植结构持续优化。全市总播种面积347.6万亩，其中绿色、有机作物认证面积达到70万亩，落实耕地轮作制度试点面积35万亩。粮食总产量达到71万吨。种子繁育面积达到67.6万亩，我市被农业部确定为第一批区域性大豆良种繁育基地。林产经济稳步增长，特色苗木、食用菌、北药等产业快速发展，实现产值6.14亿元，增长20%。农业基础建设持续加强，建设"互联网+农业"高标准示范基地14个、1.5万亩，"三减"基地25个、40万亩。工业运行稳中有进。新增规模以上工业企业1家，规模以上工业增加值、利税分别达到1.6亿元、1 775万元，分别增长6%和6.5%。矿泉产品加工产业健康发展，北大荒矿泉水、宝泉啤酒等重点企业平稳运行，五连发矿泉水覆盖北京铁路局、广州铁路局190余对高铁列车。天缘泽水苏打水项目建成投产，山口水电厂增效扩容改造进展顺利。矿泉工业园区被列为省级工业示范基地，完成了科迪绿色食品产业园项目二期征地，科迪电力专用线工程完工，中小企业创业园前期工作基本就绪，园区实现产值5.3亿元。

城乡面貌变化巨大。全市统筹城乡建设，加大基础设施建设投入，人居环境明显改善。《五大连池市城市总体规划（2010—2030）》通过批准，为统筹城乡发展提供了科学依据。大力实施保障性安居工程，投入5.4亿元实施了棚户区改造工程，改造面积20.6万平方米，改造农村泥草房1.4万户。城市路网不断完善，投资2.2亿元实施了环城公路工程，投资1.13亿元完成五道街新建，和平大街、兴隆大街、青山路翻修等工程，青山大桥建成投入使用。实施了迎宾路升级改造工程，对临街楼体进行了亮化改造，城市绿化亮化美化成效显著。"三供两治"项目建设成效明显，新建供水管网20公里，日供水能力达到9 800吨；改造供热管网39公里，完成27.3万平方米老旧楼房供热改造，龙镇镇内实现集中供热；新建翻修排水管网6 760米，城市污水处理工程、城市生活垃圾处理工程和龙镇污水处理工程投入使用。滨水新城启动区基础设施开工建设，讷谟尔河治理工程城区段项目扎实推进。开展农村环境卫生整治，完成48个村屯的绿化工程，配备垃圾清运车277台，农村环境卫生实现常态化管理。

城乡功能更加完善。坚持规划引领，完成城市总体规划修编，启动了城市地下综合管廊和海绵城市专项规划编制工作。城市新建楼房面积20.94万平方米，实施城市棚户区改造项目5个209户，改造农村危房160户。讷谟尔大街东段开通，朝阳大街东段完成管网铺设工作。滨水新城启动区建设稳步推进，完成道路水稳工程和人行道铺装。城市管道燃气项目管道入户530户。改造城市供水管网3 324米，新建排水管网1 350米、城区垃圾中转站3处，龙镇山口湖水源供水工程完成前期工作。龙镇污水处理厂投入使用，实现第三方运营。美丽乡村建设深入推进，实施了2个示范村建设，新发镇和民村通村路改造工程完工，绿化重点村10个，全省整镇推进农村垃圾处理试点项目基本完工，所有村屯日常保洁实现全覆盖。城市管理更加精细。推进城市净化、美化、亮化、绿化工程，实施了兴隆大街东段、讷谟尔大街等街路和滨水湿地公园绿化工程，完成温都水城LED大屏幕、武装部、政务服务中心等亮化工程，加强广场、路灯等设施管理，加大广告牌匾、乱停乱放、私搭乱建综合整治力度，城市管理更加规范有序。实行网络化管理，全力打好创卫攻坚战。经过三年多的不懈努力，创卫工作取得突破，国家卫生城市创建进入综合评审阶段。生态建设成效显著。完成造林绿化1.64万亩、补植1.85万亩，森林抚育3.6万亩。城区垃圾无害化处理率达100%，城市污水处理率达到92%。强化了水资源保护，全面推进"河长制"，双龙泉饮用水源地污染综合防治和山口湖生态环境保护工程扎实推进。强化大气污染防治，严控煤炭污染、野外秸秆焚烧，淘汰黄标车168辆。我市荣登全国"2017百佳深呼吸小城"榜单，五大连池湿地公园晋升为省级湿地公园。

人民生活不断改善。全力保障和改善民生，大力实施民生工程，人民群众生活质量明显提高。2015年城镇常住居民人均可支配收入实现2.08万元，农村常住居民人均可支配收入实现1.2万元，分别是2010年的1.9倍和1.46倍。大力发展教育事业，累计投入1亿多元建设了实验中学、太平中学、职教中心实训基地等教学楼，14所学校晋升为省级标准化学校，职教中心被评为国家高级技工学校和国家职业教育改革发展示范校。积极改善医疗条件，累计投入6 500万元新建了人民医院住院部及影像中心，建设社区卫生服务中心1个，乡镇卫生院全部迁入新楼，市人民医院通过二级甲等医院复审验收。文体事业蓬勃发展，市体育场、老年活动中心投入使用，国际文体中心主体工程完工，乡镇文化站实现全覆盖，薛氏剪纸、火山矿泥陶制作技艺列入省级非物质文化遗产。认真落实就业再就业政策，累计发放下岗失业人员小额担保贷款4 893万元，城镇新增就业12 190人，城镇登记失业率控制在3.9%以内。社会保障体系不断完善，城镇职工基本医疗最高支付额提高到10万元，大额医疗保险报销比例提高到80%、最高支付额提高到15万元；城镇居民基本医疗保险报销比例由65%提高到70%，最高支付限额由5万元提高到9万元。新农合住院报销封顶线提高到10万元，符合条件的134家关闭破产企业3 332名员工纳入到职工医疗保险。城乡低保实现应保尽保，发放低保金3.2亿元，惠及城乡困难群众2.5万人。

社会大局和谐稳定。"六五"普法圆满完成，公民法律素质得到提高，社会治安和安全生产形势持续好转，社会大局和谐稳定。人口和计划生育工作切实加强，我市被评为"国家阳光计生行动示范市"。生态建设和环境保护取得实效，被授予"国家级生态示范区"称号。新建了市民服务中心，开设了便民"110"服务热线，整合公安、供水、供电、供热等部门资源，收录政府部门、企事业单位和乡镇的行政审批服务事项，公开工作流程、收费标准、咨询电话等信息，为群众提供"一站式"服务。开展了"心连心、促和谐"千名干部下基层活动，在2015第十届中国全面小康论坛上荣获了"2015 中国十大民生决策奖"，辐射扩大到5 600余名党员干部参与活动，几年来，全市党员干部共为群众办实事3 700余件，累计为困难群众捐助生产生活物资1 850万元，化解信访积案185 件，新增就业再就业3 870人，1 360户困难群众生活得到改善，285户贫困户实现脱贫。

脱贫攻坚强力推进。党的十八大以来，五大连池市高度重视脱贫攻坚工作，精心谋划，狠抓落实，集中人力、物力优势全力推进，确保扶贫工作落在实处帮在点上。几年来全市累计投入扶贫资金2 327.56万元，其中，扶贫专项资金2 032.09万元，自筹及其他资金为295.47万元，主要实施了脱贫产业、基础设施、社会事业、贫困劳动力转移培训等项目，使2万多户，8万多人受益，8 000多贫困人口实现脱贫。全市共扶持贫困户253户，新建养鱼池30亩、饲养房舍4 990平方米、塑料大棚1.2万平方米；农业阳光保险补贴49户1 670亩；新农合补贴140户4 647人。经过扶持使贫困人口年人均收入达3 000元。2017年，五大连池市加大财政投入力度，实施4个贫困村的扶贫项目，完成两个贫困村出列，207户388名贫困人口实现脱贫。投入专项扶贫和行业扶贫资金8 490万元，实施了道路硬化、危房改造等项目，1 038名贫困人口受益。发展棚室蔬菜、畜牧养殖、食用菌栽培等脱贫产业，带动280名贫困群众脱贫。加大金融扶贫支持力度，为463户贫困户发放小额贷款1 783万元。目前该市11个贫困村，已整村出列7个，建档立卡贫困户727户1 420人，已脱贫192户348人；计划今明两年再分别完成两个贫困村出列，如期实现全部脱贫的总体目标。2018年全市11个贫困村全部出列，704户1 371名贫困人口实现脱贫。共组建驻村工作队11个，选派93名市直部门干部任第一书记，市乡村三级帮扶干部达到1 607人。投入扶贫专项资金1 852.3万元，实施了生猪养殖小区、食用菌基地、豆制品深加工等9个产业项目及26个基础设施项目。为639户贫困户发放小额扶贫贷款2 432万元，建立贫困户与企业、合作社利益联结机制，每户年均增收2 400元。投资2 736万元建设12座村级光伏电站，现已并网发电。广大干部职工捐资136万元，建立了扶贫产业发展基金。出台精准扶贫优惠政策，为发展养殖产业、外出务工及被评为"十星级文明户"的贫困户发放奖励资金33万元。深入开展精准扶贫"聚合力、暖人心、做实事"系列主题活动，爱心众筹、暖心义诊、科技扶贫成效显著。

实施品牌发展战略。 近年来，五大连池市进一步健全商标申报长效机制， 积极推进"一乡（镇）多标"和一社一标建设，鼓励和引导更多市场经营主体申请注册商标，形成了"企业主体、市场主导、政府推动、行业促进、社会参与"的商标战略发展格局。围绕"米、面、粮、矿泉水、鸭蛋、马铃薯、水产品、山特绿色产品"等绿色、特色产业和生态农业，打造特色知名农产品商标、地理标志证明商标。引导农业生产者、经营者运用地理标志商标和农产品商标，推动精准扶贫，助推市域积极发展，提高了有效注册商标数量和质量，推进了商标品牌经济效益。

2014年11月18日，有140 000公顷的五大连池大豆、五大连池大米，获农业部农产品地理标志登记证书。2015年2月10日，五大连池面粉获农业部农产品地理标志登记证书。50万亩大豆生产基地，2012年8月被国家批准为"五大连池大豆"品牌，作为全国绿色食品原料标准化生产基地重点发展。五大连池山口渔业公司，有机渔业养殖面积达11.9万亩，水产品产量达3 100吨。2002年1月，山口鲤鱼、鳙鱼、鲢鱼、鲫鱼、狗鱼、鲶鱼获得有机食品证书。以"火山红""连池红"牌为代表的五大连池矿泉鸡蛋、鸭蛋绿色食品，养殖规模达23万只，产量1 910吨，2015年7月22日，获农业部农产品地理标志登记证书。

五大连池市的黑木耳、猴头菇、元蘑、榛蘑等特绿色产品，2012年1月28日在国家商标局注册为"森晶"牌商标。五大连池柞蚕绿色、特色种植养殖业一批现代化企业迅速崛起。这些五大连池市特有知名品牌产品，不但销售遍布东三省、江苏、上海、广东、山东等地，也远销俄罗斯，深受省内外及俄罗斯消费者的熟知和喜爱。同时，也极大地提升了五大连池市的知名度，为五大连池市创造出了更多的财富。

党的建设全面加强。深入开展党的十八大精神学习宣传活动，组织了"筑梦中国、圆梦连池"大讨论，举办了十八届三中全会理论培训班、党的群众路线教育实践活动理论宣讲等活动，党员干部理论水平不断提高。市委对舆情信息的话语权、主导权、管理权明显增强，社会主义核心价值体系建设不断深入，倡导新风正气，引领社会潮流，弘扬主旋律，传递正能量。对外宣传力度加大，利用哈洽会、矿泉啤酒节等载体，积极开展主流媒体宣传，唱响了发展强音。开展了"双挂双派"活动，选派53名干部到重点工作一线和发达地区挂职锻炼，促使干部在实践中开阔眼界、增长本领。始终坚持正确用人导向，严格执行干部选拔任用制度，注重在招商引资、项目建设、下基层活动等领域培养锻炼干部，对想事、干事、能干成事的干部委以重任，选人用人公信度进一步提高。基层党建工作取得实效，健全完善"三级联述联评联考"制度，新成立农村合作组织党支部19个。组织党代表参与调研视察活动，党代表作用得到充分发挥。党管人才工作不断加强，出台了《进一步加强人才工作的意见》等文件，为做好人才工作提供了政策保障。深入推进反腐倡廉建设，通过立案查处违法违纪案件，查办大要案，挽回经济损失500余万元。认真落实中央、省委和黑河市委改进工作作风的规定，结合工作实际，对改进调查研究、密切联系群众等8大类、25个方面做出详细规定，并严格贯彻执行，促进了党风政风好转。"心连心、促和谐"千名干部下基层活动深入开展，党员干部累计为群众办实事2 000多件，捐助生产生活物资1 000多万元，解决信访问题100余件，对接帮扶空巢老人404户、留守儿童983人，密切了党群干群关系，促进了社会和谐稳定，为全市党的群众路线教育实践活动提供了有益借鉴。经验材料《五大连池市推动干部下基层"抓"民心》《化解一次矛盾、打开一个"心结"》分别在新华社《内参选编》和《黑龙江领导参考》上发表，扩大了活动的影响力。

第四节　革命老区乡镇的发展变迁

党的十八大以来，市委、市政府认真落实习近平总书记关于加强革命老区工作的指示，贯彻新发展理念，转变发展方式，使革命老区乡镇经济发展质量和效益不断提升，出现了健康稳定高质量发展的新局面。

一、革命老区朝阳乡

朝阳乡位于五大连池市市域北部，乡政府驻地距五大连池市中心60公里，东与市种畜场相接，南与引龙河农场毗邻，西与尾山七星泡农场接壤，北以科洛河为界与嫩江县麦海乡隔河相望。抗日战争时期，东北抗日联军第三路军在朝阳山区创建了抗日后方根据地，朝阳山区也由此被载入东北抗日战争的光荣史册，成为新时期革命传统教育和爱国主义教育的理想课堂和教育基地。

为了加快朝阳山开发建设，德都县革命委员会于1969年10月中旬，在朝阳山地区开始进行"三线"备战后方基地建设工作，11月10日建成了简易的战备仓库、野战医院和作战指挥机关。1970年成立了德都县后方基地建设指挥部，驻地设在现在的朝阳村，期间除进行后方基地建设工作外，开始从平原公社动员社员迁到朝阳山上开荒建点。

1972年6月27日，德都县革命委员会批准成立朝阳人民公社。1972年10月，朝阳人民公社正式成立，原址建在洛河山西南部的"3 300米"处。1977年10月搬迁到现在的乡政府所在地。下设10个生产大队，居民716户，总人口3 464人。

1983年5月，经德都县委、县政府批准，改为乡，成立朝阳乡人民政府。全乡11个行政村，18个自然屯，9 864人，耕地面积19万亩，总面积674平方公里。

1979年6月24日，根据国家民政部、财政部，民发〔1979〕30号文件，关于划定革命老区的文件精神，德都县（现五大连池市）被黑龙江省人民政府定为三类革命老区，朝阳乡随即成为革命老区乡。

朝阳乡自1969年开荒建点以来，一度是"吃粮靠返销、花钱靠贷款、生活靠救济"的重点贫困乡，农民人均收入多年来始终徘徊在1 000元左右。多年来，吃水难、交通难、治病难、受教育难、通讯难等困难一直困扰着老区经济的发展。

改革开放后，特别是党的十八大以来，为加快朝阳乡革命老区脱贫致富的步伐，朝阳乡党委、政府按照市委、市政府的要求，对老区资源和功能载体进行聚集和重组，建立了多元项目投资主体，广辟筹资渠道。党的十九大后，朝阳乡党委带领全乡人民全面贯彻落实党的十九大精神，认真学习习近平新时代中国特色社会主义思想，围绕"两高一优一突破"的目标，突出发展"三色经济"（即红色旅游、绿色农业、蓝色山珍），走出一条"建设老区、项目统揽、以山生财、滚动发展"的老区建设之路，促进了朝阳乡经济社会平稳快速发展。

调整优化产业结构。朝阳乡以"农业增效、农民增收"为主题，以强化农业基础为重点，以结构调整为主线，以市场需求为导向，大力发展效益农业和特色农业，全面提升农业的整体质量和效益。2013年，全乡播种面积19万亩，其中优质专用品种种植面积达到17.2万亩，优质品种率达到90%。其中，大豆种植8.6万亩，占总面积的45%；优质麦种植5.5万亩，占总面积的29%；杂豆种植面积3万亩，占总面积的16%。各类农作物亩产分别为大豆85公斤、小麦195公斤、杂豆91公斤，玉米510公斤。全年实现农民人均纯收入实现12 300元，比上年增长6%。同时，积极引导农民加快土地流转进程，促进土地规模经营。通过合作社经营、土地托管、大户承包、家庭农场等有效形式，发展规模经营面积达到11万亩。2013年在青峰村大型农机合作社的基础上，又新建边河村千万元农机合作社，落实农业科技示范园区5处，面积达到9 950亩，进一步推进了连片种植和规模经营。2017年全乡种植面积189 437.4亩，其中大豆138 515.17亩，小麦39 260.47亩、玉米4 656.26亩、杂豆6 995.5亩、药材10亩，逐渐降低玉米种植面积，适度增加大豆、小麦、杂粮等特绿色农业作物面积，共建农业科技示范园区3处5 000亩，有效地改善了农业生态环境，促进农民增收。

为了提高农业的科技含量，朝阳乡积极引导农民推广优良品种，更换纯度低、产量低的大豆品种，改善传统的耕作方式。积极推广种植早熟高产优质大豆北93-95、北93-406、北93-407、黑交92-1544等品系，做到了大面积的良种化。在推广优良品种的同时，还采取了先进的栽培技术。推广了大垄栽培方法，垄上播种六行。将原垧保苗株数26万增至36~42万株，实现了亩增产30公斤左右。这是在现有栽培条件、生产条件和自然条件下提高大豆单产的一项突破性技术措施。同时还采取了秋季旋耕起垄，测土配方施肥，种子包衣等技术，提高了农业种植的科技含量。有力地提高了全村的粮食总产量。

畜牧经济持续发展。朝阳乡在全面提升农业的整体质量和效益的同时，积极深入实施"主辅换位"战略，以"两牛一羊"和特种养殖为发展重点，鼓励、引导、扶持广大群众大力发展畜牧业。为了适应快速发展的畜牧业需求，用好扶贫资金，在市扶贫办的指导下，用20万扶贫资金，在金山村、东风村、朝阳村、青峰村建了四处畜牧服务站。同时，为使畜牧养殖产业化发展，乡里又成立了畜牧养殖协会，本着利益共享的原则，形成了龙头企业＋专业村＋养殖大户的产业链条，解决了畜产品销售难的问题，促进了畜牧业稳步发展。2013年全乡拥有各类养殖专业户209户，畜牧养殖专业合作社2家。实现生猪存栏2 830头，牛存栏10 192头，羊存栏34 456只，奶牛存栏663头，禽类存栏35 088只。全年共实现肉类总产量1 885吨，禽蛋产量67吨，奶产量1 765吨。

2010年在边河村以养猪大户于东国为主成立了养猪协会，全村生猪出栏量实现了516头。于东国年出栏育肥猪125头，销售收入达11万元，由贫困户变成了富裕户。边河村从事畜牧生产的养殖户发展到了112户，生猪存栏量达到了826头，奶牛136头，羊1 500只，具有一定养殖规模的养殖专业户15户。仅畜牧业收入达139.76万元，占全村总收入的28%。同时，通过采取落实优惠政策、加强防疫灭病、提供技术指导、扶持养殖合作社等一些行之有效的措施和办法，确保全乡畜牧业的安全、健康、快速发展。

2017年，全乡奶牛存栏88头、肉牛存栏7 527头、生猪存栏2 554头、羊存栏28 334只、家禽26 870只，全乡拥有各类养殖专业户200户。现在朝阳乡连续两年畜牧业人均收入达1 400元以上，占人均收入的35%，基本上实现了三分天下有其一的产业格局。

特色产业初见成效。为促进农民增收，通过对市场的认真考察，根据朝阳乡的气候特点，大胆发展优质绿色特色农业。

首先，从2002年开始在最北部的红旗村进行了芸豆种植的尝试，并以奶白花芸豆为当家品种，结果种植芸豆的效益高出了麦豆效益一倍还多。2007年又引进了"中白""日本白""英国红"等品种，芸豆种植管理简单、产量高、成本低、市场需求量大、价格高，很快由一个红旗村普及到了全乡。依靠种植芸豆富了红旗村，人均收入5 000元以上的就有50多户，占总户数的58%，芸豆年收入最高的户可达20万元。其次，引导农民适当增加大豆和玉米种植面积。2012年全乡实际播种面积19万亩，其中大豆10.3万亩，占总面积的54.2%；优质麦种植2.5万亩，占总面积的13.2%；杂豆种植面积1.6万亩，占总面积的8.4%；玉米和马铃薯种植面积3.7万亩，占总面积的19.5%；其他作物近1万亩。加快作物品种优质化工程，优质专用品种种植面积达到17万亩。同时，养蜂产业已发展到12家。蓝莓已试种成功，达300多亩，创收11万元。朝阳乡的蓝莓、蜂蜜、山野菜已在全市及周边地区小有知名度。

规模经营稳步推进。朝阳乡充分利用毗邻国有农场和林场的区位优势，加强与周边农林场的合作。为了扩大合作范围，延伸共建内容，朝阳乡经常组织科技人员到农场学习现代农业管理经验和技术，重点引进和推广农场优良品种、先进的管理模式和种植技术。按照农场的规模经营模式，以边河、沿河、青峰村为重点，鼓励引导农民加快土地流转进程，促进土地规模经营。

2012年，由致富带头人高学武带头组建了边河现代农机合作社，总投资1 000万元，入社100多户，土地连片经营10 000多亩，大大地提高了全村的粮食总产量。2012年全乡实现土地规模经营面积7万亩以上，建各类示范园区12个，其中，千亩以上园区3个。

2017年，通过合作社经营、土地托管、大户承包、家庭农场等有效形式，发展规模经营面积达到了3万亩，优质专用品种种植面积达到了17万亩。全乡有两家大型千万元农机合作社，充分发挥了农民专业合作社辐射作用，有效提升了农业机械化、标准化作业水平，进一步调优了种植业结构，推进了土地规模经营。这些举措不但促进了产业结构的调整，扩大了农民增收的空间，同时也增强了抵御自然灾害和市场风险的能力，带动了其他各业的协调发展。

为了加强与周边农林场的合作，朝阳乡充分利用毗邻国有农场和林场的区位优势，扩大合作范围，延伸共建内容大力发展规模经营。经常组织科技人员到农场学习现代农业管理经验和技术，重点引进和推广农场优良品种、先进的管理模式和种植技术。按照农场的规模经营模式，以边河、沿河、青峰村为重点，鼓励引导农民加快土地流转进程，促进土地规模经营。

劳务经济成效显著。朝阳乡认真实施走出去战略，把劳务经济作为乡村富余劳动力创业增收的重要手段和渠道。2017年对种植、养殖、焊接等人员进行适用技术培训达2 650人次，累计转移劳动力1 330人，劳务经济创收4 600万元，占全乡生产总值的31%。同时，加强了农民科技培训工作，全乡举办12个场次的农技培训班，共培训骨干126人，师资21人，确定科技示范户34户，技术咨询3 000余人次，发放资料3 000余份，实现了一家一个种田明白人的目标。全乡有各类农民专业合作经济组织13个，带动着200多农户发展特色种植与养殖，实现农户的平均户增收万元以上。

基础建设全面推进。按照城乡一体示范乡镇建设的总体要求，全面推进乡村基础设施建设。2013年以来，国家先后投资2 000多万元，为全乡建设90多公里的通村路，结束了村村之间没有路的历史，现在各村实现通客运班车进村屯，其中通北安、五大连池市、龙镇固定客运线路6条。2017年，通过争取和自筹资金，在乡驻地安装了路灯，修砌了永久性排水沟，新建了乡驻地和红旗村5公里的水泥路，在乡驻地、朝阳村、东风村安装了自来水。新建了红卫、双河、红旗、朝阳4个村的办公活动场所，对6个村的水毁路段进行了升级改造维修，治理了3条水打沟。集资330万元的9.3公里奋斗通村公路建设已全面通车。投入4 000多万元，整乡推进田间路240多公里，500多处桥涵，9个晾晒场。基本解决了群众最头疼、反映最强烈的问题。同时，多方筹集资金20万元，改善环境卫生，对环境进行绿化、美化，建立了保洁员岗位责任制，形成了专人负责、规范管理的长效机制。

教育卫生事业快速发展。2017年，朝阳乡党委政府制定出台了《朝阳乡党委、政府支持教育事业发展的若干规定》，举全乡之力改善办学条件，支持教育事业发展，保证提高教学质量，全面营造标准化、规范化、科学化、现代化的良好育人氛围。现在学校环境优雅整洁，办学实力雄厚，教学设备先进，功能齐全，硬化了师生出入校园的泥土路。2011年五大连池市高考600分以上考生6人，其中朝阳乡占4人。2012年朝阳乡有8名高考生进入一表重本线。市里有40多名孩子到偏僻的朝阳学校就读。2003年市政府投资200多万元，新建一座四层2 500多平方米教学楼后，2017年又新建了600平方米的教师周转房和学生宿舍用房，保障了教育事业的长足发展。目前，朝阳学校共有32个教学班，890名在校生，教师学历达标率为100%。中小学毕业合格率均为100%，中考升学率位居全市前列。

为了积极推进卫生事业的发展，2017年在发改委积极争取项目资金280万元用于卫生院建设，项目完工投入使用。在市卫生局的帮助下，整顿了医疗队伍，恢复了合作医疗，新型农村合作医疗参合率达100%。老区人民实现了"小病不出村、中病不出乡"的夙愿，真正享受了优质的医疗服务，解决了农民看病难的问题。

信息传递明显加快。为了解决传递信息滞缓，不适应信息时代需要的问题，市委、市政府动员成员单位，充分利用自己的优势，给老区人民献爱心，办实事。广电局为丰富老区人民的文化生活，及时掌握致富信息，优先提供卫星接收设备和多路微波收视设备，使90%的村民收看到了多套数、高清晰、丰富多彩的电视节目。市电信局利用自己的优势，为朝阳乡老区村民安装了有线电话，市联通公司投资先后在朝阳乡所在地和东风村建了6个通信机站，为村民开通手机创造了条件。现在，联通、移动和电信的服务网络已覆盖全乡，使老区的通话率达到百分之百。

搜集抗联红色资源。朝阳乡历届党委、政府高度重视抗联红色资源搜集、整理、保护和开发工作。根据市政府关于"做好朝阳山红色资源搜集、整理、保护和开发，抓好朝阳山抗联遗址景区景点建设"的决定，将保护开发抗联遗址群工作列为全乡发展规划重点，每年拿出全乡30%以上人力、财力，安排人员搜集踏查抗联红色资源。同时，邀请抗联老干部，抗联子女、抗联历史专家学者、文物工作者来朝阳乡考察抗联遗址，制定抗联红色旅游发展规划，使抗联资源挖掘、搜集、保护工作常态化，资料文物搜集整理工作有序推进。

一是踏查搜集东北抗联遗址遗迹。经过几年的工作，在60多平方公里的东北抗联遗址群，已经踏查出的遗址有东北抗联第六军小边河抗联后方基地、东北抗日联军第三路军总指挥、中共北满省委（含电台）、教导队、军政干校（含报社）、枪械修理所、后防医院（两处）、被服厂、金矿后方基地、各支队驻地及战斗遗址等十几处重要遗址。遗址群有房屋两处，山洞3处，地窨子300多个（经认定38处），多处战壕，水井及徐紫英等烈士遗骨遗物发现地多处。这些遗址遗物较为集中的分布在边河前沿遗址区、大横山总指挥遗址区、石莹山零点岗鹰嘴崖遗址区、金山乌库因河遗址区四大区域。

二是搜集抗联资料。通过当地挖掘和全国全省各地资料搜集，先后汇编《巍巍朝阳山》《朝阳山抗联根据地的斗争》等书籍，并搜集了东北抗联资料汇编、东北抗联十四苦斗史等大量证明历史史实的原始资料。同时，对乡政府驻地的所有街道全部以抗联英雄命名，并建了200块宣传标语牌，弘扬抗联将士的英雄事迹。

三是解决基础设施问题。在市委、市政府的大力支持下，市文化、财政、民政等部门投入资金，开展了定点、勘界、立碑等大量保护性措施，尤其是发改局在朝阳乡整乡推进农田路建设中，解决了十几处重点遗址不通路的问题。同时，还大力支持建设，修复了景区大门、纪念馆、军政干校、抗联总指部及相关设施。目前朝阳抗联遗址群已经是省级重点文物保护单位、省级注册博物馆、黑河级爱国主义教育基地和国家4A级景区。先后有中央党史办、军委武官局、原广州军区情报处、香港警察协会的主要领导和有关人士前来考察。抗联老领导、老将军、老战士及其后人，省市内外的有关人员到朝阳乡考察回访，一些国内外知名人士加入了朝阳乡创办的红旅联盟微信群。朝阳山抗联遗址景区景点，年接待人次在万人以上，为五大连池全域旅游打出一张靓丽的新名片。

精准扶贫成效显著。农业增效，农民增收为更多的老区农民脱贫致富找到了好的路子，为精准扶贫、精准脱贫工作打下的坚实的基础。朝阳乡按照党中央"四个全面"的战略部署、习近平总书记扶贫开发战略思想和市委市政府关于精准扶贫、精准脱贫的新部署新要求，把精准扶贫攻坚工作，作为重大政治问题、工作大局和中心任务，精心组织、强化措施，坚持扎实推进精准扶贫工作进程。

2017年，在精准扶贫，精准脱贫工作中朝阳乡建档立卡贫困户48户86人，通过动态调整贫困户脱贫15户、33人。市直各包扶单位、帮扶人以及乡领导干部深入村屯各家各户让群众体验到了实际的扶贫效果，群众知晓率达到100%。根据老区村的贫困状况，五大连池市委市政府将朝阳村列为全市重点贫困村，派进了驻村工作队。朝阳村在驻村工作队的帮助下，按照市委市政府的要求，采取不同的脱贫措施，对症下药，把扶贫措施精准落实到每户、每人。

通过干部对接扶持一批。市直5个单位的29名党员干部、8名包村乡干部与村的30户贫困户进行对接，每名党员干部帮扶1~2户贫困户，保证每个贫困户都有对接帮扶人。确定对接贫困户后，包村党员干部在村里调查摸底情况的基础上，详细了解贫困户的家庭情况、致贫原因及脱贫打算，制定合理的帮扶措施，确保贫困户能够尽早脱贫。

通过扶持生产发展一批。为了促进贫困村的发展，市委市政府出台了扶贫优惠政策。如扣大棚每平方米补助30元、养蜂5箱以上的每箱补助300元，贫困户栽植食用菌的每袋补助0.7元，非贫困户每袋补助0.5元。朝阳村积极向村民进行宣传，用足用好市里的优惠政策，充分利用山区资源优势，鼓励发展特色种植养殖专业户，带动贫困户整体脱贫。2017年发展特色养殖49户，其中，养蜂2户、养牛38户，存栏488头，养羊9户、存栏697只，较好的促进了贫困户的增收。

通过教育扶智帮助一批。通过协调各单位加大对贫困户子女接受九年义务教育和高等教育的资助力度，提高贫困人口文化素质。帮助3户贫困学生争取助学金，对有脱贫愿望但能力不足的贫困人口，加强实用技能培训，帮助选择脱贫项目，引导他们走自我发展道路。充分依托我市在北京、大连等地劳务输出基地和劳转服务站作用，组织村贫困农民通过劳务增收脱贫，目前朝阳村已经外出务工贫困人员123人。

通过基础建设改善一批。在工作队与乡领导密切配合下，积极争取发改委和扶贫办的扶贫资金，为朝阳村基础设施建设办实事。2017年修水泥路3.1公里，修田间路27公里，两次分别投入资金77.2万元和45.89万元。道旁沟护坡800延长米，投入资金31.55万元，治理水打沟700米，新建晾晒场3 000平方米，投入资金29.76万元，解决了村民出行难和无晾晒农作物场地的问题。市文体局协调争取建设项目建造1 000平方米的休闲广场，落实文化书屋书籍600余册，阅读桌2张，阅览室2处。市委组织部投入资金1万元，为村里购置了电脑、打印机、音响，进一步改善贫困村办公环境、丰富村民的业余文化生活。水务局经过实地调查取样，投入资金150余万元，实施自来水免费入户工程，新打饮水井两口，村民吃水难问题得到解决。同时，在驻村工作队的帮助下通过各种渠道积极争取扶贫项目，其中扶贫办投资200万为朝阳村硬化道路3.2公里和入村道路护坡并修建3 000平方米晾晒场、水务局投资150万解决朝阳村和曙光屯吃水难问题。为11户贫困户争取危房改造项目，使他们住上了温暖的住房。

通过社会保障兜底一批。按照市里的统一部署对丧失劳动能力的贫困人口，实施兜底性保障政策，将符合政策的贫困人口尽可能地纳入低保范围，做到应扶尽扶、应保尽保。对因病致贫或返贫的群众及时给予救助，贫困人口全部纳入医疗救助范围。五大连池市惠民商贸有限责任公司本着"户贷、企用、企还、贫困户收益"的原则，对朝阳乡35户精准扶贫户扶持贷款78万，较好地解决了贫困户的燃眉之急。按照"五个一批"

工作思路，2017年，朝阳村有50%的贫困人口通过发展特色产业脱贫，20%的贫困人口通过干部对接帮扶脱贫，20%的贫困人口通过技能培训转移就业脱贫，5%贫困人口通过基础建设改善脱贫，5%的贫困人口通过社会保障兜底脱贫。

党建工作明显加强。朝阳乡党委把党建工作摆上第一位置，通过抓党的建设统揽和领导全乡各项工作，取得较好成效。党的十八大以来，陆续出台和实施党委议事规则、强化"三会一课"规定、健全民主集中制、党员联系群众等8个方面21项制度和长效机制，建立健全的党建目标管理体系。以党政班子成员、支部书记、第一书记为责任主体，形成了党建工作层层抓落实的责任机制。结合朝阳乡实际，成立了3个"两新"组织党支部，确保"两新"组织党的工作全覆盖。强化了党员分类管理，针对老弱、外出及务工流动党员采取不同管理措施，确保党员保持本色。同时，加强对入党积极分子的培养，严格按照发展党员"十六字"方针发展党员，2017年发展党员5名，党员队伍结构更趋合理。开展了党员组织关系排查，规范了党员档案和接转手续，全乡没有失联党员。带头落实党风廉政建设责任制，健全相关制度，严格加强管理，认真召开民主生活会，开展述职述廉和民主评议，提高廉政意识。到目前，全乡没有出现党代表和党员违法违纪现象。近年来乡党委认真组织党员干部参加"群众路线""三严三实""两学一做""心连心""五位一体""四化五一""双学双带"及"暖冬行动"等各种实践活动，有效发挥党员的模范带头作用。2017年共开展各类学习教育培训7场次，接受教育的党员干部230余人次。

革命老区朝阳乡在市委、市政府的正确领导下，经过改革开放四十年的艰苦奋战，朝阳乡发生了巨大变化。朝阳乡从最初的10个自然屯发展到了18个自然屯，人口由最初的3 464人增加到了今天的7 869人，居民由开始的716户发展到了现在的2 352户。耕地面积由最初的三万亩增加到了近二十万亩，粮食产量由最初的亩产200斤增加到了400斤左右。农民住房砖瓦化率达到40%；大小型农业机械的拥有量达到80%；新型农村合作医疗参合率达到100%；有线电视覆盖率达到90%；电话通话率达到100%。农民的人均收入由2000年的不足千元，到近几年连续超万元。从而，使革命老区朝阳乡呈现了"通山公路绕山冈，宜牧草地有牛羊。屯屯兴起砖瓦化，住宅宽敞亮堂堂。村民饮上安全水，老区学生住楼房。山沟拔起通讯塔，内引外联招商忙。医疗卫生谱新曲，和谐欢唱奔小康"的崭新面貌。现在，革命老区朝阳乡，这块用抗联先烈鲜血滋润的英雄土地已成为五大连池市革命老区一面鲜红的旗帜。

二、革命老区太平乡

太平乡位于五大连池市西南部，乡政府驻地太平村，距市中心30公里，地理坐标为东经125°52′，北纬48°26′。东与和平镇接壤，南与华山劳改农场为邻，西至克山县界，北以讷谟尔河为界与团结镇隔河相望。属丘陵地带，地势南高北低。最高气温月平均26.6℃，最低气温月平均-26.1℃，年均温0℃，≥10℃活动积温2 500℃，年降水量500毫米，年日照量2 700小时，无霜期115～120天。区域总面积152平方公里，土壤以黑土、暗棕土为主，依次为草甸土、沼泽土、泛滥土。耕地20.04万亩，其中水田6 000亩，人均耕地10亩。全乡共有8个行政村，22个自然屯。居民7 566户，17 282人。总人口中汉族占97%，其余为蒙古、回、满等少数民族。

太平乡名源于驻地太平村名，开发于1907年，为布特哈辖镜。民国初期，为讷河县第四区管辖。1930年8月划为德都第三区，1931年6月改为第四区。1934年划为西河区辖境，1938年3月，改为西和村。1945年8月以后，划归西和区管辖，1949年6月改为第四区。1955年3月改称太平区公所，1956年3月，撤区划乡，将太平划为乡，乡驻地在太平屯。1958年9月，德都县并入北安县后，德都县改称青山人民公社，太平乡改为太平管理区。1961年4月，将太平、庆民两个管理区合并，成立太平公社，隶属北安市管辖。1963年9月，正式恢复德都县后，隶属德都县管辖。1983年4月改称太平乡人民政府，乡政府驻地太平屯，原名二十一号。1996年原德都县与原五大连池市合并成立新五大连池市，成为五大连池市的一个乡。农作物以小麦、大豆为主，其次为马铃薯、玉米、水稻。经济结构以种植业为主，畜牧业和乡镇企业辅之，是五大连池市重要的麦、豆生产基地之一。

抗日战争时期，太平乡老区人民为支援东北抗日联军对日作战和人民的解放事业做出了不可磨灭的贡献。1949年以前，太平乡经济基础薄弱，农业生产水平低下，人民生活极端贫困。新中国成立后，尤其是党的十一届三中全会后，经过四十年的改革、建设与发展，老区面貌发生了深刻变化，各项建设事业取得了较快发展，综合经济实力得到明显增强，人民生活水平不断提高。

大力发展农业经济。改革开放以前，太平乡在高度集中统一的计划经济条件下，由于过分片面强调"以粮为纲"，忽视多种经营，甚至把多种经营视为"不务正业"，当作"资本主义尾巴"割掉，因而造成农业产业结构严重失衡。农村经济发展缓慢，农副产品过于单一，许多地方的农民长期被困守在土地上。改革开放后，太平乡认真贯彻党和国家发展农业的一系列方针政策，冲破传统农业思想束缚，积极调整和优化产业结构，坚持因地制宜，在地区优势上寻突破，探索出了符合当地实际的农林牧渔综合开发的新路子。

一是积极调整农业结构。1978年以来，太平乡大搞农田水利基本建设，对中低产田实行水、田、路、林、电综合治理，取得了显著成效，使全乡粮食稳定增长，促进了林、牧、渔各业的协调发展。1986年，太平乡有耕地面积118 477亩，总播种面积117 021亩。粮豆薯播种面积115 585亩，亩产146公斤，总产量16 875吨。其中：小麦播种面积34 271亩，亩产113公斤，总产量3 889吨；大豆播种面积59 909亩，亩产156公斤，总产量9 342吨。造林面积604亩，育苗面积17亩，幼林抚育面积4 676亩。年末畜禽存栏数：牛1 277头，马1 012匹，驴8头，生猪3 933头，山羊131只，绵羊187只，家禽17 593只，家兔176只。当年出栏生猪2 221头，猪肉产量220吨，禽肉产量19 096公斤，绵羊毛产量4 734公斤，禽蛋产量71 812公斤。水产养殖面积570亩，水户产量15吨。农业机械总动力6 379千瓦。主要农机具有：大中型拖拉机56台，小型拖拉机307台，大中型配套农具195台，小型配套农具52台，场上机械34台，农产品加工机械82台，畜牧机械73台，胶轮畜力大车1 890台，胶轮手推车80台。当年实际机械耕种面积54 010亩，机械播种面积41 720亩，化肥施用量676吨。全乡向国家交售粮食8 444吨，农民人均收入482元。此后，农业产业结构以市场为导向，以效益为中心，立足本地资源，突出地方特色，进行大力调整，向优质高效农业迈出坚实步伐。

1995年，全乡有耕地113 175亩，总播种面积113 175亩。粮豆薯播种面积107 535亩，亩产201公斤，总产量22 511吨。其中：小麦播种面积43 635亩，亩产215公斤，总产量9 382吨；大豆播种面积44 460亩，亩产130公斤，总产量5 780吨。玉米播种面积426亩，总产量5 133吨。上缴税金115万元，农民人均收入1 722元。向国家交售粮食5 365吨。

2000年，种植优质麦35 000亩、黑小豆500亩、日本圆葱50

亩、水稻2 800亩、玉米1 500亩、马铃薯15 000亩、大豆76 500亩、月见草 300亩。全乡粮豆薯总产量20 612吨。为了提高农业科技含量，在全乡各村举办各类农业科技培训活动309次，受训人数6 000人次。实现优质麦模式化栽培32 000亩，大豆"垅三"栽培76 500亩，玉米双覆、大双植1 500亩，水稻旱育稀植3 000亩，芽豆2 500亩，配方施肥14 000亩。农业总收入1 445.8万元，上缴税金12.8万元，净利润70万元，分别比上年增长16.1%、25.5%和3.1%。

2016年，根据农作物市场需求导向及种植者的积极性，进一步调整全乡种植业结构，发挥经营主体主导作用。严格控制玉米种植面积，避免秋后玉米销售难带来的粮多伤农现象。积极联系黑龙江省广民种业、圣丰种业、富民种业、庆丰种业等企业，在为企业繁育良种上做文章，帮助种地大户解决种什么的问题。调整后种植大豆 16万亩，大豆种植面积占总耕地面积的80%；压缩玉米种植2.1万亩，占总耕地面积11%，较去年减少近11.8万亩；稳定马铃薯0.14万亩、高粱0.7万亩、杂粮杂豆0.58万亩；增加水稻种植面积0.2万亩，共计种植水稻0.7万亩。种植结构不断调整，使耕地质量得到了明显改善，为高质高效农业快速发展提供保障，实现了农民增收、农业增效。

二是扎实推进农业园区建设。党的十八大以来，太平乡坚定不移地致力于经济发展，全面提高整体实力，充分利用自然优势，扎实推进农业园区建设。先后培养了张忠友合作社、大户齐永亮、王青山等一批种植能手，年种植规模均达5 000亩以上。2013年，全乡实现粮豆薯总产50 800吨，实现社会总产值2.6亿元，人均纯收入10 500元，是10年前的3倍。

三是稳步发展土地规模经营。为了搞好土地规模经营，改善耕地质量，太平乡积极与农场合作。先后与引龙河农场和二龙山农场开展场乡共建活动，共建面积达3.5万亩。全部采用385大型农机具和GPS全球卫星定位自动控制系统作业，共建标准和技术水平大幅提高。2015年，全乡土地规模经营面积逐年扩大，由2011年的6.5万亩，发展到18.5万亩，占总耕地面积92%。土地规模面积翻了3倍，占总耕地面积92%，其余的土地面积也都相对集中在种田能手手中。全乡8个行政村都有土地规模经营地块，实现了土地规模经营工作全覆盖。经过优胜劣汰和市场资源整合，2016年全乡规模经营面积16.7万亩，其中长庚现代农机合作社发挥农机优势，连片规模经营土地1.2万亩，极大地带动和发挥了现代农机在农业生产中的作用，既降低了农业生产成本又增加了农机合作社的收入。现有规模经营面积在万亩以上就有3户，规模经营在5 000亩以上的有4户，规模经营面积在1 000亩以上的有8户，占总耕地的60%以上。

四是发展畜牧经济。全乡畜牧产业以发展生猪、肉牛、绵羊为重点，2016年末，全乡畜牧总产值达2 150万元，培育专业养殖大户132户。生猪存栏4 500头、肉牛存栏3 700头、绵羊存栏15 750只，与2011年相比增长15%，全乡防疫密度达到100%。2017年全乡农业总产值由2011年2.17亿元，增长到目前的3.14亿元，年均增长8.9%；农民人均收入由2011年8 150元，增长到12 000元，年均增长9.4%。

加强基础设施建设。太平乡革命老区由于地理、气候条件的制约，农业基础条件和基础设施比较薄弱，致使抵御自然灾害的能力弱。在党的政策指引下，老区人民坚持实行和不断完善家庭联产承包责任制，大力加强农业基础设施建设。改革开放40年来，市委、市政府加大了对太平乡农村尤其是革命老区村的投入，乡党委始终坚持把民生工作放在首位，不断改善农业基础设施和生产生活条件。重点实施了农田基本工程，农业产业化工程，使老区的农业基础设施建设有了明显改善。

2013年，太平乡通过向上争取资金1 200万元，实施了长安小流域水土保持工程，涉及太平、长庚和平安3个村，治理总面积33.81平方公里。

2016年，经市水务部门设计和制定治理实施方案，重点实施了水打沟治理工程。争取治理"一乡一沟"项目资金12万元，治理贫困村振兴村南2条水打沟，每条沟长近1 200米，沟深2米，极大改善了生产生活环境，提升了农田基层设施抵御自然灾害的能力。2016年利用"一事一议"在平安村新修巷道1 200米，在太德屯巷道硬化1 400米，在长庚村巷道硬化1 200米，利用项目资金在爱民村巷道硬化5.9公里。各村对大部分农田路、水毁桥涵进行维修、新建改造升级，每个村内至少有一条硬化路面，其中庆民村所有巷道全部实现了硬化。

全乡通村路、通屯路基本实现了白色路面，全乡已经基本上达到了公路村村通，实现了国道、省道、县道与乡村道路的有效衔接。不仅解决了长期困扰老区人民的"出行难"问题，而且直接促进了老区的经济发展和农民增收，有效地改善了老区的农业生产条件，促进了农业增收。

抓好劳务输出，增加农民收入。党的十八大以来，太平乡坚持"富裕农民、首先要减少农民"的指导思想，以扶贫开发为契机，不断加大资金与科技投入力度。实施劳动力转移培训工程，发展劳务输出促进农村劳动力转移，拓宽农民增收的渠道，逐步把老区农业的发展推上了快车道。2013年，全乡转移农村劳动力7 987人，占劳动力总数的87%，实现劳务收入1.5亿元，成为全乡收入的重要来源之一。2016年，全乡劳动力转移人数达8 500人，占总劳动力总数的85%。劳务收入1.8亿元，全乡人均增收近万元，为脱贫攻坚工作奠定了基础。

　　精准扶贫工作初见成效。太平乡经过据实精准识别，全乡有贫困户757户，贫困人口1 512人，国标贫困人口846人，占总贫困人口的56%，省标贫困人口666人，占总贫困人口的44%。2017年对全乡291户、493人贫困人口进行重点帮扶，形成以帮扶单位、乡机关干部、村干部及党员一对一帮扶的"四位一体"帮扶体系，精准制定脱贫规划。逐渐形成"一村一品""一户一策"的帮扶模式，大力引导贫困户脱贫致富。经过项目实施、泥草房及危房改造项目，共改造泥草房6个村1 200多户，危房改造翻建100多户。精准帮扶现已脱贫230户605人，占总贫困人口的40%。通过采取"四位一体"帮扶为主线，以"四个一"为帮扶载体，以"四个助推"为措施，在2017年末精准扶贫工作实现了一人不落的脱贫攻坚任务目标，精准扶贫工作重点全面转向精准脱贫。

　　在全市开展的"心连心、促和谐"千名干部下基层活动中，乡党委组织全体乡干部、村老三位、民营企业家百余人，以"三连三帮三促三满意"为载体，采取"一补一帮一资助"的方式，扎实开展"心连心"帮扶活动。组织动员全乡对贫困户、空巢老人、留守儿童等特殊人群进行了心连心帮扶。全乡累计为贫困户和贫困生提供资金18.5万元，帮助贫困户136个，资助贫困生16名，送去生活用品480余件，活动效果十分明显。在帮扶中开展的"编外儿女""编外父母"志愿者活动得到群众和上级的充分认可，太平乡先后代表市委迎接中央、省、黑河市多个媒体的采访和省委调研，均得到了认可和好评。

　　社会事业协调发展。改革开放以来，在市委、市政府的正确领导和大力支持下，太平乡老区在文化、教育、医疗卫生等方面都发生了很大的变化。在老区的文化建设方面，先后实施了"文化科技卫生三下乡""宣传文化示范村工程"，改善了老区文化设施严重不足的状况，推动了老区的社会主义精神文明建设。在老区教育方面，不仅实现了九年义务教育制，并通过新建、改建新校舍，基本上结束了"旧房子、土台子、土孩子"的现状。教育水平不断提高，初中升学率100%，在医疗卫生方面，乡镇卫生院的软硬件设施进一步改善，各村已全部纳入新农村合作医疗试点，农村合作参保率100%，使老区农民看病贵、看病难的"老大难"问题有了很大改变。

几年来，全乡社会事业得到了巩固和发展，现在村村都有农家书屋、休闲广场，配有适用音响、乐器、服装，活动主要以扭秧歌为主。长庚村、庆民村为社区管理，建了活动室，配有多种音乐器材、健身器材，达到了社区标准。在省级农村社区评选活动中，长庚村被评为省级农村示范社区。居住环境得到绿化美化，大部分村屯四周绿化闭合，所有巷道全部绿化。人畜饮水安全进一步得到保障，全乡自来水入户率100%。安全稳定工作取得实效，扎扎实实为农民解决信访问题，在重要节日期间无进京到省上访案件发生，为全市信访工作减轻压力。

民营经济快速发展。改革开放以来，太平乡党委政府高度重视发展民营经济，大力扶持和引导民营经济快速发展。2006年宋正江总投资500万元，新建欣龙泉酒业，企业占地面积5 500平方米，年生产白酒500吨，产值达980万元。在北京、大连、哈尔滨、齐齐哈尔等地建立了13个代销点。

2014年10月8日，庆民村村民陈淑芬在市市场监督管理局登记注册资金100万元，新建了占地面积7 000平方米的庆源豆制品有限公司。2015年公司投资200万元，年生产豆皮1 400吨，产值达200万元，产品多销于大连、哈尔滨、沈阳等地。2016年6月28日，庆源豆制品有限公司在国家工商总局商标局注册了"显润"商标，使公司有了自己的品牌。

2015年由三个民营企业投资1 000余万元，建成了沾龙粮食经销处，占地面积25 000平方米，年产量4万吨，产值300万元，共安排劳动力100余人，年增收达240万元，促进了经济发展和农民增收。

平安村有多年制作洁肤石的加工技术基础，原来都是分散式农户自行加工生产销售，虽然数量较多，但是质量参差不齐，单打独斗，没有市场竞争力。2011年组建了五大连池昌盛洁肤石农民专业合作社，把分散的加工户联系起来，统一品牌、统一销售、统一生产质量标准、统一包装。现在年销售洁肤石600万块，纯收入150万元。产品远销北京、天津、大连、沈阳、哈尔滨等地，洁肤石为全村人均增收1 000元。

近年来各式各样的民营企业在实现农产品就地转化，扩大转移农村劳动力，促进商品流通，增强及壮大集体经济、增加农民收入、缩小城乡差距等方面都起到了重要的作用，已经成为加快老区发展的重要支撑力量。

党的建设进一步加强。近年来，太平乡党委始终把党建工作放在重要位置，坚持"围绕中心抓党建，抓好党建促中心"，大力抓好心连心促和谐、党的群众路线教育、基层组织建设年、两学一做学习教育等重点工作，实现了党组织战斗力和凝聚力的全面提升。

2013年党的群众路线教育活动开展以来，乡党委按照"照镜子、正衣冠、洗洗澡、治治病"的总要求，组织领导班子成员和党员干部积极开展党的群众路线教育实践活动，共召开专项会议34次，自查自改问题43件，全乡干部服务群众的水平明显提升。

2015年，太平乡党委紧紧围绕"基层组织建设年"和软弱涣散党组织整顿活动，全面提升基层党组织的凝聚力和战斗力，促进软弱涣散党组织转化升级。健全和完善了"三会一课"制度，进一步规范了党内日常组织生活。按照省委组织部下发的关于全省软弱涣散基层党组织整顿转化的通知要求，重点解决了振兴、庆民两个村没有活动场所、基层基础保障水平低的问题，建成振兴村办公场所140平方米、休闲广场1 200平方米，庆民村休闲广场1 000平方米。通过基层组织建设年工作的开展，基层党组织和党员干部服务基层的能力和水平明显提高。

2016年，乡党委以当好一面旗帜、为群众办一件实事、影响带动一批人、树立一批典型的"四个一"为活动载体，进一步助力两学一做学习教育，取得了良好的效果。自"两学一做"学习教育开展以来，乡党委共开展集中学习80余次、党课教育22次（其中处级领导2次）、开展以新时期党员标准、北大荒精神等主题学习讨论16次，保证了学做效果。同时结合互联网技术，大力推进了党建微平台建设，开通了"太平党建"微信公众平台，以"微传播""微课堂""微服务"为核心，实现了党务信息公开、学习教育交流、党费缴纳、生活服务等多种功能的整合，进一步落实了党建责任制，党委书记认真履行了第一责任人职责。建立和完善了党员承诺制度、党员"十要十不要"制度、民主评议党员制度、弱势群众救助制度、党员联户帮扶制度、党员联系和服务群众制度等各项管理制度35个。通过制度的不断完善，增强党员干部服务群众的自觉意识。

不忘历史，传承老道窝棚精神。太平乡长庚村是革命老区村，抗日战争时期老道窝棚屯抗日救国会，为支援东北抗联部队攻打克山立下了大功。1940年9月，抗联部队智取克山战斗的胜利给日本侵略者以沉重打击，在军事上、政治上产生了极好的影响。正如群众传颂的那样，打下"模范"县的克山就像给"铁打的满洲国"捅了大窟窿。日伪当局受到重大打击之后，便大量派出军、警、宪、特在邻近克山的德都、讷河等地，大肆侦缉支援抗日联军的爱国群众。老道窝棚屯抗日救国会，由于本屯汉奸吕洪生的告密，遭到了破坏，爱国同胞也受到了残酷的迫害。西和区警察分署署长宋国山于1941年4月13日，以"反满抗日""政治犯""国事犯"的罪名，逮捕了救国会员尹振甲、史凤、任长山、张殿甲、张清和、矫立忠、姜宝生、张文宝、姜振华、姜赢洲、高荣、高会五、黄忠礼、赵凤奎、苗祯、隋金弼、周占发等17人，冷满江、冷禀文、王占和、老李头等四名群众，押送德都县公署警务科受审。经刑讯后，将冷满江等四名群众释放，对其余17名抗日救国会员则施以酷刑。6月24日以伪哈尔滨高级法院治安厅的审判，将17人分别判处10~13年徒刑。在转送哈尔滨服刑途中，尹振甲因伤势过重，惨死于途中。其余16位救国会员，均因酷刑残害牺牲于哈尔滨狱中。这就是当年的"老道窝棚惨案"，成为伪满时期日本侵略者残害中国人民的典型罪证之一。

老道窝棚屯抗日救国会员和爱国群众支援东北抗日联军夜袭克山县城的英雄事迹，是抗日救国斗争的光辉范例。他们不屈不挠、英勇抗争、不怕牺牲、可歌可泣的爱国业绩，谱写了一曲气壮山河悲壮的抗日救国的凯歌，他们为中华民族解放所表现的爱国主义精神将永垂史册，永远世代相传，光照后人。

1951年1月7日，黑龙江省慰问团在王钧同志的带领下，来老道窝棚屯访问，特别奖励该屯三匹马、一部双轮双铧犁，并为牺牲者的后人以及抗日有功人员颁发了"发扬革命传统，争取更大光荣"的大奖状和金闪闪的奖章。

回忆这些奖品和奖章，老区人民百感交集，深情怀先烈，泪飞雨倾盆。昔日爱国同胞在德都抗日斗争中的鲜活画面，油然浮现在人们的面前。人们痛极哀思，追怀那段举世同仰的难忘岁月。为了弘扬老道窝棚精神，让更多的人了解那段历史，唤起那段让无数国人刻骨铭心的历史记忆，加强对青少年的爱国主义教育，长庚学校教师杨凤义同志在八十年代初，以"智取克山"的战斗为展现背景，将历史的鲜活画面，经过巧妙的设计后进行创作，将独特的老道窝棚屯抗日救国会的红色内涵，融入对祖国对人民的爱、对日本侵略者的恨，创作43幅别具匠心的"老道窝棚惨案"艺术作品。"老道窝棚事件"连环画已成为老区人民陶冶情操、接受爱国主义教育和革命传统教育的红色教材。

长庚村党支部为了传承和弘扬抗联精神、老道窝棚精神，2017年新建了"革命老区长庚村纪念馆"。纪念馆以东北抗日联军第三路军红色历史文化和"老道窝棚惨案"为背景，主要以搜集东北抗日联军、中共北满省委和革命老区长庚村的代表性物件实物、资料、图片等，对于重要事件场景或者代表人物，利用图片进行场景还原。对东北抗日联军第三路军和长庚村村史溯源、发展概况、村内大事记、好人好事以及生产工具、衣食住行等实物陈展，集中反映抗联第三路军和老道窝棚抗日救国会的历史底蕴，抗联文化和在党领导下长庚村的发展变化概貌。

革命老区长庚村纪念馆，建在长庚村村委会大院内，占地面积4 000平方米，馆内面积240平方米。纪念馆是记录长庚村沿革、抗联历史、乡村文化、民俗风情，弘扬抗联精神，传承老道窝棚屯记忆，开展村民德育教育，践行社会主义核心价值观的重要载体。革命老区长庚村纪念馆建设以来，为五大连池市文化事业发展规划和精神文明建设，为不忘初心、牢记使命，铭记老区历史，开展爱国主义教育，发掘红色文化，提高老区村民的精神文明建设发挥了重要作用。

抗联精神的传承，红色教育的开展，使革命老区长庚村在短短的时间里完成了一次美丽的蜕变，科学发展的希望在这片土地上冉冉升起。老区村民高兴地说，"长庚蜕变两重天，基础建设解民难。特色产业结硕果，生态农业谱新篇。劳务经济开新路，老区精神代代传。两委班子创大业，实干兴邦建家园"。长庚村的发展变化，是五大连池市农村发展历史的一个缩影。人民群众彻底摆脱了贫穷落后，迎来了富裕文明，这一伟大跨越显示了中国农村发展的巨大潜力，显示了社会主义制度的优越性。革命老区长庚村，这块用抗联先烈和抗日救国会会员鲜血滋润的英雄土地，如今已成为五大连池市老区一面鲜红的旗帜。

现在，太平乡党委政府正在带领全乡人民，以党的十九大精神为指针，认真学习贯彻习近平新时代中国特色社会主义思想，以更加饱满的激情、更加昂扬的斗志、更加务实的作风，解放思想、凝心聚力、攻坚克难，为全面开创太平乡经济社会又好又快发展而努力奋斗!

三、革命老区龙镇

龙镇位于黑龙江省五大连池市区东部，（地理坐标是：东经126°30'~127°05'，北纬48°32'~48°45'）距离市区60公里。地处小兴安岭山脉与松嫩平原的过渡地带，境内有讷谟尔河、引龙河及二道河三条主要河流，自东向西流过，年平均气温2.5℃~1℃。

龙镇是五大连池市东部的政治、经济、文化、信息中心，与国家级风景名胜区五大连池旅游区和山口湖风景区毗邻，处在北安市、五大连池市和孙吴县金三角中心地带。龙嫩公路、沾五公路、沾河森铁、黑大公路和北黑铁路贯穿全境。优越的地理条件，使龙镇成为黑河市南部地区的重要交通要道，也是各类农副产品和重要物资集散地，是黑龙江省北部第一重镇。

龙镇镇名源于原"龙镇县"名。始称"新龙门"，后称"龙镇"。清末，于"老龙门"设立龙门招垦局，广招垦民，办理荒务。"中华民国"成立后，1912年11，在龙门镇设设治局，兼办招垦事宜，设治局驻龙门镇（老龙门）。由于治城龙门镇一带

"山高石多，井深水质差"，1916年初将治所南迁至讷漠尔河附近，因是治城，故又称"新龙门"（今龙镇）。1916年1月，设治局升改龙门县，遂为县城。因与广东省龙门县重名，1917年7月14日，奉令改称龙镇县，故称县城为"龙镇"。东北沦陷后，为伪龙镇县公署驻地。

1932年12月，伪龙镇县公署迁驻北安镇。伪满当局视龙镇为"要地"，于1934年在龙镇设立警察署、宪兵队等军警特机关。同年，黑北铁路通车设龙镇火车站。1938年12月24日，将龙镇县改名为北安县。

1945年"九三"抗日战争胜利后，于龙镇设置龙镇区。1947年2月，划归德都县管辖，与讷漠尔区合并设置龙讷区。1949年6月，改为第七区。1956年3月，撤区划乡，分设龙镇和讷谟尔乡。1959年9月，德都县并入北安县，成立龙镇人民公社。1960年2月，撤销龙镇公社，分别并入龙镇农场和二龙山农场。1962年恢复人民公社建置，同时撤镇建乡。1963年9月，恢复德都县后，恢复龙镇公社。1980年10月，撤销龙镇公社，分别设置龙镇和讷谟尔公社，龙镇镇名使用单字地名。

德都县与五大连池市合并后，成为五大连池市的一个乡镇。行政区域总面积1 136平方公里，耕地16.47万亩，草原11万亩，林地0.35万亩，城镇建成区面积6.29平方公里。周边共有5个国有农场、7个国有林场和沿河森工林业局。全镇辖龙镇、发展、增产、镇西、讷谟尔、东方红、务本、开发、向东9个行政村，17个自然屯以及镇内4个社区。总人口2.8万人，党员538人。

龙镇是一个以发展绿色生态农业、农副产品加工、旅游服务业为主的发达城镇，是五大连池市重要的粮食贸易交易平台、物资集散地。龙镇按照"大力发展特色、绿色和品牌农业，加大招商引资和项目争取力度，规划拓展工业园区建设，培育和壮大农业产业化龙头企业集群，加快发展现代物流业，以五万人小城镇建设为契机，推进城乡经济和区域经济一体化发展，精心打造红色和生态旅游新名片，建设功能完善、辐射力强、环境优美的区域性产业名镇"的发展战略，在党的十八大精神指引下，全镇上下以"高起点、高标准、高速度"为总体要求，加快农业和农村产业结构调整进程，实现镇域经济的协调、可持续发展和经济社会的全面进步。全镇地区生产总值由2013年的6亿元，增长到2017年的6.81亿元；农民人均纯收入由2013年的10 000元，增长到2017年的11 295元。

农业产业不断发展。一是大力发展绿色农业。龙镇土壤肥沃、雨量充沛，自然条件优越，适宜发展多种经济。农业耕地面积164 577亩，农产品主要包括大豆、玉米、小麦、马铃薯。十八大以来，镇党委、政府相继加大结构调整力度，重点发展特色、绿色和品牌农业。

2017年大豆种植面积增至10.2万亩、玉米种植面积减至5.7万亩。2016年在龙镇村试验试种105亩高产寒地水稻后，2017年新增水田面积2 000亩，打破龙镇多年无水稻种植的历史。种植马铃薯3 000亩，平均亩产6 000斤，亩纯效益1 000元以上。龙镇村、镇西村引进河北省"一穴双株"玉米种植新技术，2016年试种500亩，亩效益高于普通种植10%。2017年，龙镇农业总产值18 484万元，种植业总产值10 048万元。2017年，粮食总产量60 243吨，其中大豆16 015吨，玉米42 904吨，水稻1 242吨，小麦82吨。

二是找准"特色"，发展大棚经济。开发村由于地处龙镇镇政府的所在地，发展庭院经济有得天独厚的自然条件。因此，龙镇党委政府充分利用开发村的地理优势和庭院面积大、土质肥沃的自然条件，把蔬菜大棚产业作为强村富民的特色支柱产业来抓。截至2017年，开发村有40多户村民种植棚菜，占村民总户的 8%以上，每平方米大棚纯收入20余元，一个大棚年纯收入达5 000余元。全村大棚面积从2013年的2万平方米，发展到2017年的3万平方米。棚菜纯收入从2013年的30万元，增加到2017年的50余万元，人均增收从2013年2 500元，增加到2017年的3 000元。

三是利用区位优势，发展场村经济。龙镇有十分优越的地理条件和区位优势，交通十分便利，同时又与国有农场和部队农场相邻为伴。因此，龙镇党委政府借助农场发展，拓宽农民生产经营领域。2017年仅开发村就承包租种农场土地达12 000余亩，占村自有耕地的85%。经过借助农场的先进设备，先进耕作经验和技术，不但发展了自己，壮大了自己，富裕了自己，也使场村经济统筹发展，取得了显著成效，实现了双赢。全村已有50多户承包了农场的土地，占农户数的10%左右。年纯收入达到160多万元，人均增收达1多元。同时，借助龙镇粮食仓储企业众多的优势，大力发展物流运输产业。全村年个体运输户收入达到100万元，年均增长15%；村民刘中华依靠物流业，开办大豆精选企业，年收入20万元，带动6人就业。

同时，龙镇通过各种形式积极引导村民学技术，开展科技推广和劳动力转移培训，掌握使用技能，外出务工，增加收入。每年培训人次600余人次，使60%的农村劳动力掌握一两门实用技术。2017年均转移劳动力3 000人以上，年实现劳务收入5 000多万元。

畜牧养殖势头良好。2017年通过招商引资，引进2.2亿元资金发展畜牧养殖业。一是龙镇华滨畜牧业养殖有限公司总投资1.5亿元，发展年出栏育肥生猪15万头，年加工饲料达到30万吨，建成黑龙江省绥化北部最大的生猪繁育、育肥，养殖基地。二是广西奥奇丽集团公司投资7 000万元，建设年饲养20万只鹅养殖基地。两个项目的建成，不但促进了以养殖生猪、肉牛、奶牛、羊为主的畜牧业的发展，还带动了发展村十余户农民饲养狐貉等特色养殖业的发展。

2017年全镇生猪存栏18 000头；奶牛存栏852头，同比增长7.8%；肉牛存栏4 135头，同比增长9.2%；山绵羊存栏1.53万只，同比增长7.5%；饲养家禽3.4万只，同比增长8.7%。畜牧防疫工作基本达标，口蹄疫、禽流感、猪瘟免疫密度达到100%。畜牧产值增长到1 650万元，年均增长6%。

招商引资工作成效显著。龙镇党委、政府将招商引资和项目建设纳入重要日程，依托资源、区位、交通、环境和产业优势，招引大型企业入驻龙镇，促进了镇域经济迅猛发展。十八大以来，共引进企业投资项目15个，招引资金10.63亿元。

一是先后引进资金1 208.5万元，实施了村内道路硬化、自来水改造、办公场所新建等项目建设。建设了象屿集团一区（鸿盛粮贸有限公司），象屿集团二区（新兴商贸有限公司），象屿集团三区（华强农产品有限公司），三家大型玉米烘干仓储企业，年仓储玉米达到120万吨，带动周边种植玉米达到180万亩。全镇各类企业发展到140家，其中个体企业129家，私营企业11家，规模以上企业已达到3家，华强、鸿盛、新兴商贸3家企业成为全市限额以上重点服务企业。全镇从业商户达到近400家，从业经商人数达4 000人。鹤嫩公路、吉黑高速和哈黑铁路从镇内通过，铁路和汽运优势明显，除铁路专线运输外，大型货站现有8家，各类企业年货物吞吐量在1 500万吨以上，年经营额达2亿多元。

二是按照新型城镇化建设的总体要求，积极向上争取资金2亿多元，强化了城镇基础设施建设，完成了城镇总体规划和"三供两治"规划编制工作。实施了开发村北河屯土地治理项目，进行了整屯搬迁。2014年投资8 300万元建设了日处理7 500吨污水处理厂，铺设排水管网11千米。2014年投资3 400万元建成了集中供热站，实现集中供热面积55 000平方米。实施了龙源街拓宽、龙源桥建设、铁路人行天桥、公交线路开通、龙郊街750米道路升级改造、龙祥路900米道路升级改造、龙镇至引龙河农场引线分离桥加宽等工程，改善了人车通行条件，减少了交通安全隐患。完成了城西入城口美化、城镇主次干道两侧绿化工程，新建了龙盛、龙泰、二龙山3个精品社区。投资6 815万元的吉黑高速龙镇互通项目已建设完成。截至2017年末，镇区自来水井10眼，现有供水管线60千米，供水能力1 500吨/日，居民自来水普及率100%。2017年末，城区道路总长度64千米，道路铺装面积9.18万平方米，通村道路硬化率达到100%。全镇住房平均砖瓦化率65%，新型城镇化率39.2%。

三是积极向上争取项目。由龙镇政府牵头，联合沾河森工总局和龙镇农场，实施的山口水库饮水工程，列入国家发改委项目库、五大连池市三年滚动项目计划和十三五规划，有望在十三五期间完成并投入使用。市政府已批复的龙镇龙兴精品社区建设项目，2018年10月底完工并投入使用。哈尔滨铁路局北黑线平改立工程涉及龙镇区域内有7处，2017年工程开工建设完成。

讷谟尔村，通过市领导协调争取市财政资金72万元硬化了3条通学校道路，解决了学生上学困难问题。维修讷谟尔村活动场所1个500平方米，新建务本村活动场所两个240平方米，同时配齐了配套办公设施。投资600多万元，完成了龙镇村农田路升级改造工程。全镇所有村和社区都配备了保洁员和保洁车辆。全镇积极开展"美丽乡村"行动，对全镇9个村、4个社区和镇内环境卫生进行了全面治理，全镇卫生环境得到了彻底改善。全镇的招商引资工作连续3年被市委、市政府授予招商引资工作先进单位。

推进土地规模经营。龙镇通过农民专业合作社、家庭农场、大户经营三种模式，推进土地规模经营。农业生产逐步实现由"传统型"向"现代型"、由"分散型"向"集约型"转变，成为农产品加工龙头企业"第一生产车间"。全镇9个村规模经营面积达到8万亩，占总耕地面积近50%，完成"三三轮作"2.5万亩。农业科技示范园区由2013年的3个发展到2017年的18个，绿色有机棚室蔬菜发展到20万平方米，有效发挥了园区示范作用，为镇内企业提供了优质原料。

教育事业蓬勃发展。龙镇在文化、教育等多领域加大推进力度，促进了各项事业全面、均衡发展。目前，龙镇有幼儿园5所，在园幼儿145人，专任教师14人，镇内现有9年一贯制学校1所，讷谟尔村有小学1所，全镇小学生461人，中学生381，小学专任教师63人，中学专任教师42人。适龄儿童入学率、升学率、九年义务教育覆盖率均达100%。为改善龙镇的教育教学质量，镇政府共投资874万元建设了4 000平方米明德小学教学楼，建设了357平方米幼儿园教室。投资10万元对中学部和小学部楼道进行了规划和建设，将室外100延长米的宣传栏进行了更新；购置大中小型花盆200余个，移栽景观树木300多棵，中学部新购置配套桌椅200套，使龙镇学校的校园环境变得整洁、优美。截至2017年末，龙镇拥有镇级文化站、公共文化活动室各1个，藏书2万余册；农家书屋9个，藏书3万余册；3个社区图书室，藏书2万余册。

医疗水平明显提高。为改善卫生医疗条件，2017年以来，龙镇党委政府积极向上争取资金102万元，改建了龙镇中心卫生院546平方米的门诊楼，并购置检验设备。目前，镇中心卫生院累计建纸质健康档案14 978份，电子档案13 825份，健康档案动态使用率13%；辖区内建立预防接种证878人，建证率100%，免疫疫苗接种率100%。积极争取省市两级投入资金60万元对镇计生服务站进行了维修，办公环境焕然一新。2017年全年出生86人，符合政策生育率达100%。全镇育龄妇女8 140人，已婚育龄妇女4 330人，领取独生子女证1 881人。在各村主干道、显眼位置设置计划生育大型宣传画和固定标语牌，不断更新宣传内容，育龄妇女优生优育知晓率达到90%以上。

信息化水平不断提升。近年来，为改变龙镇信息交流不畅通的情况，龙镇党委政府加快信息化建设进程，积极进行技术改造，推进科技进步，逐步消除数字鸿沟。截至2017年末，全镇有线电视和网络电视用户8 821户，入户率85%，广播覆盖率100%，入户率95%。邮政网点1个，投递点125个，乡村通邮100%:征订报纸1 500份、期刊400册，联通服务网点3个;电话交换机总容量4 000门，固定电话用户1 800户，联通手机用户6 000户，宽带接入用户3 500户。

讲好《红灯记》故事，传承红色基因。1938年6月初，中共北满临时省委第八次常委会决定：北满抗日联军各部队要突破敌人对下江地区抗日部队的包围，组织第三、六、九、十一军，分批向西北部黑嫩地区进行大规模战略转移，开辟新的游击区和根据地。

参加北征的抗联部队第二支队在第三军新编第三师师长张光迪和第六军组织科科长陈雷的率领下，于10月中旬，从海伦八道林子出发，经通北、北安、越过北黑铁路进入德都、五大连池一带，建立抗日游击区，然后继续向嫩江平原前进。第二支北征部队到达德都县朝阳山后，第三、六、九、十一军的北征部队也陆续到达朝阳山。

1939年5月30日，根据中共北满省委的指示，在朝阳山组建了东北抗日联军第三路军，并建立了朝阳山抗日后方根据地。东北抗日联军第三路军成立后，总指挥部已配有苏式电台。当时中共北满省委还在"下江"通河一带山区，省委迫切需要与抗联第三路军总指挥部联系，便选派了一位忠于党的地下交通员与第三路军联系。

革命现代京剧《红灯记》，就是以1938年东北抗日联军北满部队进行西征这一段历史事件为背景，以中共北满省委地下交通员送密电码为线索，塑造了我党地下工作者李玉和一家三代，为向游击队转送密电码而前仆后继、与日本侵略者不屈不挠斗争的英雄故事。

原作者沈默君（迟雨）是解放军总政文化部创作室编辑。1962年，沈默君被借调到黑龙江省委宣传部搞创作。当年，他根据在黑龙江收集的东北抗联故事，构思了一个一家三代人送密电码的故事。

第一稿完成后，取名为《自有后来人》，后来在长影《电影文学》上发表，五易其稿。1963年电影《自有后来人》拍摄完成，主要演员有赵联、车毅、齐桂荣、韩焱、印质明等，导演为于彦夫，摄影孟宪弟。该片在全国上映后，受到广大观众的好评。

京剧《红灯记》最早的版本是根据电影文学剧本《自有后来人》改编的，由哈尔滨市京剧团演出的。哈尔滨市京剧团当时演员阵容强大，创作群体雄厚。由王洪熙、于绍田、史玉良等主持改编，该剧的故事发生地就在黑龙江省北部龙镇车站，（剧中称"龙潭"）。导演史玉良，经过3个多月的紧张工作，最后改名为《革命自有后来人》。由该院的台柱演员梁一鸣饰演李玉和，云燕铭饰演李铁梅。故事中表现的"跳车人"的原型，就是从哈尔滨到北山即朝阳山，给北山游击队递送情报的中共北满省委交通员，剧中的密电码就是送给第三路军的情报。战斗在朝阳山的东北抗日联军第三路军，便成了革命现代京剧《红灯记》故事中"北山游击队"的原型。中共北满省委交通员对党忠诚，有丰富的斗争经验，在艰难的岁月和残酷的斗争环境里，他们坚韧不拔，勇于牺牲，经常从黑河到爱辉，哈尔滨到德都，哈尔滨到朝阳山为抗联部队传递情报，为抗联战士树立了光辉的榜样，受到了抗联将士的爱戴。

1963年6月，周恩来总理曾陪同朝鲜贵宾来哈尔滨访问，在哈尔滨举行的欢迎演出中，云燕铭借机将《革命自有后来人》的剧本交到周总理手里，请总理提出意见。后来，周总理给云燕铭写了回信，对这部改编的现代京剧十分赞成。同时，总理还指出："剧组要深入生活，把剧本改得更好。"根据周总理的指示，为了改好、演好这部京剧，哈尔滨京剧团组织剧组全体人员深入基层体验生活。

京剧《革命自有后来人》的主演、京剧表演艺术家云燕铭说："当年哈尔滨京剧团主创人员曾两次下去体验生活，先后在滨江站和龙镇找到与剧本（电影）故事相似的一家三代工人的原型，最后确定龙镇的一家更为典型。剧组人员去那里住了二十多天，编导和演员与铁路工人同吃、同住、同劳动，揣摩铁路工人的生活细节。"当时，一位老工人还将一盏伪满时期的方形铁路信号灯送剧组作道具。

云燕铭认为，剧本创作原型来自龙镇，《红灯记》的故事更准确的说法，应该是发生在龙镇。当年参加创作和演出的主创人员也大多认定故事发生在龙镇。

龙镇地处小兴安岭西麓的山岳地带，地域辽阔，森林茂密。西北49公里处的朝阳山，就是东北抗日联军后方根据地和抗联第三路军总指挥部所在地。龙镇东北30余公里的龙门站附近山区又是朝阳山和南北河两个抗日根据地联系的必经通道。因此，龙镇、龙门两地，就成为日伪当局和抗日军民，军事、政治较量的重镇，真可谓是"龙潭虎穴"之地。《红灯记》中"龙潭车站"的取名，作者可能遵循文学或戏剧作品一般不用真实地名的惯例，未用"龙镇"或"龙门"的真实地名，而用了"龙潭"这个虚构的地名。其目的显然是为突出烘托那种特别严酷而艰险的意境，发挥突出作品主题的积极作用。

黑龙江省艺术研究所专家、国家一级编剧王晓明也赞同《红灯记》故事发生在龙镇。王晓明二十世纪六十年代中后期，曾在哈尔滨京剧院任二胡演奏员。他说："在我的记忆中，当年电影《自有后来人》的编剧在少有的一次接受新华社记者采访时，曾提到过故事发生在龙镇。后来哈尔滨京剧院正是遵照原作者提供的创作背景，特意到龙镇去寻找原型的。"由此可见，在《红灯记》整个创作和改编过程中，无论从时间、地点，时代背景，还是人物形象、故事情节方面，都能在龙镇这座小城发生的真实抗日斗争历史事件中找到契合点。《红灯记》与龙镇有着更多的渊源，《红灯记》故事的原型地在龙镇，龙镇完全可以称之为《红灯记》的故乡。

为了传承红色基因，弘扬抗联精神，挖掘红色文化，2012年9月，龙镇党委、政府通过积极向上争取项目，投资1 000万元，建设了面积1.7万平方米的红灯记文化广场。广场建有交通员跳车纪念处、李奶奶粥铺、《红灯记》故事原型人物浮雕墙、日本少佐住宅等景点。广场主体硬化面积为9 000平方米，绿化面积为3 000平方米，栽植各种绿化树木及花草，是一座集历史教育、大型演出、观光娱乐、市民健身多功能于一体的综合型文化广场。红灯记文化广场现已成为龙镇群众休闲娱乐、举办大型文艺演出、缅怀革命先烈的弘扬爱国主义教育的红色文化基地。

八卦街——曾经的集市和粥棚遗址

龙镇车站——昔日的龙门车站

八卦街旧时房屋

昔日龙镇火车站的
水塔

饱经沧桑的库房

日军高级军官别墅

日军修造厂旧址的大烟囱

一分耕耘一分收获，经过几年的艰苦奋斗和不懈努力，龙镇不但村容村貌有了大的改观，同时集体经济也得到了快速增长。现在龙镇不但环境美了，居民富了，人居环境也由过去的"晴天尘土飞扬，雨天脏水横流，垃圾随处可见，草屑飞舞街头"的状况，改变为现在的"城镇建设正火红，规模经济建奇功。绿色产品富万户，特色产业显神通。村间修起白色路，学生读书在楼中。生态园区创新业，和谐发展劲不松"的欢乐、和谐、文明、向上的崭新面貌。

几年来，龙镇先后被省民政厅授予省先进乡镇人民政府，省文化厅授予先进文化乡镇称号。被中共黑河市委授予"五个好"乡镇党委荣誉称号。龙镇是国家级小城镇建设综合改革示范镇，是首批省级小城镇建设网络工程示范镇，是黑河市首批综合改革试点镇，2008年被省批准为环境优美型乡镇。2010年被黑河市确定为城乡经济社会发展一体化示范镇，被黑龙江省政府确定为百镇建设工程试点镇，被国家列为大小兴安岭林区生态保护与经济转型规划扶持发展旅游型重点镇。2017年被评为省级文明乡镇标兵。

四、革命老区团结镇

团结镇位于五大连池市境西北25公里，东经126°01′，北纬48°35′，地处莲花山脚下，讷谟尔河北岸。东邻五大连池风景名胜区和双泉镇，南以讷谟尔河为界，与五大连池市区，建设乡、和平镇、太平乡相望，西与讷河市接壤，北靠大庆农场。镇政府驻地永安村，距市区25公里。总面积为208平方公里，耕地25.7万亩（其中水田2.2万亩）。宜林荒山8 640亩，草原13 721亩，水面3 851亩。全镇辖永安、永发、东升、新生、永生、团结、永远7个行政村、一个社区（永安社区），13个自然屯。2017年末，总人口20 336人，5 712户。民族以汉族为主，另有蒙古、满、鄂温克等少数民族。2018年完成生产总值2.72亿元，同比增长6.4%；农民人均收入达到13 600元，增长6.1%。

团结镇开发历史较早。据《德都县志》记载，清初，居住在黑龙江上游以北的达斡尔、索伦（今称鄂温克）部内迁，到讷谟尔河流域落居，建立了索勒格尔、红霍尔基（又作"红花基"，今团结村）、两间房（今团结村五队）、托密浅（今新生村）等屯落。1690年（清康熙二十九年），黑龙江将军萨布素曾派兵在红霍尔基屯"屯垦戍边"，属布特哈总管管辖。清末，1910年（清宣统二年），隶属讷河直隶厅管辖。"中华民国"成立以后，1915年3月由讷河县划归克山县管辖，1929年3月划归德都设治局管辖。始为第四区，后改为第五区。东北沦陷后，初属第五保辖区，1938年3月改隶北和村管辖。1945年8月，德都县城划为北和区。1946年3月，隶属北和区，1949年6月改隶第二区。1956年3月，并村划乡，设置团结乡。1958年9月，德都县并入北安县后，并入青山人民公社，翌年初改为青山公社的团结管理区。1961年4月，将团结管理区划出，改建团结公社，隶属北安市管辖。1963年9月，正式恢复德都县后，隶属德都县管辖。1967年建立团结公社革命委员会，1980年8月成立团结人民公社管理委员会，1983年实行政社分设后，改为乡，建立团结乡人民政府。德都县与五大连池市合并后，成为五大连池市的一个乡。2014年11月11日，省政府批准撤乡设镇，改为团结镇。

改革开放以来，尤其是党的十八大以来，在市委、市政府的正确领导下，在社会各界的大力支持下，团结镇依据自然资源和镇情，经过多次调研论证，确定了"坚持以稳定为保障，以发展为主题，以改善民生为目标；突出抓好招商引资和项目建设；打造双高大豆、矿泉水稻、矿泉鸭四大基地；大力加强党的建设；努力建设生态良好、生活富裕、社会和谐、科学发展新团结镇"的发展思路。党委、政府一班人精诚团结、创新进取、真抓实干，带领老区人民努力拼搏、艰苦奋斗，经济和社会事业都有了长足发展。

调整结构加快园区建设。一是调整种植业结构。近几年团结镇加大了种植业结构的调整，扩大了双高大豆的种植面积，促进了农业增产农民增收。2018年全镇总播种面积25.7万亩，其中大豆21.6万亩，占总播种面积的83.8%，同比增长2.2%，单产158公斤/亩，比上年增产1.8%。水稻1.4万亩，占总播种面积的5.3%，比上年减少9.3%，单产360公斤/亩，比上年减产10%。玉米2.3万亩，占总播种面积的8.8%，同比减少20.3%，单产600公斤/亩，与上年基本持平。小麦0.006 6万亩，占总播种面积的0.03%，同比减少98.6%，单产300公斤/亩，比上年增产20%。杂豆为0.54万亩，占总播种面积的2.1%。种植业总产值17 524万元，比上年减少0.8%。

二是矿泉稻示范园区建设。永远村利用水资源丰富的有利条件，大力发展矿泉稻产业，取得了较好的效益。目前，园区面积已由3 000亩扩大到5 000亩，主栽有垦稻19、旱优香、绥粳4号三个品种。全部采用大棚隔离层育秧，病虫害综合防治，推广机械插秧、机械收获，面积已占全村水稻种植面积的70%，产量为550公斤/亩。

2016年泉润矿泉稻种植农民专业合作社，有机水稻完成了水稻有机认证，种植达到了3 500亩。2018年以维护农民和种植户利益为主，采取五统一分的方式运营，全部采用有机肥种植，减化肥，减农药，减除草剂，保底水稻收购价格1.6元以上，保证了稻农的利益。目前团结镇的矿泉大米已远销哈尔滨、辽宁、北京、无锡等地，最高价格卖到了每斤30元。

三是新生村稻田立体种养综合利用示范园区。2017年争取农业开发办旱改水项目，在新生村进行提升讷谟尔河水灌溉稻田试验，面积达2 600亩，其中鱼稻150亩。由天喆粮食种植农民专业合作社经营，稻田养鸭子2 000只，养泥鳅鱼50 000尾，放养河蟹幼苗150斤。在示范园区安装了互联网+农业的监控设备，提供种养过程网络监测。试验证明，稻田立体种养综合利用示范园区建设项目获得成功，不但充分地利用了讷谟尔河水资源，而且也增加了农民的收入，为发展现代农业生产基地奠定了基础。

畜牧业稳步发展。团结镇水草资源丰富，发展畜牧业有得天独厚的自然条件，老区村民在镇政府的领导下，充分发挥资源优势，大力发展畜牧业生产。永生村村民肖庆斌在乡村干部的帮助下，办起了肉牛养殖场，养殖肉牛80多头。他潜心学习养殖技术，科学饲养，带动7户村民发展养殖业，养牛260头，肉牛个个膘肥体壮。永远村矿泉鸭养殖专业合作社，通过矿泉鸭规模养殖，产品优质包装，提高了产品档次，增加了产品的附加值。每年仅端午节期间，每枚矿泉鸭蛋可买4元，鸡蛋2元，产品供不应求，合作社实现收入90余万元，仅此一项为合作社成员增加收入50余万元。特色养殖业的发展，为老区农民脱贫致富找到了一条新路。

近几年来团结镇加大了畜牧业产业的调整，强化了发展畜牧业的工作力度，促进了农民发展养殖业的积极性，使畜牧业呈现出健康协调发展的良好态势。2017年末全镇羊现存栏13 571万只；牛现存栏2 063头，其中奶牛存栏124头；生猪现存栏达1 440头；全乡禽类现存栏1.9万只。出栏肉牛1 817头、山绵羊4 025只、生猪1 683头、禽0.6万只。肉类总产量602吨。2018年末全镇存栏肉牛1 863头、山绵羊4 337只、生猪1 755头、禽1.4万只；出栏肉牛2 162头、山绵羊9 316只、生猪7 023头、禽1.2万只。年产肉类450吨，蛋63吨，产值2 480万元。全镇各类养殖大户43户，其中永发村张建男养猪农民专业合作社，注册资金150万元合作社占地面积30亩，猪舍（12栋）8 000平方米，饲养可繁母猪300头，种公猪10头，年出栏育肥猪5 000头，年赢利100余万元。

招商引资成效显著。为了加快老区经济的发展，团结镇近年来举全镇之力抓招商，突出重点抓引资，取得了较好的效果。目前招商引资到位资金5 500万元，两家企业落户团结镇。一是五大连池市天马粮食贸易有限责任公司，总投资额3 000万元。在团结粮库建设日处理潮粮400吨的烘干塔一座、25 000吨粮食标准仓一栋、2 000吨干粮中专仓一栋、400吨消防水池一个、12 000平方米粮食晾晒场和2 000平方米的硬化路面，还有附属配套设施。目前日处理潮粮400吨的烘干塔已投入运营。二是五大连池市泉冠豆制品有限公司，落户在团结镇永安村。2017年6月注册成立，注册资金1 000万元，占地面积9 814平方米。年处理大豆1 500吨，加工豆制品能力1 000吨，项目总投资1 200万元。其中厂房建设投资520万元，设备购置及安装240万元，流动资金440万元。预计年营业收入2 310万元，实现税收80万元，利润262万元。2018年12月，已完成安装投入试生产，将生产豆皮、豆丝、腐竹等20余种豆制品。

积极主动争取项目。团结镇在紧紧抓住国家"十三五"期间，加大对农村基础设施建设投入的有利契机，进一步做好项目争取及实施工作。一是垃圾运转站项目。由省市投入330万元，占地1 200平方米的垃圾运转站现已竣工，并成立了卫生便民车队。二是永安村水源地建设项目。由于永安村原水源地在居民区内，现搬迁建在村东侧，占地区3 000平方米，投资100万元，现已竣工并联网投入使用。三是人畜饮水项目。在永远村山头屯、永发二屯分别打人畜饮水井1眼，目前工程都已结束并接电并网投入使用。同时，团结村联晟农民合作社投资2 500万元，建成日处理300吨潮粮烘干塔一座、5 000吨粮食标准仓一栋及其他配套设施，目前已经投入营运。

精准扶贫工作扎实推进。一是争取扶贫资金。2018年团结镇争取专项扶贫资金，购买18头肉牛。在团结镇，新生永峰扩群养殖场入股，发展肉牛养殖，每户贫困户每年增加2 000元收入。争取五大连池市养殖业政策补贴，每头肉牛获得500，永生村每户贫困户在肉牛养殖产业上年增收3 000元。同时依托扶贫贷款发展扶贫产业，全镇已为119户贫困户发放小额贷款443万元。其中110户贫困户以"带资入社"形式加入了5个合作社，并建立了利益联结机制，每户年保底分红3 200元左右。二是设置务工就业岗位。新生村结合贫困户实际情况，设置村内保洁员就业岗位17个，安排贫困户17户，每年每户增收1 200元。三是村级光伏电站项目。按照全市光伏扶贫工作部署，在永生村新建村级光伏电站一座，安排无劳动能力贫困户119户，户均增收3 000元左右。目前，电站已并网发电。四是建立扶贫专项基金。动员镇村干部、帮扶责任人出资26万元，建立了扶贫专项基金。团结镇与五谷香农机合作社合作，采取入股分红的方式带动脱贫户增加收入，

2018年已为37户分红2.6万元。

2018年在扶贫工作中，团结镇按上级扶贫政策的要求，投入资金338.26万元，在就医、就学、危房改造、饮水等方面解决贫困户的困难。同时，通过外出务工帮助贫困户脱贫。现在全镇转移劳动力4 500多人，占劳动力总数的50.4%，全年实现劳务收入8 000万元，人均增收4 000元。目前团结镇建档立卡贫困户119户，253人，2017年脱贫37户，71人。2018年脱贫79户177人，还有3户5人，在2019年实现脱贫。

全面加强党的建设。一是注意提升党员队伍素质。党的十九大以来，团结镇党委一班人认真开展"不忘初心、牢记使命"主题教育活动。组织党员干部，学习贯彻党的十九大精神，学习习近平新时代中国特色社会主义思想，加强对党员培养教育工作。镇党委主要领导亲自讲课，对新当选的村支部书记、村委会主任进行《党章》、村民委员会组织法、两个条例、农村经济管理等业务知识培训。党委班子成员、第一书记也深入到各支部讲党课，开展各类主题实践活动。组织开展了以"乡村大舞台，百姓展风采"为主题的文艺汇演，营造"创先进、争优秀，创业绩、比贡献"的浓厚氛围，激发广大党员的使命感。二是努力优化党员队伍结构。认真学习贯彻《中国共产党发展党员工作细则》，严格按照"控制总量、优化结构、提高质量、发挥作用"的目标开展工作，侧重在一线发展党员。全年发展6名新党员，年龄均在35周岁以下占，大专以上学历占50%，女性占33%。三是整顿机关作风，优化服务环境。全镇开展了窗口服务单位便民优质服务活动，窗口服务单位干部结合本职工作进行公开承诺，开展挂牌服务，公开接受监督。围绕"三个坏把式""五个坏作风"反面画像，对照反面典型表现，认真查找工作中存在的各种问题，彻底整改，形成勤于学习、严谨细致、勤勉高效、务实担当、严格自律等"五个好作风"。四是实施"红色先锋工程"。2018年镇党委按照市委召开的全市基层党建工作会议精神,认真实施"红色先锋工程"、深化"创边疆特色党建"等活动,围绕农村基层党建"十件事",结合实际制定了基层党组织和农村党员分类管理办法,打造红色党建品牌。通过几个月的努力,进一步规范了基层党组织的各项工作,七个村级党组织都能结合自身情况,确定党建活动主题定期开展活动。同时,通过各类宣传平台,办好"理论课堂""职业课堂""网络课堂""流动课堂",加强对村级各类人才教育培训,积极宣传优秀人才干事创业先进事迹,突出人才的引领作用。现在全镇共培养15名后备干部,培训村级干部50人。通过村"两委"换届选举,把有能力、有专长、年富力强、敢于担当的50名优秀人才充实到村级班子当中,优化了村级班子结构。

团结镇党委、政府一班人,目前正在带领全镇人民认真学习贯彻落实党的十九大会议精神,按照市委、市政府的工作部署,为建设一个美丽富饶文明和谐的团结镇而开拓创新,创造佳绩。

回望革命老区五大连池市的社会主义建设历程,她是在曲折的道路上前进的。各行各业取得了重大成就,人民经受了革命斗争的锻炼,对中国共产党的正确领导和社会主义制度坚信不疑。特别是改革开放以来,全市人民以崭新的精神风貌,在邓小平理论、"三个代表"重要思想、科学发展观和习近平新时代中国特色社会主义思想的指导下,认真总结了有益经验,吸取了前进中的教训,不仅用自豪的目光去欣赏赞美五大连池的昨天和现在,更以极大的热情和百倍的努力去创造、建设五大连池的未来。勤劳智慧的五大连池人民,倍加珍惜大有作为的时代,倍加珍惜团结拼搏的氛围,倍加珍惜干事创业的舞台,凝心聚力抓发展,利民惠民促和谐,正在为夺取"矿泉旅游名城、休闲养生之都"建设的新胜利而努力奋斗！

第五节　强化使命担当，肩负起老区开发建设的重要责任

一、市委、市政府高度重视老区建设工作

　　自五大连池市被确定为革命老区以来，历届五大连池市委、市政府都把老区建设工作纳入重要日程，加强了对老区工作的领导。按照中央和省委、省政府，黑河市委、市政府的部署和要求，把老区建设作为一项"思源回报工程"，纳入了党政工作的"主渠道"，把党中央"支持革命老区建设加快发展"的指导方针落到了实处。

　　自2001年8月15日，五大连池市老区建设促进会正式成立以来，市委、市政府在老区乡、村也相继成立了老区建设促进会。市委、市政府组建了以市委常委、组织部长为组长的老区建设工作领导小组，老区乡镇党委、政府都确定一位领导分管老促会工作，定期听取老促会工作汇报，研究讨论老区工作。几年来，市委、市政府始终坚持每年召开一次老区工作会议，研究部署老区建设工作，帮助老促会解决工作上的困难。按照思想认识到位、分管领导到、组织建设到位、关心支持到位的精神，像抓"一号工程"那样抓老区建设工作，把做好老区工作的思想认识落到了实际行动上。市委、市政府十分关心老促会的组织建设和生活福利，不但对老促会的班子配备、编制、经费提供了保障，而且对办公地点也精心安排，充分体现了市委市政府领导对老促会工作的支持和对老促会工作人员的体贴和关怀。

　　2007年为全面加快老区脱贫步伐，市委、市政府结合老区实

际，制订出台了《关于加快老区建设工作的决定》《五大连池市革命老区发展规划（2006年—2020年）》。2012年6月1日，五大连池市委七届五次（2012年第4次）常委会会议，专题研究全省老区工作会议落实情况。会议认真讨论了《中共五大连池市委 五大连池市人民政府关于进一步加快革命老区发展的实施意见》及《五大连池市包扶老区村扶贫工作方案》。并以五市发〔2012〕9号文件和五市办发〔2012〕9号文件下发到各党委和各部门，使五大连池市老区建设工作有了比较系统的指导性文件。按照"产业有新发展、生活有新提高、文明有新进步、环境有新变化、管理有新机制"的阶段性目标要求，加大对老区的投入力度，促进老区加快发展，逐步缩小老区经济发展速度与全市平均水平的差距。老区群众收入逐年增加，生产、生活条件逐年改善。到2015年，全市6个老区村80公里未硬化路面，基本实现 水泥路面硬化；未通自来水的13个老区村，基本实现通自来水；未通广播电视的79户以上老区村，基本实现通广播电视；对3 594户泥草房改造基本完成，老区的文化、教育、卫生及社会保障等主要指标达到全省农村的平均水平。

按照五市发（2012）9号文件要求，市老区建设工作成员单位与市扶贫办建立了老区建设联系会议制度，坚持定期专题研究和安排部署老区建设工作。特别是近几年来，市委、市政府全面落实了"每个老区重点贫困村有一名市级领导联系、有一个党政主要领导主抓、有一个县直部门帮扶、有一个乡镇干部常驻村、有一套严密的考核评价体系"的"五个一"老区建设工作责任制。市"四大班子"领导每人坚持联系一个乡镇，包抓一个重点老区贫困村，坚持亲自督办、亲自抓。各党委、政府，中央、省、市直部门也都实行了帮扶老区责任制度，把老区工作摆上议事日程，始终把它放在心上，抓在手上。帮扶领导每年至少到帮扶村调研一次，帮助老区村解决实际问题，一定五年，不脱贫不脱钩。

机关、企事业单位也紧密结合"心连心、促和谐"千名干部下基层活动，开展结对帮扶。帮扶单位有目标任务、有具体措施、有责任人、有考评办法的详细帮扶方案，一包到底，直至脱贫。同时，把老区建设纳入全市规划和部门发展规划范畴，在制订规划时，凡能覆盖到老区的，都覆盖到老区。对为民办实事项目，凡涉及老区的，都体现"高看一眼、厚爱三分、同等优先、适当倾斜"的原则。市直有关部门在安排涉及老区群众生产生活的项目时，同等条件下优先安排老区。在深化农村工作机制创新工作中，市直有关部门在安排经济支援、干部支援、人才支援、教育支援、科技支援、医疗支援工作时，重点考虑老区村。在老区乡镇干部的培养使用上向老区倾斜，在项目、资金、物资、人力上向老区倾斜。从2012年起，每年市扶贫、农业开发、农业发展、科技资金等涉农专项资金，在同等条件下优先安排老区。市财政用于新农村建设的资金，重点倾斜老区。

市委、市政府加大了财政扶持老区力度。从2012开始市财政每年安排不低于30万元老区专项发展资金，用于扶持老区建设，并随着财力的增长，逐年有所提高。截至2017年末，五大连池市本级老区发展基金，为支持老区乡村事业的发展已投入资金107万元，有力地促进了老区建设工作的进展。扶贫部门小额信贷资金和扶贫资金重点扶持老区，为老区群众提供必要的生产启动资金，扶持老区群众发展生产。

市老区建设工作成员单位对老区建设做到了"七个优先"：扶贫政策向老区优先倾斜，财政性"三农"资金优先向老区投放，老区符合农业综合开发条件的项目优先立项，扶贫开发、整村推进和造福工程等优先照顾老区，新农村建设试点优先安排老区，优秀人才优先向老区输送，发展农村基础设施和各项社会事业优先照顾老区。通过社会各界的帮扶和支持，老区乡村的面貌发生显著的变化。

据调查显示，全市老区村贫困人口数量明显减少。全市8个老区贫困村人口由2001年底的779户、2 804人，减少到2012年底的546户、1 795人，共解决了233户、1 009人的温饱和脱贫问题。农民人均纯收入，由2012年的6 667元，增加到2015年的11 890元，比2012年增长56.1%。贫困发生率由2012年底的22.5%减少到2015年底的13.4%。全市老区贫困村，经过2014年省政府重新核定，有太平乡的振兴村和朝阳乡的朝阳村2个贫困村。经过两年的扶贫帮困和建设项目的实施，振兴村以完成了整村推进实施工作和贫困人口的预脱贫任务。2017年通过精准扶贫确保贫困村摘帽的只有朝阳村一个村。2017年初，市委市政府为朝阳村派出了驻村工作队，工作队通过采取"五个一批"的定向帮扶措施，使精准扶贫工作初见成效。目前，朝阳村基本上解决了与老区人民生活息息相关的吃水、用电、行路、上学、医疗、通讯、看电视等困难。老区人民信息闭塞、教育落后、因病致贫、出行不便的状况有了明显改善。

二、围绕中心，充分发挥老促会的职能作用

五大连池市老区建设促进会始终坚持以弘扬老区精神为旗帜，以服务老区人民为宗旨，以促进老区发展为己任，充分发挥参谋助手、桥梁纽带、平台载体作用。围绕中心，积极为市委、市政府尽责分忧，为老区建设尽心出力。协助党委、政府在加快新农村建设、提高农民素质、改善老区人民生活、促进老区繁荣发展等方面卓有成效地做了一些工作。

牢记立会宗旨，为老区办实事。五大连池市老区建设促进会成立十多年来，始终牢记全心全意为老区人民服务的立会宗

旨，殚精竭虑，身体力行，积极为老区人民办好事办实事。几年来市老促会在调查研究的基础上，比较翔实的掌握了老区的基本情况。现在全市革命老区有朝阳乡、龙镇、团结镇、太平乡4个乡镇，21个村，分别占全市乡镇、行政村的36%和17%。总面积283平方公里，占全市总面积的15.8%。现有7 441户，占总户数的20%。其中贫困户265户，占总户数的20%。人口45 656人，占总人口的12.7%。其中城镇人口15 611人，占全市城镇人口的30%，农村人口30 045人，占农村人口的20%。耕地面积228 310亩，占全市耕地总面积的18.5%。

在21个村中，贫困村有太平乡的振兴村，龙镇的东方红村，团结镇的永生村、新生村，朝阳乡的梁山村、朝阳村、双河村、沿河村8个村，占老区村的38%；已整村推进的村有朝阳村、青峰村、金山村、振兴村、红旗村、长庚村、永远村、永生村、梁山村、东风村、龙镇村11个村，占老区村的53%；未推进的村有边河村、红卫村、沿河村、双河村、奋斗村、科洛村、开发村、新生村、东升村、东方红村10个村，占老区村总数的47.6%。

2007年以前，我市只有朝阳乡一个革命老区。朝阳乡有过厚重的辉煌历史，也有过贫困落后的过去。一度是"吃粮靠返销，花钱靠贷款，生活靠救济"的重点贫困乡。多年来，交通不畅、饮水困难、信息不灵、教育落后、缺医少药等困难一直困扰着老区经济的发展。

交通不畅。朝阳乡远距市区70公里，村与村之间一般在20~30华里。最远的村距乡85华里。交通线路长，路面坎坷，桥涵塌陷，山道、弯道、坡道多。一遇雨季，村里出不去，外面进不来。不仅给村民生活造成困难，而且给农业生产带来损失。每年外运大豆，运输户因路况不好不愿来，每斤大豆运费竟提高2至3分钱。

　　饮水困难。朝阳乡18个自然屯和乡所在地，人们饮用的都是大口井中的地表水。由于受环境污染和地下矿物质的溶入，不但水质不好，而且存在着有害物质。长期饮用地表水，不仅严重损害了群众身体健康，还严重困扰了经济发展。据对朝阳村的初步调查，在200多户800多口人中，就有近百人患有不同程度的大骨节病，腰腿病。

　　信息不灵。三十多年来，朝阳乡村没有电话、没有广播、没有电视、对外部的联系基本处于封闭状态，为村民的生产生活带来许多不便和困扰。

　　教育落后。全乡一所中学，13所小学。全乡学校不同程度地存在着微型学校多，校舍危房多，学生流失多的问题。办学条件还是20世纪60年代水平。多数学校是本地初中生回村当教师，教学水平很低，学生质量不高。

　　缺医少药。医疗条件简陋，小病出村，大病出乡。乡卫生院的医疗条件太差，一般疾病治不了。村卫生所的条件更差，重病患者不得不到市里或跋山涉水到嫩江县境内求医寻药。同时，在老区村中还存在着村民增收难，缺少致富产业的问题。这些问题的存在，直接影响了老区建设工作的进程和老区人民生活水平的提高。

　　面对革命老区的实际困难，五大连池市老区建设促进会及时向市委、市政府和省、市老促会领导汇报，积极争取项目资金，帮助老区乡村牵线搭桥、排忧解难，开拓致富门路。截至2017年，在黑龙江省老区建设促进会，黑河市老区建设促进会和五大连池市委、市政府领导的大力支持下，通过老区成员单位和老促会工作联系机制等渠道争取项目24项，到位资金2 033.5万元。这些项目和资金的使用，较好地解决了老区人民行路难、饮水难、上学难、通讯难、就医难、增收难等问题，为老区经济社会的发展奠定了坚实的基础。

解决行路难问题。自2003年以来，五大连池市交通局先后投资1 025万元，为朝阳乡铺设了62公里的村村相通的三条砂石路和13公里通乡的白色路面，结束了班车不能进山的历史。2013年春黑河市老促会领导到振兴村调研，发现振兴村村民行路难，村里十分困难。为了促进村经济发展，改善交通条件，黑河市老促会在黑河市老区建设发展资金中拨出5.5万元，支持振兴村修建4公里的通村路。

解决吃水难问题。2002年以来，五大连池市水务局投入扶贫资金58万元，为朝阳村、奋斗村、梁山村、朝阳学校和东方红村打了5眼100米以下的深水井。为老区近6 000人喝上清澈甘甜的安全水打下了基础。

解决上学难问题。2003年，五大连池市政府共投资230万元，为朝阳学校盖了一座四层2 500多平方米的教学楼，并于2003年暑期交付使用，率先在全市集中办学。

解决通讯难问题。2003年通过黑河市老区建设促进会的帮助，黑河电信局利用自己的优势，为朝阳乡老区村民安装了有线电话。市联通公司投资100余万元，先后在朝阳乡建了6个通信机站，使老区的通话率达到百分之百。

解决就医难问题。近几年来投入资金90万元，解决就医难问题。其中，2007年五大连池市卫生局通过外引内联的方式投资80万元，改造了乡卫生院，由原来的破平房变成了楼房。2010年争取老区项目资金10万元，为边河村新建卫生所100平方米。购置了先进的医疗设备，整顿了医疗队伍，恢复了合作医疗，提高了医疗技术水平。使老区的人民真正享受了优质的医疗服务，解决了农民看病难的问题。

解决增收难的问题。为了解决老区增收难的问题，近几年来投入资金484万元，用于老区农民增加收入。其中，用于发展畜牧业投资资金233万元；振兴村低产田改造项目30万元；长庚村、红旗村良种繁育基地项目36万元；朝阳乡食用菌繁育生产项目185万元。这些资金的使用不但加强了农业的基础设施建设，而且也拓宽了老区人民增收的渠道。

解决基础建设资金问题。朝阳山是东北抗联第三路军的诞生地，抗日战争时期，抗联将士为了抗击日本侵略者，付出了重大牺牲，许多抗联将士长眠在朝阳山上。对这些牺牲的革命先烈，多年来只有简单的纪念标志，没有设立纪念碑。为了缅怀抗联先烈，传承红色基因，2013年五大连池市老区建设促进会与朝阳乡领导一起，在省烈士基金会争取资金15万元，在朝阳乡抗联第三路军总指挥部遗址大横山前修建一座抗联烈士纪念碑。

太平乡长庚村是一个历史悠久的老区村，有着光荣的革命传统。不论在革命战争年代还是经济建设时期，长庚村留下了许多不怕牺牲、顽强战斗的英雄故事和辉煌业绩。因此，建好长庚村纪念馆是传承老道窝棚屯记忆、弘扬抗联精神、展现老区村改革发展成果、践行社会主义核心价值观的当务之急。为建好长庚村纪念馆，五大连池市老区建设促进会2016年在黑河市老区建设促进会争取黑河市老区发展基金5万元。2017年1月15日，五大连池市老促会的同志与长庚村领导一起，到哈尔滨市向抗联老战士、原省政协副主席李敏汇报纪念馆的筹备情况。李敏主席肯定了长庚村为建立纪念馆所做的工作，嘱托一定要把纪念馆建好，并欣然提笔为长庚村纪念馆题写了"革命老区长庚村纪念馆"的馆名。此外，五大连池市老促会的同志还为长庚村纪念馆撰写了一万三千余字的纪念馆文字材料，并争取五大连池市老区发展基金7万元，用于纪念馆建设。纪念馆建设任务完成，于2017年10月1日正式开馆。

围绕中心建言献策。2012年以来，根据五大连池市老区建设工作的实际，五大连池市老促会在服务老区的工作上，重点开展了"1234"工程活动。即围绕"一个中心"。就是老促会工作必须坚持以经济建设为中心。坚持"两个依靠"。一是紧紧依靠市委、市政府的领导；二是紧紧依靠扶贫开发领导小组及扶贫办这个工作主体。做到"三个相结合"。就是把老促会工作同市委、市政府的中心工作相结合，同扶贫开发工作相结合，同"心连心、促和谐"千名干部下基层主题活动相结合。狠抓"四个落实"。一是在深入学习领会好省、市老区工作会议精神上狠抓落实，二是在深入开展调研工作上狠抓落实，三是在弘扬老区红色文化上狠抓落实，四是在包扶老区工作上狠抓落实。在实施"1234"工程上，市老促会工作人员，结合自己分管的工作制定细则和工作分解表，把各项工作措施落到实处。

几年来，按照"1234"工程活动的内容，五大连池市老区建设促进会，围绕省、市老促会的工作部署和文件精神，围绕市委、市政府的中心工作认真地开展了调查研究工作。先后开展了"十村百户"调查，老区村文化建设的调研，老区村贫困状况的调研和对抗联红色文化资源挖掘、整理、保护、开发情况的调研。对了解的情况及时向市委和省、市老促会写出调查报告，有的报告省、市老促会予以转发，有的市委、市政府领导做了重要批示，把报告转发到了市直有关部门。

自2006年以来，五大连池市老促会从老区人民群众最关心、最现实的问题入手，先后撰写了《春风又绿朝阳山》《在推进社会主义新农村建设中，充分发挥畜牧业支柱产业作用》《打造和谐青峰村的决策人》《老区人最信赖的人》《青春在岗位上闪光》《他为党旗添光彩》《长庚蜕变两重天》《奋飞的头雁》等文章，分别在《黑河日报》《黑河老区建设》和省《开发研究与老区建设》登载。2006年12月份，在黑河市老促会领导高度重视下，深入朝阳乡对项目实施情况进行了专题调研，写出了《从老区朝阳乡的变化看项目的支持作用》的专题报告，市委办公室转发。黑河市老区建设促进会向黑龙江省老区建设促进会、中国老老区建设促进会进行了汇报，中国老区建设促进会利用媒体宣传报道了朝阳乡老区的项目落实情况。

十多年来，围绕市委、市政府的中心工作和老区工作实际，先后撰写了《情洒老区》《五大连池老区建设》和《革命老区五大连池》三本书，共60余万字，较翔实地总结了十多年来五大连池市老区建设工作情况和抗日战争时期东北抗日联军在德都县的辉煌战绩。这些调查报告和资料较好地把老促会的想法，变成了市委市政府的意志，起到了促进老区发展的参谋作用。

牵线搭桥为民解难。革命老区朝阳村村民多年始终存在看病难、治病难的问题，严重地影响了村民的身心健康，群众呼声强烈，已经到了非解决不可的时候了。

2017年6月27日，在黑龙江省老区建设促进会、黑河老区建设促进会和抗联子女的支持下，五大连池市老促会的同志到中国人民解放军第二一一医院，向医院领导认真汇报了朝阳村村级卫生所面临的困难和村民看病难、治病难的问题。解放军第二一一医院领导高度重视，于2017年8月29日，派出12名专家组成医疗队，在医院医务处程错主任带领下到朝阳村义诊。8月30日，医疗队的神经内科、眼科、心内科、五官科、皮肤科、感染控制科、骨科的专家，为朝阳村村民义诊110多人次。专家们对患者仔细问询和诊断，认真为他们开具处方，免费为患者做彩超和心电测量，免费为患者发放药品，提出治疗方案和康复指导建议。

在朝阳村，解放军第二一一医院还与朝阳村签订了《精准扶贫帮扶协议书》。帮扶期限是2017年8月29日—2019年8月29

日。协议书指出：根据《关于进一步加强东西部扶贫工作的指导意见》（中办发［2016］69号），《关于军队参与打赢脱贫攻坚战的意见》（军政联［2016］1号）及相关会议精神，经丙方推荐，甲乙双方协商，签订如下协议：1.建立一支帮扶医疗队，定期对乙方所在贫困户进行巡诊，建立微信对接平台，确保足不出户可以面医问诊。2.为乙方贫困户提供价值一万元的常见病医疗药品。3.每年统一为乙方来院贫困户进行一次健康体检，适当减免费用。4.医院为乙方贫困户来院治疗开通绿色通道。5.免费为乙方贫困户所在基层机构卫生人员进修、培训或者远程指导。同时，解放军第二一一医院还一次性给朝阳村价值12万元的医疗设备和药品，这是朝阳村自建点以来卫生所第一次得到的无偿援助。这些举措为完善村级卫生所建设奠定了基础，提供了条件。

　　义诊结束后，医疗队又深入农户了解贫困患者情况，建立医疗档案，制定危重疑难患者医疗方案，深入开展助残扶弱活动。解放军第二一一医院医疗队充分发挥自身优势，以"精准医疗"落实了"精准扶贫"，受到了老区人民的好评。

　　根据朝阳村村级卫生所面临的困难，2017年8月18日，五大连池市老促会同志奔赴哈尔滨市向抗联老战士、原黑龙江省政协副主席李敏，详细地汇报了朝阳村卫生所的情况。8月19日，李敏主席怀着对老区人民的深厚感情，给孙东生副省长写了亲笔信，请省政府领导帮助解决朝阳村级卫生所的困难。省领导高度重视，在省卫生厅安排资金10万元，为朝阳村新建一栋卫生所交付使用。

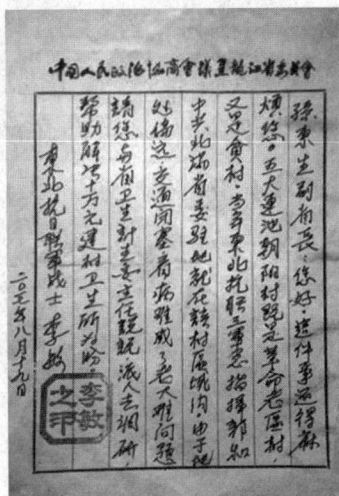

李敏给孙东生副省长的
亲笔信

分类指导促进发展。一是摸好底分类排队。按黑河市老促会关于对老区村实行分类指导的指示精神，五大连池市老促会在深入老区村在调查摸底的基础上，把全市21个老区村进行分类排队，分为一、二、三类。一类村是到2020年人均收入能超过翻一番的共有6个村，占28.5%。有太平乡的长庚村、龙镇的开发村、团结乡的永远村、朝阳乡的边河村、红旗村、东风村。二类村是到2020年人均收入能翻一番的共有7个村，占33%。有龙镇村、团结乡的东升村、朝阳乡的红卫村、青峰村、金山村、奋斗村、梁山村。三类村是到2020年人均收入不能翻一番的共有8个村，占38%。有龙镇的东方红村、太平乡振兴村、团结乡的新生村、永生村、朝阳乡的朝阳村、沿河村、双河村、科洛村。对这些村坚持分类指导，重点推进。

二是纳入规划分批推进。自2012年起，按照中央、省和黑河市有关扶持老区发展政策的要求，在新一轮农村扶贫开发整村推进工作中，市委市政府已经把朝阳乡、龙镇、太平乡、团结乡四个老区乡镇的21个老区行政村，逐步纳入了整村推进扶贫规划。对于贫困村，经过2014年省政府重新核定，五大连池市贫困村确定11个贫困村，其中老区村有太平乡的振兴村和朝阳乡的朝阳村2个贫困村。经过两年的扶贫帮困和建设项目的实施，振兴村以完成了整村推进实施工作和贫困人口的预脱贫任务。2016年市委市政府已把朝阳乡朝阳村纳入革命老区脱贫攻坚的计划之中，并派出了驻村工作队，精准扶贫工作正在按计划有序进行。

三是树典型重点推进。梁山村是朝阳乡的贫困村，发展特色种植业有得天独厚的自然条件，市老促会在充分调研的基础上，把梁山村作为老区村实行分类指导工作的重点来抓，利用资源优势帮助梁山村发展食用菌产业。在梁山村食用菌产业发展的过程中，得到了省、市老区建设促进会和市委市政府领导的高度重视和大力支持。2006年市老促会、市扶贫办，通过省老促会在省扶贫办申请食用菌栽培项目资金10万元，扶持贫困示范户25户，生产5 000袋食用菌棒，每袋平均纯收入达9元钱，食用栽培户增加收入4.5万元。2008年以来，通过老区建设项目，在朝阳乡先后投资30万元，扶持食用菌栽培户40户，生产鲜品25万斤，销售总收入65.5万元，纯获利润45.5万元。

2010年11月，市老促会帮助赵明家成立了五大连池市明家食用菌农民专业合作社，注册资金150万元，入社社员32人。合作社自成立以来，始终秉承"诚信合作、互利共赢"的企业精神，奉行"携手与你共进"的经营理念，通过食用菌种植示范户和示范园区建设，实施科技兴菌，推进标准化经营。按生产设施高端化、生产规模集约化、生产管理标准化的要求和食用菌菌类生长需要，将传统栽培模式升级为设施化栽培。2013年，市老促会积极联系协调，先后与北安绿源公司、黑龙江北大荒北绿食品有限公司、哈尔滨市联强公司达成协议，签订了合作对接合同，使食用菌产品拓宽了销售渠道。同时，市老促会协调市农经总站为合作社争取45万元扶持资金，并为合作社购买了一台保温车。2014年黑河市老促会在黑河市老区建设发展基金中，为明家食用菌农民专业合作社的9户农民，扶持老区发展基金4万元，作为食用菌生产标准化示范户。

2016年以来，合作社迎来发展的机遇期，新注册资金2 270万元，职工增加到53人。先后投资3 000多万元，扩建了12 661.3平方米的厂房。其中一个生产车间，六栋培养室，占地面积23 706.2平方米。新建了1 460多平方米的一栋集办公、包装车间于一体的二层楼房。引进一条全自动智能生产线设备，日生产菌棒能力达到5万袋。2018年又建了2 300平方米二层楼的冷库。合作社发展壮大了，不仅对周边农户起到了示范带动作用，同时还安置了130多人就业，旺季时用工量达到300人，增加了当地农民的收入。

2017年，在市委、市政府大力支持下，五大连池市老促会协助朝阳乡为明家食用菌农民专业合作社争取五大连池市老区发展基金100万元，建设100栋大棚，将全乡建档立卡的59户贫困户，作为食用菌品种生产标准化示范户，帮助他们尽快脱贫致富。在培育食用菌科技示范户的同时，还加强了梁山村，林场食用菌示范园、乡政府食用菌示范园建设。按照示范标准，加强指导，总结交流经验，发挥示范引带作用，带动食用菌产业科技化发展。把食用菌科技示范点、示范户培育成引进、开发食用菌高产、稳产新技术基地；引进、示范市场行情好的新品种和珍稀品种基地；培育、生产母种基地；进行科技化、规范化生产的试验基地。打造食用菌产业新的增长点，辐射带动梁山村的食用菌标准化生产。合作社全力做好食用菌各个生产环节的服务，特别是技术服务，做到"六统一、三到户"。即统一菌种、统一质量标准、统一技术服务、统一商标、统一包装、统一销售；技术培训到户、技术指导到户、生产操作规程到户。使食用菌产品走出一条产、加、销立体化的产业之路。

2018年，合作社生产加工菌袋近400万袋，收入200多万元；生产鲜蘑700多万斤，生产干蘑70多万斤，年收入800多万元。菌袋销往嫩江、克山、讷河、内蒙古阿荣旗、大庆、吉林等地。目前，明家食用菌农民专业合作社借助大企业优势，与科迪食品集团电子商务有限公司合作共建，开展委托加工合作业务，实施订单生产，干蘑全部由科迪集团收购。爱专研的赵明家2018年还培育出了玉木耳、灵芝、姬松茸等新产品，除了部分销售出口以外，自己还种植了2.3万袋玉木耳和6万袋灵芝。

经过几年的实践与发展，合作社生产的黑木耳、猴头、榆黄蘑、元蘑、榛蘑、滑子蘑、灵芝、黄花蘑、毛尖蘑等珍稀山珍，已成为无公害纯绿色产品和纯有机食品，是五大连池市野生山珍特产。为此，2012年市老促会与市工商部门协调在国家商标局为合作社注册了"森晶"牌五大连池山珍商标。合作社又先后办理了生产经营许可证、绿色产品标志认证。通过品牌建设牵动产业发展，积极打造绿色、无公害食品品牌，扩大"森晶"牌五大连池山珍在全省、全国的知名度和影响力。并力争用3—5年的时间，把五大连池市打造成"全省知名、全国闻名"的"食用菌之都"，把"森晶"牌五大连池山珍打造成国内驰名品牌。

五大连池市明家食用菌农民专业合作社在省、市老促会的大力支持下，在市委、市政府和朝阳乡党委、政府的正确领导下，经过几年不懈努力和艰苦奋斗，先后被授予黑河市科协授予"黑河市科普带头人"和"黑河市食用菌科技高产大王"等荣誉称号。2013年12月，明家食用菌农民专业合作社，被黑龙江省农村劳动力转移办公室确定为"黑龙江省农民创业示范（实习）基地"；2014年，被黑龙江省妇女联合会确定为"黑龙江省巾帼现代农业科技示范基地"；2015年6月，被中国科协、国家财政部授予"全国科普惠农兴村先进单位"；2017年，被中国农村专业技术协会授予"全国优秀农村专业技术协会"；2018年，被五大连池市委、市政府授予2017年度特色产业发展"先进经营主体"荣誉称号。

"问渠哪得清如许，为有源头活水来"。五大连池市老区建设促进会自成立以来，每前进一步，每取得一点成绩，都与党组织和领导的支持分不开。正是有了黑龙江省老区建设促进会、黑河市老区建设促进会的亲切关怀和指导，有了五大连池市委、市政府的正确领导，五大连池市老促会才能坚持为党分忧，为民尽力，发挥余热，奉献老区的基本宗旨，在老区开发建设中较好地发挥了参谋部，宣传员、联络员、督办员的作用，为老区人民实实在在地做一些服务工作。进而，五大连池市老区建设促进会在2007年5月，被黑龙江省老区建设促会授予全省"先进集体标兵"，2010年1月，被黑河市老区建设促会授予"先进标兵单位"。

第六节 革命老区面临的困难及对策

五大连池市革命老区在市委、市政府的正确领导和社会各界的大力支持下，老区的经济、政治、社会、文化建设取得了巨大成就，老区人民的生产生活条件有了较大程度的提高。由于老区各方面的基础较差，目前仍然面临着许多困难，存在不少亟待解决的问题。

贫困人口规模大，返贫比例高。近几年全市老区村由于自然灾害严重，返贫人口增加。近三分之一的老区村自然条件恶劣，一遇灾害群众极易返贫。特别是多灾的气候和脆弱的基础，导致干旱、低温、洪涝、病虫害、冻灾等自然灾害频发，持续时间长。加之种植结构的调整，作物品种在选择上面临很大的局限性，容易导致返贫。同时，在老区乡镇中，历史债务沉重。仅朝阳乡一个乡，现有债务800多万元，人均债务1 011.3元，是历史延续下来的。

基础设施建设标准低、配套差。几年来，五大连池市老区村的基础设施建设发生了一定变化。因对老区贫困村的资金投入不够，致使已实施老区贫困村建设的村变化不大，群众脱贫致富的步伐不快。同时，受资金和技术的限制，已建的基础设施标准低、配套差。一是耕地质量差。受重点项目建设和其他因素影响，团结镇耕地沙化面积逐渐增加。农村水利设施严重不足。二是农村基础设施建设滞后。朝阳乡大多数村级公路等级低、通达能力差、晴通雨不通；相当一部分农户房屋破旧、修建难；农村改厕、改厨、改栏任务重、难度大。老区农村饮水困难的问题亟待解决；革命老区朝阳乡部分村，龙镇的龙镇村、东方红村、开发村依然面临着饮水困难问题。由于长期饮用地表水，不仅严重损害了群众身体健康，还严重困扰了经济发展。据对朝阳村、东方红村的初步调查，有60%以上的人患有不同程度的大骨节病、腰腿病。

结构调整困难多，骨干增收项目少。近几年，五大连池市运用市场机制，结合本地实际，大力调整农村产业结构，突出发展特色绿色产业，现已取得明显成效。但因资金、技术、人才、信息、交通、观念等多种因素制约，产业基地管理滞后，产品加工单一，龙头企业尚未形成。资源优势没有转化为经济优势，特色产业在短期内对老区农村经济增长、农民增收还不具备较大的拉动作用，致使农民收入低而不稳，自我积累，自我发展的能力十分有限。

科技文化落后，普及提高差距大。目前主体劳动者受教育程度低，科技推广和应用在农村普及率低，老区群众对新品种、新技术应用普及接受能力差，难以适应市场需求。就全市老区来讲，从根本上减小与发达地区的发展差距，更是一个长期的历史过程。

为使老区人民群众生产生活条件进一步改善，经济条件和生活水平进一步提高，基础设施建设进一步加强，亟须党政机关和社会各界倍加关爱老区，支持老区，发展老区。

加大宣传力度。请求各级宣传部门高度重视老区宣传工作，把老区市、乡（镇）、村老区建设问题，作为宣传部门的一项长期的政治任务来抓。要以当地新闻媒体为主要平台，以省、市新闻媒体为主攻方向，面向社会各界，大力宣传老区光荣革命历史，介绍老区现状，反映老区存在的问题和困难，让社会广泛了解老区、认识老区，增强各级干部、广大群众的老区意识，从而理解老区、支持老区和建设老区。

尽快出台政策。新一轮老区扶贫开发已经开始，应充分利用关于加快革命老区建设发展的相关政策，继续开展基础扶贫、产业扶贫、劳务扶贫、党政机关定点扶贫等行之有效的做法。要切实加大项目资金的扶持力度，国家财政对重点老区村每年应安排一定数量的老区建设发展资金。随着国家财力的增强，并逐年有所增加。把扶持重点老区村的基础、产业、人居、生态、社会事业及人才、劳务建设作为首要任务，要免除县（市）级地方资金配套。

开发老区资源。一是实施产业开发。老区要根据各自的资源优势，抓住主导产业，按照市场化、规模化、产业化的要求，集中资金、物力进行重点培育和开发。二是注重旅游开发。在老区建设中，国家在扶持重点老区村的基础上，应安排一部分老区建设专款，加大专项建设资金对老区的支持额度，将革命老区朝阳山抗联总指挥部遗址、长庚村老道窝棚屯遗址、龙镇《红灯记》故事原型地、团结乡郑家窑战斗遗址等革命遗址遗迹进行修复完善，建设成为生态旅游胜地、爱国主义教育基地，使红色资源优势转化为经济优势。

实行特殊扶持。一是增强对老区人民的感情。老区人民希望各级各部门重视老区发展，增强对老区人民的情感，用老区精神发展老区经济。二是集中扶贫资金，着力抓好基础设施建设。老区人民贫困最根本的因素是基础设施落后，老区人民希望各级政府集中扶贫资金，着力搞好优质的路网建设。同时建立乡村、村、屯公路的长效维护机制，加大水利设施的扶持力度，解决困难户的生产生活安全用水问题，逐步解决看病难、上学难等问题。三是免除革命老区乡（镇）、村、屯历史遗留债务。凡是老区乡、镇、村、屯过去在建设基础设施、社会事业、生态环境的所有债务应一律免除。

广争帮扶资金。要加大向上争取老区建设项目的力度。一是主动出击。加强与上级部门的联系，扩大渠道争取扶持资金。二是积极申报。编制适合老区的项目计划，积极向上申报。三是寻求外援。要多向上级和领导汇报，争取支持和政策性资金投入。

制定科学规划。制定科学发展规划，有序推进项目建设，要深入调查研究，了解群众的需要，制定切实可行的发展规划。要请有关职能部门的专业技术人员帮助指导编制发展规划，加强项目的可行性论证。要使项目建一个，成一个，富一方。

提升造血功能。首先，配齐配强老区乡、村级班子，让有能力想干事、会干事、能干成事的有识人士担任乡、村主职干部，选准选好脱贫致富带头人；其次，制定完善老区科学发展长效机制，使之由救济型向自身造血型转变；再次，积极培育新型产业，切实加快农业产业结构调整和特色绿色产业基地建设步伐，充分调动老区农户生产积极性；同时还要做好农业实用技术培训，造就一批懂技术、会管理、善经营的现代农民。

增强帮扶举措。一是加强乡镇一级的组织领导，成立乡镇老区建设工作领导小组，设立办公室，单独核定配备1名（正科级）专职办公室主任，具体负责编制老区发展规划，有组织、有领导地开展老区建设工作。二是切实加大投入力度，捆绑其他项目资金，争取一年办1~2个大点的项目，让实施的项目办一件像一件，办一件成一件，真正把好事办好，让实事办实。三是继续发扬革命老区精神、抗联精神。党和国家扶持老区建设的各项政策措施，最终要靠各级干部带领广大群众去落实。老区各级干部要提高带领群众艰苦创业、脱贫致富的能力和老区人民群众一道继续发扬老区传统和抗联精神，再加力度、再上措施，努力促进老区乡镇经济发展和社会全面进步。

第五章 远景展望

　　2017年10月18日至10月24日，召开的中国共产党第十九次全国代表大会，绘就了党和国家事业发展的宏伟蓝图，吹响了夺取新时代中国特色社会主义伟大胜利的"号角"，具有划时代里程碑意义。在承前启后、继往开来的新时期，革命老区人民在五大连池市委、市政府的正确领导下，不忘初心、牢记使命，坚持以习近平新时代中国特色社会主义思想为指导，全面贯彻党的十九大精神，认真落实上级党委、政府的工作部署。坚持以推进供给侧结构性改革为主线，坚持推进高质量发展，坚持稳中求进总基调，贯彻新发展理念，深度融入自由贸易试验区黑河片区建设，聚焦聚力"高效生态经济示范县"和全市地区生产总值突破百亿元大关的发展目标。深入实施乡村振兴战略，大力发展矿泉饮品、生态农林、旅游康养、战略新兴、现代服务"五大产业"，做优做强矿泉产品、绿色食品和旅游康养三大基地建设，扎实做好"六稳"工作，坚决打赢三大攻坚战，统筹推进稳增长、促改革、调结构、防风险、保稳定，补短板、惠民生，全面加快小康社会建设。到2019年经济社会发展的主要预期目标要达到地区生产总值增长7%，固定资产投资增长10%，公共财政预算收入增长5%以上，社会消费品零售总额增长10%，城镇和农村常住居民人均可支配收入分别增长6.8%和7%。2020年，实现地区生产总值年均增长7%以上，地区生产总值达到117.6亿元；公共财政预算收入年均增长10%以上，公共财政预算收入突破3亿元；城乡居民人均可支配收入年均增长8%以上，提前实现比2010年翻一番目标，奋力谱写"矿泉旅游名城、休闲养生之都"建设新篇章。

第一节　发展现代生态农业，加速产业化发展

五大连池市革命老区经济社会要加快发展，必须大力发展现代生态农业。要抓住全省亿亩生态高标准良田工程的契机，围绕"两大平原现代农业综合开发试验区"，转变农业生产经营方式，积极发展高效生态农业，推进农业现代化进程。加强农业基础设施建设和农业科技项目推广，大力发展优质、高产、高效、生态、安全农业，全面提高粮食综合生产能力。要推进种植业结构调整，实施合理轮作，加快推进农业标准化生产和产业化经营。加快农业机械化体系建设，依托大型农机专业合作社和农垦大型机械，壮大发展农民专业合作组织。加大土地流转和规模经营力度，推进农村土地确权工作。加强农业科技示范园区建设，实施科技园区引带工程。实现用现代农机装备保障农业，用现代科学技术改造农业，用现代产业体系提升农业，用现代经营形式推进农业，培育新型职业农民发展农业的新格局。

坚持生态优先、绿色发展理念，统筹山水林田湖草系统治理，要强生态系统建设，抓好林业生态建设，加强生态环境保护，打好污染防治攻坚战，建设天蓝、地绿、水清的美丽五大连池。到2020年，无公害、绿色、有机农作物种植面积达到240万亩以上，农产品地理标志达到6种以上，畜牧业产值达到3.5亿元以上，土地流转全部经过流转平台，经营面积1万亩以上的农民

专业合作社达到10个以上。

第二节　实施乡村振兴战略，建设社会主义新农村

党的十九大报告指出，要按照产业兴旺、生态宜居、乡风文明、治理有效、生活富裕的总要求，大力实施乡村振兴战略。乡村振兴战略是一个综合性战略，需要从农业产业化、农村人居环境建设、农村生态环境保护和农村社会发展等方面协同推进，其中最关键的就是要加强基层党组织建设，提升新时代党领导乡村工作的水平。

坚持始终把党的政治建设放在首位。牢固树立"四个意识"，践行"两个维护"，在思想上政治上行动上与党中央保持高度一致。深入开展"不忘初心、牢记使命"主题教育活动，坚定广大干部理想信念，用党的创新理论武装头脑、指导实践。严守政治纪律和政治规矩，坚持重大事项请示报告制度，不折不扣地贯彻落实省市委各项决策部署，履职尽责，担当负责，推进五大连池市各项工作全面发展、全面进步。

坚持规划引领，编制乡村振兴战略五年发展规划。加快智慧农业建设，重点打造20个"互联网+农业"示范区，创建省级样板基地5个。深化"市校""市院"共建合作，加快大豆育种技术创新中心建设。积极推广高新技术，实施黑土地保护、绿色大豆高质高效示范县等项目。支持企业、合作社注册绿色有机食品认证和地理标志，力争新增"三品一标"12个。培育壮大各类农业新型经营主体，推进省级规范社创建工作，组建省农业信贷担保公司五大连池市分公司，促进现代农业发展。

加快推进农作物秸秆综合利用，推广秸秆"五化"利用工

作。认真落实粮食安全县长负责制，做好粮食购销工作。加强供销服务体系建设，成立5家农村供销综合服务中心。加强农产品营销和品牌创建，组织企业参加国家、省级知名农产品展会，拓展产品销售渠道。积极鼓励支持农民从事运输、建筑、旅游、餐饮、服务等行业，积极探索城乡一体化特色农业发展道路，多渠道增加农民收入。

坚持以乡村振兴战略为引领，以发展绿色、生态、高效农业为重点，高质量推进农业农村现代化，努力实现农业增效、农民增收、农村增绿。加快农村经济发展，深入推进农村经济结构调整，提升农业产业化水平。全域、全产业创建农业绿色发展示范区，稳步扩大绿色功能性大豆、矿泉水稻种植规模，加快发展杂粮杂豆、蓝莓、玫瑰花等特色作物。扶持大豆种业发展，引导企业开发专用功能性品种，力争良种繁育基地种植面积达到100万亩。大力发展林下经济，扩大食用菌、特色苗木、北药等产业规模，推动林业产业转型发展。

加快畜牧养殖规模化、标准化、现代化建设。推进肉牛、生猪、肉羊及矿泉禽类养殖，扩大挽马、肉驴、梅花鹿等特色养殖规模，抓好非洲猪瘟等重大动物疫病防控。

坚持乡村振兴战略，深入开展环境整治工作。要深入开展农村人居环境三年整治工作，全面推进"三清理一绿化"专项行动，集中解决农村环境"脏、乱、差"问题。继续排查清理农村长期无人居住危旧房，完成270户农村危房改造工作，加快农村室内外厕所改造。深入实施整村绿化工程，完成42个村屯3 009.9亩绿化任务。实施农村旧桥改造工程，加强养护管理，保障公路安全畅通。加快推进重点水利项目建设，完成庆民沟防洪工程和讷谟尔河干流治理工程重点段项目年度建设任务，抓好农村饮水安全巩固工程。

第三节　优化绿色食品加工业，壮大矿泉系列产品产业

坚持工业强市战略，把发展绿色食品加工业和矿泉系列产业作为工业经济发展的重点，增强自主创新能力。打造以园区为产业发展平台的新型工业模式，加大对国内外大型企业的招引力度，逐步形成以大企业集团为龙头的产业集群。以"粮头食尾""农头工尾"为抓手，推进农产品精深加工，构建绿色食品生产、矿泉产品加工产业集群，把农产品精深加工打造成五大连池市第一支柱产业。推动科迪60万吨稻谷综合加工、万物生大豆肽口服液项目投产，开工建设科迪100万吨非转基因大豆加工项目，开发生产精制大米、米糠油、蛋白食品、大豆肽营养品等系列产品。加快推进30万吨玉米燃料乙醇、科迪300万吨矿泉水项目，延长产业链。盘活停产半停产企业，让老企业焕发生机。大力支持民营企业发展壮大，落实好政策扶持措施，减轻企业税费负担，创造宽松的发展环境。积极搭建银政企对接平台，解决中小微企业融资难问题，提高金融服务实体经济能力，推动民营经济更大更好发展。到2020年，力争把五大连池市打造成中国北方独具特色天然矿泉水、天然苏打水和矿泉系列产品生产研发基地，打造百亿级矿泉产业基地。改造提升优势产业，推动工业化与信息化融合，集中精力抓好工业项目开发，促进工业经济提档增速，形成具有五大连池特色现代工业产业体系。

立足资源优势，壮大农产品、畜产品、水产品加工业，提高科技含量，提升产品附加值，创建地方名优品牌。培育和引进一批有规模、有实力的大型企业，开发生产符合国家QS标准的速冻

食品、即食食品、绿色保鲜山珍产品、出口清真食品、小浆果饮料等特色食品。充分发挥我市农牧产品基地优势，与农场实力较强的龙头企业搞好对接，联合发展乳品加工、油脂加工、排酸冷鲜肉生产、保鲜速冻蔬菜、马铃薯淀粉生产等项目。利用山口湖丰富的渔业资源，建设山口水产品冷藏精深加工基地。

壮大矿泉系列产品产业，依托全市珍稀的矿泉和苏打水资源，以矿泉工业园区为产业发展平台，做大做强矿泉系列产品产业。加快科迪绿色食品产业园建设，加快双泉百万吨矿泉水、矿泉工业园区百万吨苏打水建设，建设矿泉产品产业上下游产业，打造矿泉产品物流基地。支持宝泉矿泉啤酒做好企业营销，支持企业实施品牌战略，拓展市场空间。采用现代技术设备提高矿泉系列产品质量，根据市场需求，大力发展高、中、低等不同档次的矿泉系列产品。加强矿泉水、苏打水生产企业和酒类生产企业的整体营销策划，不断提高五大连池矿泉系列产品的知名度和市场占有率，叫响"五大连池"品牌。继续招引有实力的知名企业有序开发我市矿泉酱油、矿泉醋、矿泉食品加工项目，力争把五大连池市打造成国内规模最大的矿泉系列产品生产研发基地。2020年，规模以上矿泉产品加工企业达到3家以上，矿泉工业园区产值达到30亿元以上。

第四节　发展全域旅游，做大做强旅游休闲服务业

五大连池市地处哈尔滨、齐齐哈尔、黑河三大城市的中心区域，是黑龙江省旅游业向西部发展与大兴安岭衔接，向北部发展与黑河边境衔接的重点区域。随着哈黑高速、前嫩高速的建成投入使用，五大连池民用机场正式通航运营，北安至五大连池铁

路前期工作的加快推进，五大连池市正在成为哈尔滨、齐齐哈尔、黑河、大兴安岭的交通汇集中转点，将构成连接冰城哈尔滨、鹤城齐齐哈尔扎龙、北极村漠河、边境口岸黑河的经济圈的重要纽带，对打造黑龙江省黄金旅游线路起到巨大的牵动作用。交通条件的改善势必促动物流产业的发展，五大连池市可以充分发挥自身的旅游、矿泉等特色资源优势，打造航空物流港、铁路物流港，面向国内和国际两个市场，实现五大连池城市经济的转型发展。

科学规划景区景点，加强基础设施和人文景观建设。五大连池市域内拥有独特的火山、生态、冰雪、民俗文化和特色旅游资源，科学规划景区景点，有利于打造讷谟尔河流域景观带，开发温泉疗养和冰雪旅游项目，有效地整合区域内优势旅游资源。有利于突出火山矿泉、湿地观光、自然生态特色，打造旅游精品，大力发展以旅游休闲养生产业为龙头的第三产业，尽快把旅游业培育和发展成为支柱产业。推进全域旅游纵深发展，积极培育新兴业态，推动旅游产业深度融合，加速形成新的经济增长点。推进山口湖景区升级改造，加快建设游客服务中心、自驾车营地等服务设施，完善智慧旅游服务体系，推动景区提档升级。开发冰雪赛事、冰雪乐园、雾凇景观等冰雪旅游项目，丰富冬季旅游产品供给，打造四季全时旅游品牌。

强化旅游市场综合监管，规范市场秩序，提升旅游服务品质。2019年9月20日，文化和旅游部正式公布了首批国家全域旅游示范区名单，五大连池市正式被授予首批"国家全域旅游示范区"荣誉称号。创建国家全域旅游示范区为五大连池市带来了深远的影响和精神动力，因此要珍视荣誉、巩固成果、再创辉煌，把全域旅游工作推向更高水平，奋力开创五大连池经济社会高质量发展新局面。要高标准规划山口湖景区、大沾河国家森林公园、讷谟尔河景观带、国有农场生态旅游观光区。加快团结镇矿泉旅游小镇、双泉镇民俗文化特色小镇建设，打造特色旅游小镇。积极发展以农家乐、特色民宿、农业观光体验为代表的乡村旅游，创建老常头矿泉生态园、轩源旅游度假村等4个省级乡村旅游示范点。发展工业旅游，创建宝泉啤酒厂、北大荒矿泉水厂省级工业旅游示范点。到2020年旅游接待能力达到180万人次以上，旅游综合收入达到12亿元以上，现代物流产业实现规模发展，全力提升五大连池旅游休闲养生知名度和吸引力，力争把五大连池打造成观光游览、康疗养生、度假避暑胜地。逐步形成自然生态、湿地观光、度假避暑、冰雪游乐、历史文化、民俗风情等一批独具特色的旅游系列品牌，使山口湖生态旅游区成为国家ＡＡＡＡＡ级旅游区；朝阳山抗联遗址，龙镇红灯记故事原型地建成ＡＡＡ级旅游区；沾河森林漂流旅游区建成ＡＡＡＡ级旅游区，把五大连池打造成黑龙江省旅游的一个新的亮点。

第五节　挖掘抗联遗址，开发红色资源

习近平总书记指出："要把红色资源利用好、把红色传统发扬好、把红色基因传承好。"总书记还强调："要加强抗战遗迹保护开发，发挥各类抗战纪念设施作用，为开展抗战研究、展示研究成果、进行爱国主义教育提供阵地。"

五大连池市是一块有着光荣革命传统，洒满先烈热血的东北抗日联军革命老根据地。这里发生的一系列革命斗争故事，涌现出的一大批抗联英雄人物，留下的许多处革命遗址，奠定了五大连池独特的文化地位和时代形象。是东北抗日联军革命斗争史的重要实物见证，凝聚着深刻的文化内涵，蕴藏着丰富的历史信息，具有重要的历史价值和社会人文价值。了解挖掘并保护好东北抗联的遗址遗迹，让其能够更长久地给后来人以革命教育是一项重要工作。

据初步统计：五大连池市现存的抗战和抗联革命遗址有：红霍尔基屯的平康德反满抗日活动遗址、东北抗联第三军龙门伏击战遗址、东北抗联龙北部队二支队龙门山兵站遗址、田家船口伏击战遗址、谷家窑屯突围战遗址、老道窝棚抗日救国会遗址、龙镇东北抗联遗址、花园东北抗联遗址、凤凰山东北抗联战斗遗址、朝阳山东北抗联遗址群、沾河林区抗联密营遗址、山口湖抗联密营遗址、土鲁河密营遗址和木沟河抗联密营等遗址。如今这些烽火遗址除朝阳山东北抗联遗址群比较集中外，却大多以点为单位，散落在五大连池市境内没有形成体系。对这些革命遗址如果能够系统性地保护开发利用规划，实施保护开发利用立法等系列工程，对广大党员干部、青少年和全社会进行革命教育、爱国主义和理想信念教育，研学红色旅游资源开发，充分挖掘东北抗联精神的时代动能，弘扬东北抗联精神将具有历史性意义。

抗联革命遗址所承载的是历史的厚重，是今天发展建设的责任，是未来发展的方向。因此，挖掘开发保护抗联遗址要以朝阳山东北抗联遗址群为线索，绘制起抗联遗址红色地图，深入推进发掘红色资源，生动讲述抗联故事，让红色基因融入血脉，更有利于弘扬革命精神和东北抗联精神、传承红色基因、提升文物保护利用水平。

朝阳山抗联文化是红色旅游资源的灵魂，要有效利用抗联红色资源的育人价值、资政价值、经济价值，必须抢救搜集、整理抗联红色资源，宣传好朝阳山红色文化，突出打造朝阳山抗联红色文化品牌，高筑朝阳山红色资源开发与利用平台。

一是要发掘好朝阳山红色资源。自1937年3月，东北抗日联军西征挺进德都县后，在朝阳山这块红色的土地上，发生着一系列有着重大影响力的战斗和革命事件，孕育出一大批有着重大影响的抗联将领，留下了许多脍炙人口鼓舞士气、威震敌胆的抗联诗文、抗联歌曲、抗联民谣和红色戏剧。这些虽已成为光辉的史料，给我们留下的却是宝贵的精神财富，形成了独具特色的抗联红色资源。同时，在中华民族的危难之际，以赵尚志、李兆麟、冯仲云、张兰生、金策、许亨植、张光迪、冯治纲、王明贵、陈雷、王钧、李敏等一大批优秀的中华儿女，以朝阳山抗日根据地为依托，战斗驰骋在广袤的白山黑水之间，与装备精良的日本侵略者浴血奋战，创造了可歌可泣的光辉业绩。但是，由于受当时各种条件的限制，保存下来的有关抗联的资料很少，加之对抗联部队的遗址保护不力，很多已随时间消失和损毁。目前健在的抗联老前辈、老领导、历史见证人也为数不多了，宝贵的历史文化资源，急需做好抢救性的搜集、保护和开发工作。

抢救、搜集、保护和开发宝贵的抗联红色资源，使之转化成为强大的精神动力和发展经济社会的优势已经是当务之急。因此，有必要尽快组织热心抗联革命斗争史研究工作的有识之士，搜集、整理现有抗联历史资料、联系采访健在的抗联老战士和抗联后人、搜集抗联文物、编纂抗联历史丛书。深入研究东北抗日联军在五大连池的革命史、斗争史，深入探讨以史资政、以史育人的现实意义，提升抗联红色资源开发利用的历史价值。

研究东北抗日联军的斗争史，应从基础研究向应用研究转变，让史料为现实服务；从分散研究向集中研究转变，研究主要问题；从研究成果由少数人向广大群众普及转变，让成果进校园、机关及企业。同时，要将抗联斗争史研究，纳入城市建设总体规划，让抗联遗址进公园、广场、社区；纳入文化设施总体布局，让抗联遗物进展览馆、纪念馆、博物馆；纳入旅游资源开发范畴，让抗联遗址进景区、景点；纳入文化建设内容，让抗联史进入文学艺术作品。通过对我市抗联遗址的不断发掘和整理，弘扬抗联精神，讲好红色故事。

二是抓好对抗联遗址的踏查和抢救工作。强化对抗联革命历史遗址的抢救和保护工作，就是要对常年失修的抗联革命遗址进行修缮，对散落在深山密林深处的抗联遗址抓紧修复。加大力度对沾河林区抗联密营、山口湖抗联密营、土鲁河遗址和木沟河抗联密营遗址的踏查和挖掘工作。通过对这些遗址遗迹的开发、保护和参观，不仅使广大人民群众能进一步了解东北抗日联军在德都县革命斗争的历史过程，而且，也是为广大人民群众进行爱国主义教育、革命传统教育提供更多地打开的教科书和教育场地。

三是要创新、开发展示手段。要协调相关部门，组织人力物力财力制作一部反映五大连池市抗联革命历史和改革开放发展历史进程的电视专题片，同时聘请知名动漫、软件公司开发制作反映朝阳山抗日战争时期的动漫影视片和游戏软件。创新展示手段，推动朝阳山抗联纪念馆由静态平面展示向动态立体展示转变，给人以视觉的冲击力，提高参观者的参与度。要加大对红色资源宣传力度。要充分发挥朝阳乡抗联军政干部培训学校作用，重点宣传好朝阳山小边河抗联后方基地、第三路军总指挥部、中共北满省委、抗联军政干校、枪械所遗、乌库音后防医院、被服厂等抗联遗址的历史地位和作用。突出重大革命历史事件的宣传，打靓五大连池朝阳山抗联红色历史名片。充分利用广播电视、互联网、微信平台和短信平台和市区内公共场所的电子屏幕，加强对我市抗联革命遗址、旧址、文物的宣传，塑造出鲜明、饱满的抗联圣地，民族丰碑红色旅游地形象，吸引投资者参与开发建设。宣传朝阳山的红色人文精神，提升朝阳山红色文化在全省、全国影响力。抢救、搜集、保护和开发我市东北抗联宝贵的红色文化资源，使之转化成为强大的精神动力和发展经济社会的优势。从而，把朝阳山真正建成闻名全国的黑龙江省中共党史教育基地，实现朝阳山抗联红色教育基地资源的高效开发和利用。

四是打响朝阳山红色旅游品牌。旅游是把抗联红色优势资源变为现实生产力最快捷最有效的途径之一，因此，要全力打响朝阳山红色旅游品牌，着力发挥特色优势，加速红色旅游发展，增添朝阳山抗联红色资源开发利用的带动力。朝阳山要在五大连池市全域旅游经济强势中，异军突起，冲出重围，唯一的办法就是打特色牌，走特色路，着力发展特色旅游。

朝阳山的抗联遗址是东北抗联第三路军在长期的革命斗争，在朝阳山这块土地上留下的宝贵的、不可再生的红色资源。2017年朝阳山抗联红色旅游景区虽然已经荣膺国家AAA级知名品牌，但是作为抗联红色旅游景区、景点，只有无缝对接省级、国家级旅游热线，旅游资源才能变为现实生产力。要综合开发特色旅游资源。朝阳乡旅游资源与周边地区相比，具有较强的互补性和不可替代性，若恰当组合，可以形成互为辐射的旅游范围，增加旅游区的旅游延伸点，丰富旅游线路和内容，放大旅游活动时空。特别是朝阳乡旅游区目前正处在旅游开发阶段，通过与其他景区的地域组合，进行资源要素的协调开发，在开发过程中遵循避同求异、互补互利的方针，将区域的红色旅游产品进行捆绑式销售。一方面有助于提高朝阳山红色旅游区的知名度，另一方面使五大连池市的旅游线路变得更为丰富，可以减低游客的单位出行成本，促进朝阳山抗联红色资源的开发利用。要创新特色旅游发展的体制机制。建立政府主导的特色旅游发展管理体制，创建特色资源发展的财政支持机制；建立"政府管理+公司开发"的复合型特色旅游发展的新机制；探索运用市场法则进行融资、开发抗联红色资源、开发景点机制，鼓励社会资本、民间资本投资特色旅游发展。倡导社会捐资发展特色旅游，形成"政府引导、企业主体、多元投入、市场运作"的特色旅游发展模式，推动朝阳山红色资源的开发利用。

五是要实施产业融合战略，促进区域协同发展，提升朝阳山抗联红色旅游资源开发利用竞争力。目前，就五大连池全域旅游资源开发而言，整个区域缺乏合理分工、协同效应低下、市场竞争力弱。朝阳山和五大连池景区的抗联红色旅游资源的开发利用也不例外。因此，要实现朝阳山抗联红色旅游资源的高效开发利用，就必须把朝阳山抗联红色资源发展放在五大连池整个区域中来审视、来谋划，着力推进朝阳山抗联红色旅游资源市场一体化、品牌一体化建设。要学习借鉴井冈山、延安革命老根据地开发红色旅游资源的先进经验，积极加强合作，科学的编制好《五大连池市朝阳山抗联红色旅游资源开发利用总体规划》，实现旅游景区管理与国际接轨。合理、高效开发利用红色资源，加快实现朝阳山抗联红色旅游资源，红色经济一体化进程，为五大连池市区域经济一体化发展积累经验，为建设朝阳山抗联革命圣地旅游景区奠定良好基础。同时，大力推进革命老区长庚村纪念馆和龙镇红灯记广场和展馆的综合开发利用。

第六节　坚持精准扶贫，确保老区乡村整体脱贫

精准扶贫、精准脱贫是以习近平同志为核心的党中央打好扶贫攻坚战，确保实现全面建成小康社会目标的重大决策部署。在"十三五"期间精准扶贫、精准脱贫要以认真学习贯彻习近平总

书记新时期扶贫开发战略思想，全面贯彻落实省委、省政府，黑河市委、市政府决策部署和省市委各种文件要求，把贫困村作为主战场，按照"完善工作机制、实施精准扶贫、突出增收主题、落实减贫责任、缩小发展差距"的思路，深入推进老区贫困乡村发展现代化大农业，大力实施产业扶贫，扎实推进基础设施建设，大力提高公共服务水平，强化社会保障机制，为建设美丽新农村和小康社会奠定基础。

要深入实施打赢脱贫攻坚战三年行动，推动脱贫攻坚工作更加有效开展。做好贫困人口动态调整工作。强化政策引导和扶持，扩大产业扶贫规模，激发贫困群众脱贫致富的内生动力。充分发挥光伏扶贫、金融扶贫和产业扶贫作用，积极谋划新的扶贫项目，健全利益联结机制、保障机制，完善"1+N"扶贫产业体系，确保建档立卡贫困户脱贫产业全覆盖，实现持续稳定增收。坚持问题导向，大力推进基础设施建设，落实好健康扶贫、教育扶贫等政策，补齐"两不愁三保障"短板，提升精准扶贫、精准脱贫质量。加大农村公益事业投入力度，改善农村基础设施条件，加强农田水利基本建设。重点解决农村道路硬化、饮水安全、耕地保护、能源替代、环境美化等问题。按照"远看漂亮、进来干净、生活舒坦、邻里和睦、宜居宜农"的原则，建设"美丽乡村"。加快农村科技、教育、文化、体育、卫生等公共事业发展，加强服务体系建设。

坚持分类指导，完善帮扶措施。根据国家制定的扶贫对象识别办法，将2020年底全市7 607扶贫对象落实到户到人，把专项扶贫措施与贫困识别结果衔接起来，坚持分类指导，针对致贫原因逐村逐户制定帮扶措施。涉农资金普惠到村到户，财政专项扶贫资金优惠到贫困户，做到"精确滴灌"。按照基础设施到村、产业项目到户、培训转移到人、责任帮扶到单位的"四到"

扶贫措施，以贫困重点村为重点，重点解决贫困村饮水工程、村组道路、危房改造、社会事业、环境整治、信息服务等基础设施建设，贫困村基础设施进一步完善，村容村貌整洁美观，农民生活水平大幅提升。在完善好扶贫对象建档立卡的基础上，加强对"雨露计划"实名制培训管理系统的学习，完善工作中的不足，继续做好农民实用技术培训和中、高等职业教育学生补助工作，积极探索工作新模式，建立和完善到村培训的长效机制，积极探索到村培训的方式和方法，增强到村培训效果，不断扩大贫困劳动力就地转移和向外输出规模，拓展贫困农民增收空间，确保建档立卡范围内的对象受到项目资助。"十三五"期间预计办培训班 60 班次，培训3 200人次，转移2 500人、中、高等职业教育贫困学生补助 300 人。

实施"盯人战略"，强化脱贫工作责任考核。全面实施精准扶贫、精准脱贫，把扶贫开发工作同发展农业新型经营主体结合起来，同改善农村环境、发展农业社会化服务结合起来。实施"盯人战略"，强化脱贫工作责任考核，到2020年实现全部脱贫目标任务。全市实现扶贫对象不愁吃、不愁穿、不愁冬季取暖，保障其义务教育、基本医疗、住房和饮水安全。进一步完善专项、行业和社会扶贫工作格局，加大深化扶贫机制改革力度，全力推动重点工作落实，实现 8 个贫困村整村脱贫，减少国定标准贫困人口 1 000 人、省定标准贫困人口 7 607 人目标。贫困农民人均纯收入增长幅度等于或高于全市平均水平，基本公共服务领域指标接近或达到全市平均水平。

第七节　适应新时代要求，开拓老区建设工作新局面

　　党的十九大开启了中国特色社会主义新时代，描绘了建设社会主义现代化强国的远大目标和中华民族伟大复兴的宏伟蓝图，革命老区的发展也将呈现出美好的光明前景。深刻认识、准确把握新时代的新特点、新要求、新机遇、新挑战，是我们适应新时代要求，做好老区建设工作的首要课题。当前，革命老区既面临严峻挑战也面临新的发展机遇。脱贫攻坚进入决胜期，贫困老区特别是深度贫困老区处于攻坚拔寨的关键时刻，面临攻克"艰中之艰、难中之难"的严峻挑战；乡村振兴战略勾画了"三农"发展新蓝图，老区开发建设全面发展迎来重大机遇；弘扬老区精神，传承红色基因，老促会肩负着新的神圣使命。面对新形势、新机遇、新任务的要求，作为直接为老区人民服务的县级老促会，要适应新时代需要，全心全意为老区人民服务，协助党和政府促进老区建设与发展，为全面建成小康社会，实现中华民族伟大复兴的中国梦做贡献。

　　发挥舆论宣传作用。坚持依靠党的领导，大力宣传老区人民为夺取中国革命胜利和建立新中国做出的巨大牺牲和贡献，宣传习近平总书记关于老区建设的系列重要讲话和批示，宣传党和政府支持老区加快发展的方针政策，动员社会各界关心老区、支持老区。

　　发挥参谋助手作用。围绕市委、市政府的工作中心，强化老促会的参谋咨询职能，提高调查研究工作水平。从老区发展振兴的大局出发，深入老区调查研究，反映老区人民的愿望和诉求，

提出政策性意见建议，为党委、政府决策指导老区工作提供参谋服务。配合有关部门做好老区新农村建设、妇女儿童、医疗卫生工作，提供人才培训、信息咨询、专项帮扶等方面的服务。

发挥牵线搭桥作用。积极发挥协调服务作用，为老区引进项目、资金和人才，支持老区基础设施建设和各项产业的发展，支持和促进老区经济社会建设发展。

发挥扶贫济困作用。动员社会力量特别是老区建设工作成员单位参与老区扶贫开发，积极创造有利于贫困群众直接参与、直接受益的产业扶贫模式，帮助老区人民脱贫致富；在老区开展各种社会公益活动，关爱"五老"和特殊困难群体，为他们办实事，送温暖。

发挥弘扬老区革命精神和光荣传统的作用。大力传承弘扬"爱党信党、坚定不移的理想信念；舍生忘死、无私奉献的博大胸怀；不屈不挠、敢于胜利的英雄气概；自强不息、艰苦奋斗的顽强斗志；求真务实、开拓创新的科学态度；鱼水情深、生死相依的光荣传统"的老区精神。宣传弘扬抗联将士们用鲜血和生命铸就的以"忠贞报国、勇赴国难的爱国主义精神；勇敢顽强、前赴后继的英勇战斗精神；坚贞不屈、勇于献身的不畏牺牲精神；不畏艰苦、百折不挠的艰苦奋斗精神；休戚与共、团结御侮的国际主义精神"为主要内容的东北抗联精神。深入宣传弘扬老区精神、东北抗联精神，用好红色资源，讲好老区革命故事、老区脱贫攻坚和振兴发展故事及老促会故事，发展好红色文化。深入宣传革命老区的时代风貌，激发老区内生发展动力，发掘时代典型，树立先进标杆，坚持正向激励，塑造积极进取的老区新风尚。配合有关部门总结归纳东北抗联光荣传统和抗联革命精神，加强朝阳山抗联革命遗址保护利用，支持老区发展红色旅游，让红色基因传承下去。

发挥牵头协调作用。坚定政治站位，加强自身建设，提高思想理论素养，增强工作的自觉性主动性。广泛凝聚共识，高度增进"四个认同"、牢固树立"四个自信"、不断增强"四个意识"，不忘初心、牢记使命，进一步提高对做好老区工作重要意义的认识。加强与市直各部门、社会各界及各地老促会的联系，互相学习交流，互相支持配合，共同促进老区建设与发展，努力开创各项工作的新局面。

"为有牺牲多壮志，敢教日月换新天"。时逢新世纪、新时代，新征程，五大连池市要实现未来的发展目标，既任重道远，又信心百倍。坚信在习近平新时代中国特色社会主义思想的指引下，在省、市老促会的关心支持下，市委、市政府的正确领导下，勤劳智慧的五大连池人民不忘初心，牢记使命，敢于担当，一定担负起加快"矿泉旅游名城、休闲养生之都"建设的使命，为实现人民对美好生活的向往，实现全面建成小康社会的宏伟目标，创造中华民族新的奇迹！

附 录

编辑此书主要参考的书目资料：

《中国共产党的七十年》

《东北抗日联军军事史丛书》

《东北地区革命历史文件汇集》

《黑龙江革命老区》

《黑龙江抗日烽火》

《文武将军冯治纲》

《东北抗联女兵》

《德都党史资料》

《德都县志》

《五大连池市志》

《五大连池市政府工作报告——2017，2018年的工作报告》

后　记

在黑龙江省老区建设促进会、黑河市老区建设促进会的亲切关怀和指导下，在五大连池市委、市政府的正确领导和大力支持下，《全国革命老区县发展史》丛书——《五大连池市革命老区发展史》，历时一年多的时间现在已经完成了编撰任务。书中采用章节体，共5章、28节，19万余字。

编纂《五大连池市革命老区发展史》，我们坚持了以习近平总书记关于革命老区的系列讲话精神为指导，认真贯彻落实中国老区建设促进会《关于编纂全国1 599个革命老区县发展史的安排意见》，（中老促字［2017］15号）文件精神，坚持以党内有关历史文献、德都县党史、五大连池市党史、五大连池市经济社会发展史为基础，坚持以五大连池市老区和老区人民的奋斗史为重点，采用了《东北地区革命历史文件汇集》《德都党史资料》《德都县志》《五大连池市志》大量的历史资料以及国内公开发行的有关资料编写的。书中的每个事例，每一组数字，都经过了核实，每一条意见都经过认真的研究和思考。力求做到史事简洁清楚，观点鲜明正确，叙述表达准确，突出宣传性，讲求适用性，着眼服务性，为后人存留追寻东北抗日联军在五大连池市革命历史足迹提供了一份素材。也是为更多的人重温德都县（现五大连池市）人民的抗日斗争历史，对青少年一代进行爱国主义教育，继承和发扬抗联精神、革命老区精神，提供比较翔实的历史资料。同时，书中引用的史料、数据因形成的历史、统计时间、口径等差异在不同稿件中不尽一致，引用时以《东北地区革命历史文件汇集》等党内有关历史文献和五大连池市委、市政府及统计部门资料为准。

在编纂本书过程中，为了使老区发展史更具有历史的真实性、事件的准确性，笔者先后拜访了抗联老战士、黑龙江省政协原副主席李敏（现在已故），抗联将领的子女和党史专家。东北抗联第三军军长赵尚志的外甥李龙，东北抗联第三路军政委冯仲云的子女冯忆罗、冯松光，东北抗联第三路军总指挥李兆麟的女儿张卓亚，东北抗联第三路军第六支队队长张光迪之子张希斌，国家图书馆抗联历史专家、中国记忆项目顾问史义军，黑龙江省东北抗日联军历史文化研究会副秘书长刘颖、理事侯昕为本书提供了大量的东北抗日联军工作和战斗的历史资料，并给予了悉心指导。

黑龙江省党史研究室原副主任、研究员赵俊清，黑龙江省党史研究室原副主任、黑龙江省老区建设促进会副秘书长常好礼，东北烈士纪念馆原研究部主任、研究员李云桥担任顾问，提供历史资料，审阅书稿，给予了亲切关怀和指导。

策划《五大连池市革命老区发展史》一书，得到了各级领导和有关部门、单位的充分肯定和大力支持。黑龙江省老区建设促进会，黑河市老区建设促进会，黑河市委史志研究室的领导十分关心编纂工作，及时帮助解决困难和问题，经常检查指导审查发展史的编纂工作。

五大连池市委书记王玉涛、市委副书记市长马勇、市委副书记南极、市委常委统战部长刘任龙等领导高度重视本书的编纂工作，帮助解决编纂工作中的许多困难，王玉涛书记亲自为本书作序。五大连池市委办公室、五大连池市政府办公室，市财政局、市史志档案馆，朝阳乡、团结镇、太平乡、龙镇党委政府等单位的领导均给予了热情的帮助。五大连池市人民法院李晶波，利用业余时间帮助整理资料，校对打印文稿，付出了辛勤汗水。朝阳乡党委书记李乃勋、乡城建站助理马占礼等同志为本书提供资料，给予了大力支持。黑河日报记者站站长林松涛为本书承担了摄影任务，付出了辛勤劳动。各老区乡镇老促会会长、副会长、秘书长积极提供资料，给了热心支持。于此，对以上各位领导、各部门、各位同志一并表示衷心的感谢。

由于主客观条件的限制，加之编者的水平有限，书中难免出现差错，敬请各级领导和广大读者批评指正。

编者

2019年7月于五大连池市